本书获西安石油大学优秀学术著作出版基金资助

西方市民
社会精神的
批判性研究

王磊 著

中国社会科学出版社

图书在版编目(CIP)数据

西方市民社会精神的批判性研究 / 王磊著. —北京：中国社会科学出版社，2022.7
ISBN 978 - 7 - 5227 - 0351 - 0

Ⅰ.①西… Ⅱ.①王… Ⅲ.①市民 - 城市社会学 - 研究 - 西方国家 Ⅳ.①C912.81

中国版本图书馆 CIP 数据核字(2022)第 104139 号

出 版 人	赵剑英
责任编辑	刘亚楠
责任校对	张爱华
责任印制	张雪娇

出　　版	中国社会科学出版社
社　　址	北京鼓楼西大街甲 158 号
邮　　编	100720
网　　址	http://www.csspw.cn
发 行 部	010 - 84083685
门 市 部	010 - 84029450
经　　销	新华书店及其他书店
印　　刷	北京明恒达印务有限公司
装　　订	廊坊市广阳区广增装订厂
版　　次	2022 年 7 月第 1 版
印　　次	2022 年 7 月第 1 次印刷
开　　本	710×1000　1/16
印　　张	13.5
插　　页	2
字　　数	232 千字
定　　价	88.00 元

凡购买中国社会科学出版社图书，如有质量问题请与本社营销中心联系调换
电话：010 - 84083683
版权所有　侵权必究

目 录

引 论 …………………………………………………………………… 1

第一章 黑格尔对市民社会的理解 ………………………………… 15
 第一节 黑格尔市民社会理论的时代背景及思想渊源 ………… 15
 第二节 从家庭向市民社会的过渡 ……………………………… 22
 第三节 市民社会成员之间的关系 ……………………………… 26
 第四节 市民社会的限度 ………………………………………… 34
 第五节 市民社会的归宿——国家 ……………………………… 40

第二章 哈贝马斯对黑格尔市民社会理论的批判与超越 ………… 50
 第一节 哈贝马斯对"晚期资本主义"的理解 ………………… 50
 第二节 哈贝马斯对黑格尔主体哲学的批判与修正 …………… 56
 第三节 市民社会文化维度的确立:从"公共领域"
    到"生活世界" ………………………………………… 63
 第四节 市民社会的困境:"生活世界的殖民化" ……………… 70
 第五节 走出市民社会的困境 …………………………………… 78
 第六节 小结 ……………………………………………………… 85

第三章 微观权力视域下的市民社会研究转型 …………………… 88
 第一节 福柯对传统权力观的批判 ……………………………… 88

  第二节　生命权力之一：对身体的规训 …………………… 96
  第三节　生命权力之二：对人口的调节 …………………… 106
  第四节　性——连接身体与人口的十字路口 …………… 115
  第五节　在微观权力视域下对市民社会的再思考 ……… 124

第四章　一种东方式的反思视角：儒家社会思想中的公共精神 …… 142
  第一节　儒家"士"的传统 ………………………………… 142
  第二节　儒家的"教化"传统 ……………………………… 165
  第三节　"同治天下"与"共定国是" ……………………… 181

结　语 …………………………………………………………………… 200

参考文献 ………………………………………………………………… 203

引 论

一 问题缘起及研究意义

"市民社会"（civil society）是西方近现代政治哲学的一个十分重要的概念。从词源上来看，civil society 一词是从拉丁文 societas civilis 一词演化过来的。在拉丁语中，societas 一词主要是结社、联盟、协会的意思，如在西塞罗等古罗马法学家的著作中，societas 被用来指称一种人们之间的结合或联盟。需要指出的是，"在古罗马法学家的使用中，societas 观念内含着明显的利己主义倾向"[①]，换言之，人们之间合作关系的形成源于个人特殊的利己目的[②]。相较于 societas 一词，civilis 的含义则比较复杂。据学者考证[③]，首先，它指市民的或城民的。这里所谓的市民或城民都与城市联系在一起，并与文明相关。换言之，在古希腊罗马时期，人们习惯于认为过着"城市生活"的市民或城民与所谓野蛮人相对照具有明显的文明特征：他们遵守城邦法典或市民法（jus civile），具有"商业艺术的优雅情致"，过着一种高贵、优雅而又充满德性的生活。在古希腊罗马时期，城市既是文化中心，亦是经济活动的中心，因此，civilis 在拉丁文中还具有明显的经济含义，尤其涉及私人的一系列经济权利，诸如私有财产不受侵犯的权利、与他人自由订立契约和从事自由贸易活动的权利等。正是由于 civilis 所具有的城市与经济的含义，本书在翻译"civil society"一词时，采用了"市民社会"这一译法，因为在中国文化，"市"兼有"城市"与"市场"的含义，

[①] Dario Castiglione, "History and theories of civil society: Outline of a contested paradigm", *Australian Journal of Politics & History*, 1994, Vol. 40.

[②] 这一点被黑格尔等继承，如黑格尔强调市民社会是人们为了满足自己特殊的利己需要而结成的所谓"需要的体系"。

[③] 方朝晖：《市民社会的两个传统及其在现代的汇合》，《中国社会科学》1994 年第 5 期。

这与"civilis"一词所凸显的内涵颇为契合。

"civil society"一词的最早含义,其实可以一直追溯到古希腊先哲亚里士多德和古罗马西塞罗的著作。早在古希腊时期,亚里士多德就在其《政治学》一书中首先提出了"Politike Koinonia"的概念,"'Politike Koinonia'在拉丁文中被译为'Societas Civilis',后者在英文中又被译为'civil society'"①。"Politike Koinonia"在亚里士多德的语境中系指"自由和平等的公民在一个法律上界定的规范系统之下,形成的公共伦理—政治共同体"②。从某种意义而言,古希腊城邦社会正是亚里士多德市民社会概念的原型写照,这既是古希腊的政治中心,又是文化中心。西塞罗于公元1世纪将"Politike Koinonia"转译成拉丁文"societas civilis",不仅指称某个国家,而且也指某种文明政治共同体的生活状况,此种生活状态与城市在人类文明的出现密切相关。不难看出,在亚里士多德和西塞罗等人的著作中,市民社会的含义基本上指与自然状态相对立、具有国家意义的城市(或"城邦")文明共同体的生活状况。换言之,市民社会并未与国家明确区分开来,也不具有自身独立的意蕴,市民社会与国家的分野结构尚未得到明确表述。对于市民社会的此种理解一直延续到近代,如以英国霍布斯、洛克和法国卢梭为代表的契约论思想家,他们习惯于在一种自然社会与政治社会(国家)的二元对立模式中理解市民社会问题。在他们看来,自然社会实际上可看作一种前政治或前国家的社会,处于自然社会的人通过相互之间缔结契约和让渡权利的方式形成国家或者政治社会,这一国家或政治社会也可称为市民社会,如洛克就认为"市民社会是由所有同意在一个有责任保护公民生命、自由和财产的最高政府下行动和思考的独立人士组成的"③。不难看出,契约论思想家并未跃出亚里士多德和西塞罗奠定的古典市民社会的理念框架,他们仍然是在传统的意义上,也即作为"政治社会"或国家的同义语来使用"市民社会"这一术语。到了18世纪,随着资本主义经济的发展,一些思想家开始意识到国家与社会的区别,然而,直到黑格尔,国家与市民社会的区分才被明确提

---

① 李佃来:《古典市民社会理念的历史流变及其影响》,《武汉大学学报》(人文科学版)2007年第5期。
② Jean L. Cohen and Andrew Arato, *Civil Society and Political Theory*, MIT Press, 1997, p. 84.
③ Daya Negri Wijaya, "John Locke on Civil Society and Religious Tolerance", *Research on Humanities and Social Sciences*, Vol. 6, No. 2.

出来。"第一个将市民社会作为政治社会相对概念进而与国家作出学理区分的是黑格尔"①，市民社会获得了独立于国家的现代意义，由此也奠定了现代市民社会理论研究的基本模式。基于此，本书选择黑格尔的市民社会理论作为研究的开端。

现代意义上的市民社会理论研究依循黑格尔开创的"国家—市民社会"分析框架，大致发展出两种理论路向：一是从经济维度理解市民社会，将其视为一个具有自身发展规律的独立于国家的经济领域，马克思对于市民社会的理解亦是循着这一路向；二是强调市民社会的文化维度，将其理解为一个具有社会整合功能和文化传播与再生产功能的社会文化领域，意大利哲学家、马克思主义理论家葛兰西首先明确强调市民社会的文化意义，德国哲学家哈贝马斯继承并发展了葛兰西的市民社会思想，成为从文化维度理解市民社会的集大成者。可以说，正是哈贝马斯一举奠定了当代市民社会理论研究的传统。无论是哈贝马斯早期从公共领域的层面去理解市民社会，还是晚期从"系统—生活世界"的框架去阐释市民社会，这些都将成为我们系统把握市民社会精神形成、演变进程的重要理论资源。基于此，哈贝马斯的市民社会理论亦成为本书必须详加考察的对象。

上述关于市民社会的两种研究路向的进展此消彼长，有时甚至交杂在一起，市民社会的概念也因此呈现出激增态势，人们对市民社会的理解难以达成一致。然而，有一点是明确无疑的，那就是不论是作为一种客观存在的现实社会历史形态，还是作为一种政治哲学话语，市民社会都是近代欧洲或西方文明的产物。而且，大多数学者都倾向认为自由市场经济是市民社会产生的重要基础。

马克斯·韦伯在其社会学奠基之作《新教伦理与资本主义精神》一书中曾为我们指出：西方近代资本主义的兴起，除了经济本身的因素之外，还有一层无法忽视的文化的背景，此即以"新教伦理"为主要来源的"资本主义精神"。受到韦伯观点的启发，笔者也想提出一个"韦伯式"的问题，即市民社会在近代西方兴起，除了经济方面的原因之外，是否也具有自己文化方面的原因呢？或换言之，一如资本主义在西方的兴起与所谓的"资本主义精神"密切相关那

---

① 邓正来、[美]杰弗里·亚历山大编：《国家与市民社会——一种社会理论的研究途径》，上海世纪出版集团、上海人民出版社2006年版，第94页。

样,市民社会是否也有其赖以滋生的"市民社会的精神"呢?作为一位中国学者,与此相关的另一个问题不得不予以进一步考虑,即,如果存在"市民社会的精神",那么在我们的传统文化尤其是儒家文化中,是否具有与"市民社会的精神"相契合的文化资源?儒家文化对于批判性地反思西方"市民社会的精神"又具有怎样的意义?正是带着这样一些问题,笔者开始了研究。

杜维明先生在《全球化与文明对话》一文中曾将市民社会与市场经济、民主政治一同视为现代化或现代性的特征。市民社会作为现代化或现代性的基本特征,在经济、政治、文化等方面发挥着积极功能,同时也是市场经济与民主政治的重要保障。因此,探究市民社会得以产生的文化根源,发掘我国传统儒家文化中与之相契合的资源,无论从理论上还是现实上都具有重要的意义。就理论意义而言,对于市民社会文化根源的批判性思考,可以深化和拓展我们对市民社会概念的理解,同时也有益于我们进一步发掘和认识中国传统文化资源;而就现实而言,探索某种适宜现代化发展的国家与社会"良性的互动关系",对推进当代中国的民主化进程、促进社会的和谐发展,都具有重要的启示作用。

二 研究现状

(一) 国外研究现状

"市民社会"在西方是一个渊源颇为久远的理论概念,"自古以来,这一术语就以若干变异形式徘徊在关于社会讨论的边缘,有时更进入讨论的中心"[①]。20世纪80年代末期,基于西方社会对"国家主义"的反思和回应,以及导因于"东欧及前苏联等国家为摆脱集权式统治而进行社会转型的过程"[②],市民社会再次成为许多西方学者津津乐道的热门话题,他们通过诉诸市民社会理念,试图以此来反思、批判和调整国家与社会之间的紧张关系,重构国家与社会应有的良性互动关系,并进而恢复和推进西方社会的民主进程,由此使得市民社会话语在西方重新流行,也带动了全球市民社会思潮的复兴与发展。综观而论,

---

[①] 邓正来、[美]杰弗里·亚历山大编:《国家与市民社会———种社会理论的研究途径》,上海世纪出版集团、上海人民出版社2006年版,第34页。

[②] 邓正来、[美]杰弗里·亚历山大编:《国家与市民社会———种社会理论的研究途径》,上海世纪出版集团、上海人民出版社2006年版,第3页。

国外学界对于市民社会的研究主要体现在如下方面。

首先，将市民社会作为对"国家主义"的回应，"试图对国家与社会之间极度的紧张作出检讨、批判和调整，以求透过对市民社会的重塑和捍卫来重构国家与社会间应有的良性关系"①。如当代美国批判社会学代表人物丹尼尔·贝尔（Daniel Bell）呼吁在美国积极复兴市民社会，以此来抵御日益扩张的国家科层制。丹尼尔·贝尔回顾了美国的历史，在其看来，美国在其最初建立时，并不是一个黑格尔意义上的"国家"，没有政治秩序中表达的统一的理性意志，只有个人的自身利益和对自由的热情。进入20世纪，受经济危机尤其是战争的驱动，政府对社会各个领域的监管不断加强，国家科层制影响日益加剧，社会自主空间受到挤压。② 因此，他试图通过复兴市民社会，来提高个人与社会的自主性。不难看出，此种研究具有较强的现实针对性，对于市民社会概念的澄清不是很注重，有时甚至出于研究者的偏好，将市民社会视为某种既定的标准来对现实的国家、政治予以实证性考察，从而评判一国或一地区的民主化程度，如美国学者霍克斯特（Miriam Hoexter）等在《公共领域在穆斯林社会的发展》（2002）一书中对伊斯兰国家市民社会发展的考察，美国学者斯图尔特·苏珊（Stewart Susan）等在"Civil Society Development in Russia and Ukraine"（2017）一文中对俄罗斯与乌克兰市民社会发展状况的考察均属此类研究。

其次，继承黑格尔哲学中关于国家与市民社会的比较性研究，继续探讨国家与市民社会之间的关系以及市民社会对政治统治的规范、补充作用。如美国学者马克·沃伦（Mark E. Warren）在《市民社会与善治》（1999）一文中主张"民主需要不同社团混合参与到那些构成好的治理的任务实践中来，这也是一种'民主的社团生态学'"③，将市民社会作为实现好的治理统治的重要因素。再如彼得·伯内尔（Peter Burnell）等编辑出版的《民主化进程中的市民社会》（2004）一书，编选了众多西方学者的文章，它们都深入探讨了市民社会与国家的民主化之间的关系。此类研究自觉继承了黑格尔"国家—市民社会"的分析

---

① 邓正来：《市民社会理论的研究》，中国政法大学出版社2002年版，第176页。
② Daniel Bell, "'American Exceptionalism' Revisited: the Role of Civil Society", *The Public Interest*, No. 95, 1989.
③ Mark E. Warren, *Civil Society and Good Governance*, To be published as part of the U. S. Civil Society Project, 1999.

模式，却并未对这一模式予以进一步的深入思考，并没有考虑市民社会对于国家的规范是为了获取某种权力，还是为了规范权力的运作。如果是为了规范权力的运作，那么权力运作的方式又是如何？由于并未对这些问题做深入思考，因此，此种研究仍然深陷于黑格尔国家与市民社会二分模式的窠臼而难以自拔。

再次，对某位思想家市民社会理论的个案研究，抑或对两位或多位思想家市民社会理论的比较研究。美国学者彼得·斯蒂尔曼（Peter G. Stillman）在"Hegel's Civil Society: A Locus of Freedom"一文中指出，以往关于黑格尔的文章都忽略了市民社会在其政治哲学中所扮演的角色，考虑到市民社会对社会自由发展的贡献，应该充分发掘、考察黑格尔的市民社会学说。诚如彼得·斯蒂尔曼（Peter G. Stillman）所言，在西方学界专门研究黑格尔市民社会理论的文章较少，对黑格尔市民社会理论的阐释往往渗透在介绍黑格尔政治哲学的专著中。如英国学者佩尔津斯基（Pelczynski）在 *The State and Civil Society: Studies in Hegel's Political Philosophy*（1984）一书中从国家与市民社会的辩证关系的维度详细介绍了黑格尔的政治哲学，并指出黑格尔首先将国家和市民社会区分为两个阶段，这一区分是黑格尔政治哲学中最重要的发现；学者瓦泽克（Norbert Waszek）在 *The Scottish Enlightenment and Hegel's account of "civil society"*（1988）一书中探讨了黑格尔的市民社会理论与苏格兰启蒙运动之间的关系，为我们深入了解黑格尔市民社会理论产生的社会文化背景提供了基础。

国外学界近年来对于哈贝马斯市民社会理论的研究成果比较多。学者道格拉斯·托格森（Douglas Torgerson）在"Policy Discourse and Public Spheres: the Habermas Paradox"（2010）一文中详细考察了哈贝马斯关于公共领域的思想，并揭示了这一思想的现实影响，指出哈贝马斯的工作"推动了对技术官僚主义的批判，但他的概念策略倾向于强化技术官僚的自我形象，在某种程度上抑制了政策话语从独白到对话的转变"[①]。学者阿米拉达基斯（Amiradakis）则以"The Public Sphere and Habermas: Reflections on the Current State of Theory in Public Library Research"（2021）为题，立足于哈贝马斯的公共领域概念，探讨了公共图书馆的民主使命及其与公共领域的关系。这些关于哈贝马斯公共领域思想的研究，

---

① Douglas Torgerson, "Policy Discourse and Public Spheres: the Habermas Paradox", *Critical Policy Studies*, Vol. 4, Issue 1, 2010.

主要关注的是哈贝马斯早期的市民社会思想,除此之外,还有丰富的关于哈贝马斯晚期市民社会(生活世界)理论研究的成果。如学者休·巴克斯特(Hugh Baxter)的"System and Life-World in Habermas's 'Theory of Communicative Action'"(1987),学者戴夫·埃尔德·瓦斯(Dave Elder Vass)的"Lifeworld and Systems in the Digital Economy"(2018)等文章均从现代性的批判视角出发,分析考察了哈贝马斯的生活世界(尤其是"生活世界殖民化")的思想。

国外学界也重视对两位或多位思想家的市民社会理论进行比较性研究。如英国知名马克思主义哲学家肖恩·塞耶斯(Sean Sayers)在"Individual and Society in Marx and Hegel"(2007)一文中提出:"马克思的理论发源于黑格尔有关市民社会的论述,他所运用的历史发展框架也与黑格尔的相近"[1],将黑格尔的市民社会理论视为马克思理论的重要渊源之一。再如傅以斌(Bent Flyvbjerg)发表了一系列文章,如《哈贝马斯与福柯:市民社会理论家》(1998)、"Ideal Theory, Real Rationality:Habermas versus Focault and Nietzsche"等,系统比较了哈贝马斯与福柯的市民社会思想。指出作为市民社会理论家,哈贝马斯在政治理想方面得到了很好的发展,但对实际政治过程的理解却很薄弱;相反,福柯作为理想的反对者,其思想对于广义理想相对薄弱,却对现实政治的复杂性有深刻的理解。因此,在某种程度上,福柯与哈贝马斯的思想可以相互补充,在充分吸收二者思想的基础上,可以发展出一种更为完备的市民社会理论。

总体而言,对个别思想家市民社会理论的专门研究,以及对两位或多位思想家市民社会理论的比较研究,一方面可以让我们比较系统地了解某一位思想家的市民社会理论;另一方面通过比较研究的方式,可以让我们更加容易地把握到不同思想家对于市民社会的特殊理解,同时也会将市民社会概念之间的承继关系比较清晰地展现出来。

最后,市民社会的全球化趋势日益引起人们的重视。一些学者已经开始注意到独立于主权国家的"世界公域"以及"全球市民社会"(global civil society)的出现,如跨越国家界限的非政府组织等。例如,英国学者玛丽·卡尔多(Mary Kaldor)的文章"The Idea of Global Civil Society"(2003)中指出,全球

---

[1] Sean Sayers, "Individual and Society in Marx and Hegel: Beyond the Communitarian Critique of Liberalism", *Science & Society*, Vol. 71, No. 1, 2007.

市民社会的观念挑战了传统国际关系的概念：市民社会一直意味着一个规则管理的社会，其中的规则基于公民之间的某种形式的社会契约。从历史上看，市民社会是与国家相对的概念，是一个国家内部的组织。1980年代和1990年代发生的变化是市民社会的全球层面，即跨境谈判的社会契约正在展开，并试图建立一套涉及国家和国际机构的全球规则。再如英国学者安海尔（Anheier）、赫尔穆特（Helmut）、格拉修斯（Glasius）等编写的《全球市民社会2001》，美国学者克里尚·库马尔（Krishan Kumar）撰写的"Civil Society, Globalization and Global Civil Society"（2006）等著作与文章，都是在全球化的背景下，对市民社会全球性的发展以及有组织的跨国社会运动进行了深入研究。

需要指出的是，市民社会理论研究在西方如火如荼，研究成果不胜枚举，这些都将是本书研究的重要理论资源。然而事实上，在西方由于更注重市民社会的社会实践意义，迄今并没有发展出系统的市民社会理论，同时也缺乏对已有市民社会理论的梳理、揭示市民社会话语演变的内在发展逻辑的研究成果。

（二）国内研究现状

1992年，我国学者邓正来、景跃进在《中国社会科学季刊》（香港）创刊号上发表的《建构中国的市民社会》一文，探讨在中国当前建构市民社会的可能性。文章发表不久，便引起历史学与社会学界的浓厚兴趣，学者们开始思考在中国千年的历史上是否曾经出现过类似西欧那样的市民社会，尤其是在近代西学东渐之后，有没有可能受西方的影响产生中国的市民社会。由此也开启了我国内地学术界对于市民社会问题的思考与研究。市民社会理论被引入我国学术界以后，学者们关注的内容主要集中在以下几个方面：

首先，注重对西方市民社会理论研究的翻译和引入。一方面注重对经典市民社会理论家的著作的翻译，如对葛兰西、哈贝马斯、阿伦特等人著作的翻译；另一方面也注重对西方市民社会理论研究成果的翻译与引进，如2000年辽宁教育出版社翻译出版了美国学者雅诺斯基的著作《公民与文民社会》，2006年王令愉等在上海远东出版社翻译出版了英国学者基恩的著作《市民社会：旧形象，新观察》，2008年商务印书馆翻译出版了英国学者尼奥克里尔斯的著作《管理市民社会》等。在这些翻译成果中，最具影响的是邓正来、杰弗里·亚历山大1999年主编的《国家与市民社会——一种社会理论的研究途径》，全书共收入翻译研究论文17篇，分三个部分，即"市民社会的概念与理论""市民社会及其相关问题""市民社会与中国问题"来介绍当时国外市民社会理论研究的最重要成果。从全书的结构划分与内容中，我们不难发现此书不仅具有深刻的理论性，而且也表现出极强的现实关怀，尤其注重结合中国实际、带着中国问题去编译国外市民社会理论研究的相关理论成果。诚如邓正来先生自己所言，《国家与市民社会》一书的出版推动了"对中国市民社会研究过程中所浮现出来的种种问题的思考及讨论，并为拓深此一题域中的本土性理论研究提供了一些不可或缺的研究文献"[①]。

其次，对西方学者的市民社会理论展开个案研究或比较研究。自20世纪90年代市民社会话语在国内学界兴起以来，国内学者就十分注重研究介绍西方学者的市民社会理论，形成了丰富的研究成果。如俞可平的《马克思的市民社会理论及其历史地位》（《中国社会科学》1993年第4期）、陈嘉明的《黑格尔的市民社会及其与国家的关系》（《中国社会科学季刊》1993年第3卷）、何增科的《市民社会与文化领导权——葛兰西的理论》（《中国社会科学季刊》1993年第3卷）、李佃来的《哈贝马斯市民社会理论探讨》（《哲学研究》2004年第6期）、王晓升的《"公共领域"概念辨析》（《吉林大学社会科学学报》2011年第4期）以及张一兵的《劳动与市民社会：黑格尔与古典经济学》（《哲学动态》2012年第4期）等，他们都对某一位西方学者的市民社会理论做了专门性、系统性研究。另外，国内学界也十分注重对西方学者的市民社会理论做比较性研究，形成的主要成果如郁建兴的《伯恩斯坦的市民社会理论与马克思》（《哲学研究》1997年第4期）、杨平的《黑格尔、马克思和葛兰西市民社会理论之比较》[《兰州大学学报》（社会科学版）2007年第6期]、杨巧蓉的《西方马克思主义市民社会理论探析》（《山东社会科学》2011年第11期）、黄志军的《论马克思对黑格尔市民社会辩证法的批判》（《哲学研究》2015年第5期）、冯纪元的《马克思对黑格尔"市民社会"理论的批判及其现实意义》（《求实》2015年第11期）等。国内学界从亚里士多德时代的城邦、社会契约论和自然法理论以及黑格尔、马克思、葛兰西、哈贝马斯等人的理论中追溯市民社会的理

[①] 邓正来、[美]杰弗里·亚历山大编：《国家与市民社会——一种社会理论的研究途径》，上海世纪出版集团、上海人民出版社2006年版，第20页。

论根源，其核心问题是从西方理论传统中探究市民社会的实质与内涵，为我们进一步梳理西方市民社会理论的发展逻辑打下了坚实的基础。

再次，20世纪90年代后期"善治"（good governance）理论兴起，在对市民社会与国家的关系做出界定以后，学者们开始关注市民社会对于"善治"的意义。如俞可平和王颖的《公民社会的兴起与政府善治》（《中国改革》2001年第6期）、吉永生的《市民社会、善治与政府机构改革》（《云南行政学院》2001年第4期）、池忠军的《善治的悖论与和谐社会善治的可能性》（《马克思主义研究》2006年第9期）以及马长山的专著《国家、市民社会与法治》（商务印书馆2002年版）等。此类研究的重点是从学理上探究建立一种市民社会与国家的"良性的互动关系"，其基本观点认为社会基层的声音传达到国家层面并构成了社会公共事务治理的重要依据，这也正是"善治"的价值所在。在此认识的基础上，进而思考、研究了市民社会与善治的关系、市民社会对于善治的意义与价值等问题。

最后，结合中国社会的历史与现实，尤其是现代化进程中的经验与教训，反思市民社会的问题。此类研究的成果也颇为丰富，如在《中国社会科学季刊》发表的系列文章，包括邓正来与景跃进在1992年《中国社会科学季刊》创刊号上合写的《建构中国的市民社会》、蒋庆的《儒家文化：建构中国式市民社会的深厚资源》（1993年第3期）、萧功秦的《市民社会与中国现代化的三重障碍》（1993年第4期）、邓正来的《中国发展研究的检视——兼论中国市民社会研究》（1994年第8期）等。另外，还包括杨巧蓉书写的《中国特色市民社会特点初探》（《山东社会科学》2010年第12期）、赵志勇的《中国市民社会的构建及价值》（《理论探讨》2012年第3期）、郁建兴的《当代中国治理研究的新议程》（《中共浙江省委党校学报》2017年第1期）等文章都属于此类研究的重要成果。此类研究多基于一种社会学或法学的维度，一般将市民社会视为现代化或现代性的基本特征，认为中国的现代化建设离不开市民社会的健康发展，现代化进程的持续推进必须建立在国家与社会（市民社会）的良性互动关系之上。由此形成的研究成果，为我们提供了从一种东方视域去反思西方市民社会理论的重要理论资源。

综上所述，自20世纪90年代市民社会理论引入我国学术以来，在近20年的时间里经历了一个从无到有，从注重翻译到强调自身研究的不断发展壮大的过程。对于西方的市民社会概念、市民社会理论、市民社会的现实功能、国家与市民社会的关系等理论问题的认识和研究，都取得了重大的突破和丰富的成果，它们构成了本书研究的重要基础。然而，一如市民社会理论在西方的发展一样，迄今为止，在中国也没有发展出一个系统的市民社会理论；另外，国内对西方市民社会的介绍，多注重对某一位学者的理论的个案研究，即使在探究市民社会概念源流的研究中，也只是列举不同学者的市民社会概念，尚未指出概念演变的内在逻辑；最后，在探讨市民社会的形成时，多强调市民社会得以兴起的经济、政治基础，却忽视了对同样重要的文化根基或精神性因素的研究。

三 研究的主要内容

市民社会话语在西方的发展是一个批判性地自我扬弃过程，在这一自我扬弃的发展过程中一以贯之的精神性因素被称为西方的"市民社会精神"。本书试图以西方最具代表性的三位学者（黑格尔、哈贝马斯以及福柯）的市民社会话语为主要研究对象，探讨三位学者的市民社会理论的思想内涵，分析理论之间的内在关系，进而揭示、呈现"市民社会的精神"。如果说本书的目标首先在于厘清西方市民社会话语自身的批判性发展进程，揭示"市民社会的精神"，那么本书的另一目标则在于从中国传统文化尤其是儒家文化的视角批判性地反思西方"市民社会的精神"。正是出于以上的研究目标考虑，在吸收前辈学者丰富的研究成果的基础上，本书展开了自己的研究。本书主要由四个章节构成，而这四个章节实可划分为三大部分。

本书的第一部分（由第一章、第二章构成），试图对"市民社会的精神"予以初步的探究。前已指出，在西方思想史上，黑格尔首先在学理上对国家与市民社会做出明确区分，由此奠定了现代市民社会理论研究模式，而哈贝马斯则被学界视为当代市民社会理论研究模式的开启者。因此，本书首先在第一章、第二章分别考察了这两位西方最重要的市民社会理论家的相关论述，研究了二者在市民社会问题上的异同与承继关系，通过探讨和厘清市民社会概念的内在演化逻辑，试图追溯、概括出市民社会的一般文化精神。具体而言，在第一章中，主要从黑格尔市民社会理论产生的时代背景、思想渊源、市民社会理论的核心内容等方面介绍黑格尔对市民社会的理解。黑格尔以市场为思考原型，将市民社会理解为独立的个体为了满足自己的特殊需要，通过劳动而形成的人与人之间相互依赖、相互关联的"需要的体系"，着重从经济维度来阐释市民社会。黑格尔重点突出了市民社会独立于国家、具有自己独特的发展规律的性质。这不仅在理论上奠定了现代市民社会理论研究的基本模式，而且在客观上鼓舞了社会对国家权力的积极约束，规范国家权力的合理运行。然而，他从经济维度界定市民社会，视市民社会与市场具有相同外延的倾向，无疑会忽视市民社会的多元性。这将导致社会其他领域重要性的下降，从而削弱了社会自我调整的能力以及对国家权力的规范、约束作用。因此，当面对市场表现出的盲目的和无政府状态时，他又不得不求助国家的力量，将市民社会重新纳入国家的监管与引导之下。

在第二章，主要研究了哈贝马斯对黑格尔市民社会理论所表现出的缺陷与不彻底性的批判与超越。在哈贝马斯看来，黑格尔对于市民社会的理解立足于劳动范式这一"主体哲学的变种"，这样就会使得市民社会中人与人的结合只是在人与对象世界的直接关系（劳动关系）的基础上派生出的间接关系，这是一种机械的、偶然的、不稳定的结合；也是市民社会难以维持自身独立地位，趋向于同国家重新走向结合的原因。为了重新恢复市民社会独立于国家权力的纯粹性，为了强调市民社会所具有的自足性，哈贝马斯以交往范式代替劳动范式，并用"市民社会（生活世界）/系统（政治＋经济）"的分析框架取代黑格尔"国家/市民社会"的分析模式，将市民社会理解为一个"理想的话语交往空间"，突出市民社会的社会文化内涵，而将经济成分从市民社会的概念中刻意淡化并剔除了出去。哈贝马斯进而强调经济与权力系统的合法性源于市民社会所奠定的理想的规范性基础，并明确将市民社会视为抵御经济与权力扩张的最有力屏障。通过对黑格尔与哈贝马斯市民社会理论的比较研究，我们发现，二者都试图将市民社会与国家明确区分开来，企图维持市民社会独立于国家的性质。而市民社会的生命力源泉实际上源于这样一种精神，即冲破权力的束缚以及防止权力（尤其是国家权力）滥用的精神。明乎此，我们就会发现，如果要对市民社会的精神有一个更加全面的理解，权力运行的实际状况是我们不得不考虑的问题。

在本书的第二部分，即第三章，重点考察了福柯这位"微观权力分析大师"对于权力问题的理解，在此基础上，从微观权力的视域出发重新反思市民社会的问题。福柯通过对权力施以微观的解剖分析，为我们揭示出权力是一种关系，权力关系内在于其他一切形式的关系中；权力是多元的、多质的，它并不仅仅表现为国家权力，还包括塑造我们身体的规训权力、对人口施以调节的生命权力、源于基督教的牧领权力等；权力是一种相互交错的网络，哪里有权力，哪里就有针对权力的反抗。在明确权力的实际状况后，本书试图推出一个有别于黑格尔的"市民社会—国家"模式，也不同于哈贝马斯的"市民社会—系统"模式的全新的分析框架——"市民社会—权力"分析模式，并进一步指出市民社会与其说是一个与国家（政治权力）密切相关的概念，不如说它更关注的是权力的运用，它试图限制和规范一种福柯意义上的更为广义的日常权力的使用。而市民社会的基本精神，实可看作对包含国家权力在内的福柯所谓的日常权力的消解与抵抗。明乎此，我们就可以以此为参照，考察和发掘在中国传统文化尤其是儒家文化中与之相契合的思想资源。

如果说本书的前三章主要在于揭示西方市民社会话语自身的批判性发展，呈现西方市民社会的基本精神的话，那么，本书的第四章则在于从一种东方视角来反思、批判西方的"市民社会精神"。在本书的最后一个部分（第四章），主要发掘与市民社会的精神相契合的儒家文化资源。该章第一节指出市民社会在西方的出现，一方面源于资本主义商品经济对社会结构的改造；另一方面也需要市民社会的精神作为其文化根基。在我国传统文化中，尤其是在坚持"内圣外王"的儒家传统中，可以发现诸多与"市民社会的精神"相契合的文化资源。在第二节，重点研究了儒家"士"的传统。指出市民社会在西方近代的形成，与注重"改变世界"的"行动的人生"的西方近代知识分子出现于历史舞台密切相关。从某种意义而言，他们是市民社会精神的主要承载者。与西方的传统相对照，儒家"士"的传统与西方近代知识分子的精神多有契合之处。他们注重"知识"与"理性"，以"明道救世"为自己终身奉行的使命，同时，不畏世俗权势，以"道"抗"势"，这些均与市民社会的精神若合符节。第三节，主要介绍儒家的"教化"传统。市民社会的实质乃是一个文明社会，儒家

"以此道觉此民"的"教化"传统,将对提升社会的文明化程度、培养更多可以承载"市民社会精神"的个体具有至关重要的作用与意义。在第四节中,主要介绍了儒家"同治天下""共定国是"的观念。指出市民社会的活力源于人们对于社会公共事务的关心与自觉参与,这是对权力运行方式最直接的规范。当今中国,人们对政治表现出普遍的冷漠,儒家"同治天下""共定国是"的观念,将会重新唤起人们(尤其是知识分子)对社会公共事务的热情,鼓舞人们以一种主人翁的精神,积极参与到那些与自己的幸福密切相关的社会公共事务的实践中去。

第一章　黑格尔对市民社会的理解

第一节　黑格尔市民社会理论的时代背景及思想渊源

一　黑格尔市民社会理论的时代背景

恩格斯指出:"黑格尔的思维方式不同于所有其他哲学家的地方,就是他的思维方式有巨大的历史感作基础。形式尽管是那么抽象和唯心,他的思想发展却总是与世界历史的发展紧紧地平行着。"① 的确,具有强烈的时代观念是黑格尔哲学的显著特色。黑格尔自己也曾明确说过:"每一哲学属于它的时代,受它的时代的局限性的限制,即因为它是某一特殊的发展阶段的表现。个人是他的民族,他的世界的产儿。[他的民族和世界的结构和性格都表现在他的形体里。]个人无论怎样为所欲为地飞扬伸张——他也不能超越他的时代、世界。……每一哲学都是它的时代的哲学,它是精神发展的全部锁链里面的一环,因此它只能满足那适合于它的时代的要求或兴趣。"② 又说:"每个人都是他那时代的产儿。哲学也是这样,它是被把握在思想中的它的时代。妄想一种哲学可以超出它那个时代,这与妄想个人可以跳出他的时代,跳出罗陀斯岛,是同样愚蠢的。"③ 可见,黑格尔不仅明确承认时代决定个人,个人是时代的产物,而且提出哲学是它的时代的反映,哲学是"被把握在思想中的它的时代"。因此,为了真实、全面地把握黑格尔的哲学,尤其是他的市民社会理论,首先就要了解黑格尔所处的时代,了解孕育黑格尔思想的时代背景。

---

① 《马克思恩格斯文集》第二卷,人民出版社2009年版,第602页。
② [德]黑格尔:《哲学史讲演录》第一卷,贺麟、王太庆译,商务印书馆1983年版,第48页。
③ [德]黑格尔:《法哲学原理》,范扬、张企泰译,商务印书馆1979年版,第12页。

黑格尔一生经历了法国革命、拿破仑战争、复辟时期，其所处的时代，总的来讲，是资产阶级革命高潮的时代，亦即从巴黎波及整个欧洲的那场所向披靡的法国大革命的时代。事实上，早在17世纪中叶，荷兰就已经成为西欧资本主义之先进国家。1688年，英国资产阶级革命（"光荣革命"）在与贵族的妥协中，没有流血就取得成功，从而使得英国取代荷兰，成为欧洲最重要的资产阶级国家。资产阶级民主革命到法国大革命时期，达到了前所未有的高潮。法国革命以其震撼整个欧洲大陆之势，全面影响了西方乃至世界的现代进程，资本主义经济的发展、共和国的成长、自由民主思想的传播以及国家之间大规模战争的出现都是此次革命的标志性产物。

　　法国大革命在其爆发之初，便受到德国进步力量的热烈欢呼。与当时大多数德国进步势力一样，正就读于图宾根神学院的黑格尔对法国革命也表现出热烈同情的态度。在黑格尔图宾根时期的纪念册中，"打倒妄想绝对统治心灵的暴政！""自由万岁！""卢梭万岁！"等口号不时会跃入人们的眼帘，他甚至还和好友谢林一起去郊外种植了"自由之树"以庆祝法国革命。[①] 而当拿破仑率领的法国军队占领黑格尔当时生活的城市——耶拿后，黑格尔却兴高采烈地认为拿破仑将摧毁旧的秩序，并将为德国开辟新的道路。因此，他在给友人的信中，无比欣悦又满怀崇敬地写道："我见到皇帝——这位世界精神——骑着马出来在全城巡察。看到这样一个个体，他掌握着世界，主宰着世界，却在眼前集中于一点，踞于马上，令人有一种奇异的感觉。"[②] 虽然由于法国大革命表现出的种种恐怖与灾难，黑格尔对它的热情一度有所消退，如在《精神现象学》时期黑格尔就以"绝对自由与恐怖"来处理它，但是总体而言，黑格尔对法国革命的称赞始终如一，在晚年讲演的《历史哲学》中，关于法国革命，他仍满是溢美之词地写道："这是一个光辉灿烂的黎明。一切有思想的存在，都分享到了这个新纪元的欢欣。一种性质崇高的情绪激动着当时的人心；一种精神的热诚震撼着整个的世界，仿佛'神圣的东西'和'世界'的调和现在首次完成了。"[③] 对黑格尔来说，法国大革命是哲学与其时代相关的所有决定都聚集在一起的事件，

---

① ［苏］阿尔森·古留加：《黑格尔小传》，下伊始、桑植译，商务印书馆1978年版，第10页。
② ［德］黑格尔：《黑格尔通信百封》，苗力田译编，上海人民出版社1985年版，第204页。
③ ［德］黑格尔：《历史哲学》，王造时译，上海书店出版社2006年版，第418页。

哲学通过对大革命的攻击和防御来指出问题。因此，从某种意义而言，理解黑格尔政治哲学的关键也在于理解他对于法国革命事件的看法。

与其同时代的进步知识分子一样，黑格尔赞赏法国革命带来"自由主体性的觉醒"，然而与此同时，他也惊骇于法国大革命"恐怖时期"的残酷大屠杀，指陈它渴求"绝对自由"，却又导致了"死亡的恐怖"。而在《法哲学原理》中，他更是将法国革命称为造成"最可怕和最残酷的事变"。① 黑格尔祝贺革命，赞美革命的理想和对精神变革的促进，然而又惧怕革命所带来的混乱与恐怖，这无疑是矛盾的。此种矛盾性不仅表现在他对法国革命的看法中，更贯穿在他的理论思想中，同时也表现在他对市民社会的论述中，如他高度评价市民社会"使理念的一切规定各得其所"②，并"赋予特殊性以全面发展和伸张的权利"③，却又将其视为"一切人反对一切人的战场"，希望凭借国家的力量克服此种恐怖的无政府状态（后文将具体论述）。对于黑格尔这种掺杂着革命与妥协的矛盾心理，哈贝马斯曾一针见血地评说道："为了不使哲学本身由于革命而受到挑战，并且成为挑战的牺牲品，黑格尔把革命提高成为他的哲学原则。当黑格尔把革命与世界精神的心脏跳动紧紧结合在一起时，他感到自己在革命面前是可信赖的。……黑格尔祝贺革命，因为他惧怕革命；黑格尔把革命提升为哲学的原则，是为了提出一种本身能够克服革命的哲学。黑格尔的革命哲学，是他的作为批判革命的哲学。"④ 的确，黑格尔是"靠软弱的实践推动力达到了不够充分的革命理论的边缘地带"⑤，他希望通过哲学上的革命来克服、消解现实的革命，不可谓不用心良苦。然而，面对呈现在人们眼前的现实，他的思想实在又显得有些过于"迂腐"和"笨拙"。

二 黑格尔市民社会理论的思想渊源

"在马克思主义以前，黑格尔是惟一用唯心辩证法初步分析英国产业革命问

---

① ［德］黑格尔：《法哲学原理》，范扬、张企泰译，商务印书馆1979年版，第255页。
② ［德］黑格尔：《法哲学原理》，范扬、张企泰译，商务印书馆1979年版，第197页。
③ ［德］黑格尔：《法哲学原理》，范扬、张企泰译，商务印书馆1979年版，第198页。
④ ［德］尤尔根·哈贝马斯：《理论与实践》，郭官义、李黎译，社会科学文献出版社2010年版，第92页。
⑤ 王玖兴等编：《国外黑格尔哲学新论》，中国社会科学出版社1982年版，第307页。

题的德国思想家,并且还把英国古典政治经济问题和启蒙思想初步作了唯心辩证法的加工。"① 一如贺麟先生指出的那样,启蒙思想和古典政治经济学是黑格尔整个思想体系和世界观中的重要因素,它们共同为黑格尔市民社会理论的推出提供了理论上的基础。

启蒙运动盛行于18世纪中叶,它将人类理性置于前所未有的崇高地位,希望用理性之光驱散黑暗,把人们引向光明,然而,关于它的确切起止时间,学者们一直存在争议。一般认为启蒙运动始于17世纪末,其标志通常认为是1688年的英国光荣革命和牛顿《自然哲学的数学原理》的出版。启蒙运动的高潮时期一般以法国启蒙运动涌现出的一批伟大思想家如伏尔泰、孟德斯鸠、狄德罗、卢梭等的活动为标志,时间大约是1730—1780年。启蒙运动的晚期大致在18世纪最后30年,"通常都是以法国革命作为结束"②。启蒙运动的显著特征是深信人类的理性、知识能够解决现存的基本问题,因此,它一方面反对封建专制主义和宗教权威,反对迷信和愚昧;另一方面又高举理性大旗,积极宣传自由、平等和民主,争取思想、言论自由,尊重个人的思想、感情和欲望。

黑格尔著作的编纂者霍夫麦斯特曾指出,"不仅康德和费希特构成了黑格尔的教育背景,启蒙运动的整个传统同样也构成了黑格尔教育的背景"③。启蒙运动对黑格尔的影响可谓既久且深。在1783年,《柏林月刊》就开启了一场关于"什么是启蒙"的大讨论,这场争论围绕"启蒙运动的本质和限度"持续了十余年,诸如康德、门德尔松、哈曼、雅各比、摩泽尔等德国重要的思想家都参与了这场讨论。值得注意的是,当时正在读中学的黑格尔就阅读和摘抄过《柏林月刊》,同时接触并阅读了法国启蒙思想家卢梭的著作。因此我们不难推断,青年黑格尔对当时德国启蒙运动的状况应该是比较熟悉的。黑格尔对自己国家的启蒙人物如莱辛、赫尔德尔、魏克曼等十分熟悉,这些启蒙人物甚至影响了黑格尔中学时期的志向。从某种意义而言,正是受到莱辛的影响使他立志成为一位文学家,成为一位受欢迎的教育家。黑格尔更是对伏尔泰、卢梭以及孟德

---

① 贺麟:《贺麟集》,中国社会科学出版社2006年版,第165页。
② [美]彼得·赖尔、艾伦·威尔逊:《启蒙运动百科全书》,刘北成、王皖强编译,上海人民出版社2004年版,第3页。
③ Shlomo Avineri, *Hegel's Theory of The Modern State*, Cambridge University Press, 1972, p. 1.

斯鸠等法国启蒙思想家的著作给予了持续而又密切的关注，而这些思想家对他的影响也是十分明显，诚如贺麟先生所言"在关于自由的学说上，黑格尔是卢梭的尊崇者。在政治学说方面，黑格尔研究过孟德斯鸠的学说。他的君主、立法、行政三权辩证结合的思想是受了孟德斯鸠的影响"①。

事实上，启蒙精神一直贯穿于黑格尔有了明确作品特征的文本和著作中。在其早期的宗教著作中，黑格尔多次强调启蒙在祛除人们的宗教偏见和迷信方面的作用，在其看来"启蒙理智的一个任务在于扫除客观宗教的糟粕"②。同时，黑格尔也非常强调启蒙在"理智的培养"和"理智之应用"方面的作用，他认为"理智的培育和理智之应用于吸引我们兴趣的各种对象上，就是启蒙。——因此启蒙总有一种美好的优越性：它能够给予义务以明晰的知识，能够对于实践的真理给予论证或说明理由"③。

黑格尔为启蒙和启蒙运动所表现出的反对一切权威的惊人魄力而感到十分钦佩，他赞叹道："法国哲学著作在启蒙思想中占重要地位，这些著作中值得佩服的是那种反对现状、反对信仰、反对数千年来的一切权威势力的惊人魄力。值得注意的是这样一个特点，即反对一切有势力的东西、与自我意识格格不入的东西、不愿与自我意识共存的东西、自我意识在其中找不到自己的东西的那种深恶痛绝的感情；——这是一种对于理性真理的确信。"④ 然而，对于启蒙运动的结果——唯物主义、不可知论以及纯粹的功利主义，他又并不赞成，甚至持批判态度。张汝伦先生在深入研究黑格尔与启蒙运动的关系后指出："与卢梭一样，黑格尔是他那个时代对现代性问题最敏感的人。他几乎一走上哲学道路就发现，现代的特征是分裂（Entzweiung），表现为精神与物质、灵魂与肉体、信仰与理智、自由与必然、理性与感性、才智与自然、存在与非存在、概念与存在、有限与无限的对立。"⑤ 所有这些分裂，在黑格尔看来，其根源恰恰在于启蒙。比如"理智的启蒙诚然可以使人更聪明一些，但不是使人更善良一些"⑥，启蒙没

---

① 贺麟：《贺麟集》，中国社会科学出版社 2006 年版，第 158 页。
② [德] 黑格尔：《黑格尔早期神学著作》，贺麟译，商务印书馆 1988 年版，第 18 页。
③ [德] 黑格尔：《黑格尔早期神学著作》，贺麟译，商务印书馆 1988 年版，第 16 页。
④ [德] 黑格尔：《哲学史讲演录》第四卷，贺麟、王太庆译，商务印书馆 1983 年版，第 218—219 页。
⑤ 张汝伦：《黑格尔与启蒙》，《哲学研究》2007 年第 8 期。
⑥ [德] 黑格尔：《黑格尔早期神学著作》，贺麟译，商务印书馆 1988 年版，第 18 页。

有本领给予人以道德,"在价值上它无限地低于内心的善良和纯洁"①。因此,重新恢复业已分裂的世界的整体性,恢复人类生活的整体感成为黑格尔哲学的重要任务。由此可见,与其说黑格尔是启蒙的批判者,不如像一些学者那样,将黑格尔哲学理解为对启蒙的一个回应,他不仅对启蒙运动中某些进步观点在自己的唯心主义体系中以自己特殊的方式予以吸收和发挥,而且还对启蒙运动作了辩证地和历史地批判分析,并试图通过自己的哲学对启蒙带来的分裂予以批判性的克服。

黑格尔不仅密切关心着政治、社会状况和宗教,而且很早就对盛行于英国和法国的古典政治经济学产生了浓厚的兴趣。在《法哲学原理》一书中,他将政治经济学视为"在现代世界基础上所产生的若干门科学的一门"②,并多次提到斯密、塞伊、李嘉图等古典政治经济学家。事实上,早在1799年,黑格尔就阅读了被马克思称为"建立了资产阶级经济学整个体系的第一个不列颠人"③——詹姆士·斯图亚特的《政治经济学原理研究》。在《政治经济学原理研究》一书中,斯图亚特详细阐述了重商主义思想,并对赋税、财产等问题展开深入研究。受其影响,黑格尔开始深入思考财产问题,指出"在近代国家中,保证财产安全是决定整个立法的关键,公民们大部分权利都与此相关"④。同时,也正是通过对詹姆斯·斯图亚特的研究,黑格尔得出了现代市民社会的活力是不可逆转的这样的结论。

如果说斯图亚特对黑格尔只有点滴的影响的话,那么当黑格尔与亚当·斯密的著作接触后,在其思想发展上则发生了一个明显的转折。作为"古典经济学之父"、英国古典政治经济学体系的建立者,亚当·斯密最主要的功绩在于明确提出了劳动决定价值的理论。在亚当·斯密看来,劳动是衡量一切商品交换价值的真实尺度,创造价值的不是某种特殊形式的劳动、不是重商主义者所说的生产金银等贵金属的劳动,也不是重农主义所强调的农业劳动,而是一般生产商品的劳动,"劳动是价值的真实源泉和尺度"⑤。关于亚当·斯密对于黑格

---

① [德] 黑格尔:《黑格尔早期神学著作》,贺麟译,商务印书馆1988年版,第16页。
② [德] 黑格尔:《法哲学原理》,范扬、张企泰译,商务印书馆1979年版,第204页。
③ 《马克思恩格斯全集》第三十一卷,人民出版社1998年版,第451页。
④ [苏] 阿尔森·古留加:《黑格尔小传》,卞伊始、桑植译,商务印书馆1978年版,第23页。
⑤ 许涤新主编:《政治经济学辞典》,人民出版社1980年版。

尔的影响，匈牙利哲学家乔治·卢卡奇在《青年黑格尔》一书中就曾指出"关于劳动问题，黑格尔完全与他所掌握的英国材料和英国经济学的知识分不开。黑格尔所增加的是把在经济对象中所认识到的辩证法提高到自觉的哲学水平"①，可以说正是受亚当·斯密的影响，黑格尔将劳动问题提到了理论思考的中心地位。在《精神现象学》等著作中，黑格尔多次涉及"劳动"这一概念，认为劳动形成着人的品性，并将劳动视为人的自我证实的中心方式：在人成为人的自我完成的过程中，人是劳动着的人，而且在别人承认其为人这一承认的过程中，人也是劳动着的人、是作为劳动者的人。黑格尔还把劳动看作实现主观与客观的统一，扬弃僵化的外界客观性和自我发展的推动力。认为"劳动是有目的的消灭客体"②，强调正是通过劳动打破了客体直接的自然状态，从而实现了人的主观需要和享受的目的。

另外，亚当·斯密从"经济人"的利己本性出发去研究经济问题。他认为每个人的一切活动都受与生俱来的"利己心"支配，然而吊诡的是，每个人都在追求着个人利益却给整个社会带来共同利益，而之所以能达成这一共同利益的目标，主要是由于"看不见的手"的引导。在《国富论》中亚当·斯密论证道："（某人）宁愿支持国内的工业而不是国外的工业，其实他盘算的只是他自己的安全；采用某种方法使工业生产的价值达到最大程度，其实他的本来目的也只是为了追求他自己的利益。在这场合，像在其他许多场合一样，他受着一只看不见的手的引导，去尽力达到一个并非他本意想要达到的目标。他没有想到贡献社会，对社会来说，并不是坏事。通过追求自己的利益而贡献社会，常常倒比他刻意地去贡献社会更有效率。"③ 正是基于对古典政治经济学的研究，尤其是源于亚当·斯密"经济人"假设和"看不见的手"的思想的影响，黑格尔认识到资本主义的经济交往从每一个人的利己心出发，却造就了一个崭新的现代社会——"市民社会"，指出这是一个与市场颇为相似，并且独立于国家、具有自身发展规律的"需要的体系"。

---

① ［德］黑格尔：《精神现象学》上卷，贺麟、王玖兴译，商务印书馆1981年版，"译者导言"第38—39页。
② 贺麟：《贺麟集》，中国社会科学出版社2006年版，第159页。
③ Adam Smith, *The Wealth of Nations*, University Of Chicago Press, 1977, p.593.

诚如苏联学者阿尔森·古留加所言"黑格尔的哲学思想最充分地反映了欧洲十八、十九世纪之交发生的根本变化"①，黑格尔自觉地以承担时代精神为己任，力求用自己的哲学在思想中把握自己所处的时代。以上我们已经对黑格尔所处时代的社会历史、经济、文化现象有了一个概括性的了解，在此基础上，我们将进一步对黑格尔的市民社会理论展开探讨。

第二节　从家庭向市民社会的过渡

一　家庭成员向市民社会成员的转变

市民社会理论是黑格尔的政治哲学的重要组成部分，也是其政治哲学中极具特色的一部分。在《法哲学原理》第三篇"伦理"中，黑格尔明确指出"市民社会，这是各个成员作为独立的单个人的联合"②。然而在他看来，市民社会是现代世界的产物，无论是从逻辑而言还是从历史而言，个人最初都是以家庭成员的身份生活于世。而作为家庭成员的人是一种抛弃了自我独立的存在，并不具有独立性。因此，个人从家庭中独立出来成为市民社会的成员，是市民社会得以产生的关键因素之一，也是市民社会形成的至关重要的步骤之一。

黑格尔认为，家庭是"精神的直接实体性"的表现，它是尚未显示出差别的普遍性的阶段。换言之，家庭是一个自然的和谐统一体，个体在家庭中相互友爱、不分彼此，处于无差别的和谐状态中。家庭"以爱为其规定"，"爱"是家庭作为一个自然的和谐统一体的基础。有意思的是，作为公认的西方理性主义的集大成者——黑格尔——却对"爱"这一充满感性的话题表现出极大的兴趣，多次思考并撰写过关于"爱"的文章。在其早期神学著作中，黑格尔不仅分析了人类对上帝之爱，还分析了男女之间身体和情感上的各种爱；而在《逻辑学》中，"爱"则成为自由概念的象征。

在《法哲学原理》中，黑格尔明确指出："所谓爱，一般说来，就是意识到我和别一个人的统一，使我不专为自己而孤立起来；相反地，我只有抛弃我独

---

① ［苏］阿尔森·古留加：《黑格尔小传》，卞伊始、桑植译，商务印书馆1978年版，第3页。
② ［德］黑格尔：《法哲学原理》，范扬、张企泰译，商务印书馆1979年版，第174页。

第一章 黑格尔对市民社会的理解

立的存在,并且知道自己是同别一个人以及别一个人同自己之间的统一,才获得我的自我意识。"① 在黑格尔看来,个人最初是原子的、孤立的、具有独立道德实体地位的存在。然而,独立的代价是孤立和缺乏自我意识,要想更全面地理解个体真正是什么、人能成为什么,就需要"抛弃我独立的存在"。当独立的自我与另一个独立的人联合时,这就实现了。从形而上学的角度来说,爱的现象证明了一种新的统一体的存在,即相爱的人通过放弃独立而结合在一起。如"家庭概念在其直接阶段中所采取的形态"——婚姻中,男女双方基于爱而自愿同意"组成为一个人",结合成一个统一体。在缔结婚姻的过程中,男女双方同意为这一统一体抛弃自己自然的和单个的人格,把自身"单一性"的"独立人格"加以扬弃,承认自己在另一个意识当中,也就是"我"把对方当作自己,从对方身上认识到"自我"。正是"夫与妻的关系是一个意识承认自己即在另一个意识之中的直接的自我意识和对这种相互承认的认识"②,使得此种男女双方基于爱的统一并不是作茧自缚,而恰恰是他们的解放。再如父母对于子女的慈爱,它是从这样的情感产生出来的,即"他们(父母)意识到他们是以他物(子女)为其现实"③。父母把对子女的爱"作为他们的爱、他们的实体性的定在而加以保护"④。换言之,在对于子女无私的关爱与抚养中,夫妻之间爱的统一关系获得其客观性,父母在子女身上凝聚了二者之间互相的认同:在对子女的抚育中,在子女成长为"自为存在"的过程中,父母看到了自己的生命在时间长河中的延续,看到了他们之间相爱的现实成果,同时也看到了他们"结合的整体"。夫妻之间的爱因为共同孕育子女而获得其现实、完满的形式。

由此可知,"以爱为其规定"的家庭是一个自然的和谐统一体,家庭的成员只要还没有与家庭分离、长大成人并通过结婚而建立新的家庭,就都算不上是独立的人。只要个人仍然在家庭内,他本身就不是目的,他不是为了自私的个人利益而主要是为了普遍的目的——家庭而奋斗、辛劳。虽然,在黑格尔看来,我在为家庭活着的同时,也在其他家庭成员身上获得了承认,并且找到了自己,

---

① [德]黑格尔:《法哲学原理》,范扬、张企泰译,商务印书馆1979年版,第175页。
② [德]黑格尔:《精神现象学》下卷,贺麟、王玖兴译,商务印书馆1981年版,第13页。
③ [德]黑格尔:《精神现象学》下卷,贺麟、王玖兴译,商务印书馆1981年版,第14页。
④ [德]黑格尔:《法哲学原理》,范扬、张企泰译,商务印书馆1979年版,第187页。

我与他人合为一体，在他人身上看到了自我本身。但是，诚如法国哲学家科耶夫所言："在这样的家庭中和通过这样的家庭得到承认的东西，不是人的行动，而仅仅是存在，给定的静态存在，人、父亲、丈夫、儿子等的生物存在。"① 遗憾的是，人并不是囿于家庭的、自然的、给定的静态存在，而是历史的、动态的、需要被承认的社会性的存在。家庭虽然充满温馨，可是在家庭中，人的社会性、历史性并不能真正得以实现，因此，脱离家庭而步入社会，成为每个家庭成员所具有的自由本性的必然愿望。

　　黑格尔指出，仅仅具有自由、独立的愿望无法真正实现自己独立的人格，还必须凭借"教育"发挥的关键作用。他明确提出，在家庭中"子女有被扶养和受教育的权利，其费用由家庭共同财产来负担"②，而教育的目的就在于"对还在受本性迷乱的自由予以警戒，并把普遍物陶铸到他们的意识和意志中去"③。具体而言，对子女所施教育的肯定的目的在于"灌输伦理原则"，即一方面通过父母对子女的爱和信任，通过家庭的脉脉温情在子女心灵中培植起一种"伦理感觉"——对父母和家庭的爱、信任与责任；另一方面，也就是通过被黑格尔称为"教育的主要环节"的"纪律"，以惩罚性的方式来清除子女身上纯粹感性的和本性的东西——"唐突孟浪，傲慢无礼"，培养子女的服从感。然而，恭敬顺从本身不是目的，教育还具有否定的目的，即"使子女超脱原来所处的自然直接性，而达到独立性和自由的人格，从而达到脱离家庭的自然统一体的能力"④。黑格尔适应当时资本主义发展的需要，强调教育应该为学生提供职业训练，使其具备从事某种职业的能力，这样就会使得子女们已经潜在具有的自由得以逐渐发展为现实。子女经过教养而获得自由的人格，并作为一个成年人而被承认。成年人不再是他们的特殊冲动和主观观念的奴隶，他们开始有能力且有权利拥有自己的自由财产。在相互友爱的个体间最原始的和谐统一，也因为"财产和权利的获得和拥有"而被破坏了。由此我们可以说，"一旦权利进入家庭，家庭便解体了"⑤，人们终于得以脱离旧的家庭，成为自由、独立的人。比

---

① ［法］科耶夫：《黑格尔导读》，姜志辉译，译林出版社 2005 年版，第 220 页。
② ［德］黑格尔：《法哲学原理》，范扬、张企泰译，商务印书馆 1979 年版，第 187 页。
③ ［德］黑格尔：《法哲学原理》，范扬、张企泰译，商务印书馆 1979 年版，第 187 页。
④ ［德］黑格尔：《法哲学原理》，范扬、张企泰译，商务印书馆 1979 年版，第 188 页。
⑤ ［加］查尔斯·泰勒：《黑格尔》，张国清、朱进东译，译林出版社 2002 年版，第 664 页。

利时历史学家亨利·皮朗指出："市民阶级最不可少的需要就是个人自由，……自由成为市民阶级的合法身份。"① 的确，正是由于家庭的解体，个人才拥有了最初的自由，也才具备了成为市民社会之成员的资格。

二 市民社会成员的特征

加拿大学者查尔斯·泰勒曾指出："根据黑格尔的观点，……市民社会是现代社会，而现代社会被看作人们之间进行生产和交换的经济系统，人们被认作具有诸多需要的主体。"② 一如查尔斯·泰勒所言，在黑格尔心目中，市民社会的成员是"各种需要的整体以及自然必然性与任性的混合体"③。与家庭成员不同，市民社会的成员不再将共同体的需要作为自己的目的，他们不再以家庭的需要作为自己的第一要务，而是毫无掩饰地把自己本身的需要、本身的利益作为追求的目的；他们尽量在一切方面满足自己的需要，而其他一切在他们看来都是虚无。在黑格尔的辩证逻辑中，市民社会是作为家庭的反面、作为对家庭这一自然统一体的否定而出现的，市民社会用"利己"的原则去扬弃充斥于家庭之中的"爱"的原则之不足，使个人的目的、任性得到充分的展示与自由的发挥。然而，值得注意的是，黑格尔并不完全否定市民社会成员这一竞逐私利的利己主义特性，他甚至将这一不可避免的"恶"视为推动社会历史前进的无形动力，强调"人有权把他的需要作为他的目的"，"个别兴趣和自私欲望的满足的目的是一切行动的最有势力的泉源"。④ 与此同时，他又不无忧虑地指出"人民就是不知道自己需要什么的那一部分人"⑤，生活于市民社会中的市民并不知道自己的真正需要，因此，他们对需要的追求与满足完全倚赖外在偶然性与任性，即使需要一时得到满足，却又会无止境地引起新的欲望、新的需要，这样就会坠入一种所谓的"恶的无限"之中。

在此我们不难看到亚当·斯密"经济人"假说的影响。同时，也能看到启

---

① [比] 亨利·皮朗：《中世纪欧洲经济社会史》，乐文译，上海人民出版社2001年版，第48—49页。
② [加] 查尔斯·泰勒：《黑格尔》，张国清、朱进东译，译林出版社2002年版，第664页。
③ [德] 黑格尔：《法哲学原理》，范扬、张企泰译，商务印书馆1979年版，第197页。
④ [德] 黑格尔：《历史哲学》，王造时译，上海书店出版社2006年版，第19页。
⑤ [德] 黑格尔：《法哲学原理》，范扬、张企泰译，商务印书馆1979年版，第319页。

蒙精神在黑格尔思想中的深刻烙印，在启蒙运动崇尚个体自由，尊重个人的思想、感情和欲望的影响下，黑格尔将个体有权利并且积极去追求自己特殊需求的满足，视为"市民社会的一个原则"，十分强调和尊重个体自由、独立的主体性，倡导个体作为特殊的人本身就是目的。

事实上，在黑格尔看来，此种独立、自由的人格生成也和宗教改革运动与资本主义经济的发展具有密切的关联。对于由日耳曼民族引领的宗教改革，黑格尔充满了褒扬，称其是紧接着文艺复兴、美洲发现和到达东印度新航线这些"黎明的曙光"之后升起的"光照万物的太阳"，是一场"伟大的革命"。他认为，"成为宗教改革的原则的，是精神深入自身这个环节、自由这个环节、回归于自己这个环节；自由正意味着：在某一特定的内容中自己对自己发生关系，——精神的生命，就在于在显得是他物的东西里面回归于自身中"[①]，"人从'彼岸'被召回到精神面前；大地和它的物体，人的美德和伦常，他自己的心灵和自己的良知，开始成为对他有价值的东西"[②]。宗教改革运动打破了天主教对人们精神的长期束缚，人的主体性与自由精神受到前所未有的推崇，个体的良知成为所有价值观的源泉和中心。而资本主义经济的发展更是将人们刚刚获得的自由精神和独立人格运用于现实的日常生活，并促成了资本主义特有的、具有强烈占有欲的个人主义的诞生。正是资本主义生产方式的出现与发展，使得在现代经济关系里产生了一般意义上的"人"，此种人已经是一个"理性人"或者一个"经济人"。在现代经济体系下，一切人都被当作"经济人来看待"，即每个人都考虑自己，都计算自己的得失利益，因为人都是自私的。同时，资本主义生产方式使人们摆脱了以血缘为基础的家庭关系的束缚，从而激发了人与人交往的新形式和新的共同体的产生。

第三节 市民社会成员之间的关系

一 市民社会成员的"需要"

黑格尔发现，实现从家庭向市民社会的过渡之后，个人作为市民社会的成员

[①] [德]黑格尔：《哲学史讲演录》第三卷，贺麟、王太庆译，商务印书馆1978年版，第384页。
[②] [德]黑格尔：《哲学史讲演录》第三卷，贺麟、王太庆译，商务印书馆1978年版，第376页。

明显区别于作为家庭的成员。在家庭中，人们并未意识到自己的需要与家庭其他成员的需要之间的明确区别，他们倾向于认为自己需要的满足与整个家庭息息相关，或者说，是在家庭整体需要的满足基础上实现的。在此形势下，个体并不具有独立追求自身特殊需要的满足的权利。个人摆脱对家庭的依赖后，成长为一个独立的个体，从而获得了追求满足自身特殊需要的权利与能力，由此也具备了成为市民社会之成员的资格。"市民社会用'利己'的原则取代了家庭伦理阶段'爱'的原则，家庭成员之间的互爱关系在市民社会已被利益关系所取代"[1]，而市民社会中的个体正是一些自觉追求自身特殊利益、特殊需要的独立的个人。

在黑格尔看来，人和动物一样都是具有需要的存在物。一方面，人与动物的需求在自然需求的层面具有一致性，即都具有即时性或直接性，如人和动物一样，吃饭、饮水是为了生存，他们大部分时间都在以即时而又直接的方式满足自己的"自然需求"；然而另一方面，人的需要与动物的需要又表现出明显的不同，"动物用一套局限的手段和方法来满足它的同样局限的需要。人虽然也受到这种限制，但同时证实他能越出这种限制并证实他的普遍性，借以证实的首先是需要和满足手段的殊多性，其次是具体的需要分解和区分为个别的部分和方面，后者又转而成为特殊化了的，从而更抽象的各种不同需要"[2]。

首先，动物的需要是直接的、确定的，而人类的需要却可以超越动物需要的确定性与直接性。在黑格尔看来，动物饥餐渴饮、随遇而安，它们的需要总是受到其生存环境的限制，如有些动物只能在炎热的气候中生存，有些动物却只能在寒冷的气候中生存，"有些昆虫寄生在一种特定的植物上，有些动物则有更广大的范围而能在不同的气候中生存"[3]。动物完全依赖自然的恩赐而生活，人类的生存虽然也离不开自然，却可以突破生存环境、生存范围的限制，面对生存环境中的种种恶劣条件，他们要么努力适应，要么学会克服，这就使得人在各种气候环境下都可以平等地居住、生存，并且可以以种类繁多的食物为生。黑格尔指出，人类的需要能够突破环境范围的限制，主要在于人类在满足自己

---

[1] 高朝虎：《市民社会与国家关系的两种相异理解——论马克思对黑格尔的批判》，《马克思主义哲学研究》2011 年第 00 期。
[2] [德] 黑格尔：《法哲学原理》，范扬、张企泰译，商务印书馆 1979 年版，第 205 页。
[3] [德] 黑格尔：《法哲学原理》，范扬、张企泰译，商务印书馆 1979 年版，第 206 页。

的需要时不再具有直接性。比如，同其他动物一样，人类也有饮食的需要，但是其他动物都满足于自然产生的食物状态，而人在准备食物时会使用火，破坏食物的"自然直接性"，也正是由于"把食物自然直接性加以破坏，这些都使人不能像动物那样随遇而安"。①

其次，动物的需要受自然所决定，是有限的；而人类的需要则具有社会历史性，表现出一种不断扩张的趋势。动物由于作为纯粹的自然存在物，它们的需要是纯粹本能的自然性，它们也不可能改变自己的需要，因而，它们的需求都是固定的。人的需要则不然，其表现出"殊多化"（multiplying）和不断"分解和区分"（dividing and differentiating）的特点。按照黑格尔的理解，需要的"殊多化"和不断"分解和区分"，实际上是需要从具体变为抽象的过程，通过这种转变，需要变得既有精神性又有社会性。具体而言，人的需要不再仅仅是一种自然的不假思索的事实，同时更是一种由文化决定的要求，"把文化带到多种多样的需要上，以及满足需要的多种多样的方式上，也是一般教化的分内之事。在近代，需要是大大地增多了；这是把那些一般的需要分割为许多特殊的需要和满足的方式。这是属于理智的，乃是理智的活动"②。由于理智渗透进人的需要，人现在所关心的完全是由他自己创造的必需，"必须得到满足的，终于不再是需要，而是意见了"③。人的需要大大增多，成无限扩张之势，在这个意义上，人比之动物更贪婪、更劳碌。面对此种形势，黑格尔并不像古希腊犬儒派那样试图减轻欲望的束缚，对需要予以"禁欲主义"式的克制与否定。在他看来，犬儒派的做法"乃是需要的简单化；这样只是遵从自然，看来好像是很可取的。需要似乎是对自然的依赖，这是与精神的自由相对立的；把对自然的依赖减到最低限度，这好像是一种适当的思想。但是这个最低限度本身也是不确定的；如果把这个价值放在限制自己于自然的需要这一点上，那么，放在另一方面，放在摒弃别的东西那一点上的价值就太大了"④。在黑格尔看来，犬儒派的"禁欲主义"在克制欲望的同时，却又将更有价值的事物一同摒弃掉，无

---

① [德]黑格尔：《法哲学原理》，范扬、张企泰译，商务印书馆1979年版，第206页。
② [德]黑格尔：《哲学史讲演录》第二卷，贺麟、王太庆译，商务印书馆1978年版，第148页。
③ [德]黑格尔：《法哲学原理》，范扬、张企泰译，商务印书馆1979年版，第206页。
④ [德]黑格尔：《哲学史讲演录》第二卷，贺麟、王太庆译，商务印书馆1978年版，第147页。

益于人类的文明化进程，因此是不可取的。

从前面的介绍我们可以发现，市民社会中具体存在着的个人总是有需要的，"这里的需要不是在人的自然生理要求意义上而言——尽管它以这种自然生理要求为基础，而是在人的自由意志、自觉意识这一'主观'性意义上而言。……纯粹自然生理需要是'客观需要'，市民社会中的私人需要则具有主观性，它是自觉了的需要"①。人应该努力去满足自己的需要，人也有权利把自己的需要当作目的。然而，由于市民社会中人的需要的"主观性"，需要呈现出无限扩张、增多的态势，这就使得人类需要的满足不可能仅仅依靠"外在物"，而必须进一步诉诸人自身的劳动才能够实现，一如黑格尔所言"人对于足以满足其需要手段，必须由他自己去制造培植"②。

二 劳动与"需要的体系"

劳动是西方哲学尤其是近现代哲学中的一个重要概念。然而在古希腊，劳动并不具有特殊的高尚内涵，它被认为是缺乏自由的奴隶的活动，与所谓"自由人"并无太大干系，而"自由人之所以是自由的，严格来说，正是由于他们不用去参加劳动活动"③。与古希腊学者不同，"高度评价劳动活动，是黑格尔哲学的典型特征"④，黑格尔不再将劳动消极地视为缺乏自由的活动，而是赋予劳动以积极的解放内涵。

早在耶拿时期的著作中，黑格尔就自觉地区分了两种劳动——具体劳动和抽象劳动。"具体的劳动是基本的物质交往，是万物的基础，但也是盲目的和野蛮的"⑤，在他看来，具体劳动是一种没有经过普遍利益的教育、非反思的活动。在这个早期阶段，黑格尔将具体劳动视为农民的劳动，它"以它所耕种的土地的自然产物为它的财富，这种土地可以成为它的专属私有物，它所要求的，不仅是偶尔的使用，更是客观的经营"⑥。这是最接近自然的人类活动，此种劳动

---

① 高兆明：《黑格尔〈法哲学原理〉导读》，商务印书馆 2010 年版，第 453 页。
② ［德］黑格尔：《小逻辑》，贺麟译，商务印书馆 1982 年版，第 91 页。
③ Oliva Blanchette, "Praxis and Labor in Hegel", *Studies in East European Thought*, Vol. 20, 1979, p. 257.
④ 王玖兴等编：《国外黑格尔哲学新论》，中国社会科学出版社 1982 年版，第 215 页。
⑤ 汪民安主编：《生产》第一辑，广西师范大学出版社 2004 年版，第 247 页。
⑥ ［德］黑格尔：《法哲学原理》，范扬、张企泰译，商务印书馆 1979 年版，第 212 页。

是一种"不大需要反思和自己意志为中介"的活动，它与固定的季节相联系，其劳动成果总是受到自然环境及其变化的影响。另外，黑格尔将此种属于农民的、充满自然性的具体劳动视为前资本主义时期的主要劳动方式，而且他进一步指出这是家庭劳动的主要形式，因为作为其代表的等级（农民）的"伦理直接以家庭关系和信任为基础"，其生活方式中一般具有一种伦理的实体性的情绪。由于具体劳动缺乏反思和普遍的精神，因此它是野蛮的和未开化的，"它就像野兽一样，必须经常予以征服和驯服"①。

前面已经指出，人与动物的需要最显著的区别在于人的需要具有殊多化的特点。在黑格尔看来，需要的殊多化本身就包含着人对自身情欲的控制，包含着普遍性；同时，需要的"殊多化"与不断"分解和区分"，使得满足需要的劳动也必须随之发展，这就引起了生产的细致化，并产生了劳动分工，劳动通过分工而变得更加简单，并使自身日益抽象化、社会化。黑格尔把劳动从具体到抽象的过程看作推动社会文明、进步的重要动力，并指出从具体劳动到抽象劳动亦是一个教育的过程，在这个过程中，特殊通过否定和抛弃自身而被改造成普遍。"通过劳动得到的实践教育……在于限制人的活动，即一方面使其活动适应物质的性质，另一方面，而且是主要的，使能适应别人的任性。"② 具体来说，劳动的教育过程包含着理智与实践两个方面的内容：一方面，劳动的教育活动是一个"一般理智教育"的过程，它训练人的思维、思想，使人的活动"适应物质的性质"，即在劳动过程中获得各种观念、知识，掌握对外部世界必然性的认识；另一方面（也是主要的方面），劳动的教育活动亦是一个"实践教育"的过程，试图让人们养成做事的需要和习惯，尤其是养成勤劳、认真、克制的美德性习惯，使活动能够"适应别人的任性"。黑格尔指出，"我们必须配合着别人而行动，普遍性的形式就是由此而来的"③。由于每个人都处于社会分工体系的网络之中，都从事着属于自己的特殊劳动，因此，为了满足对特殊需要的追求，人们必须通过劳动而与其他的需要主体联系起来，为大家共同的需要而协作、交流、劳动。这样，每个人在为自己取得、生产和享受的同时，事

---

① 汪民安主编：《生产》第一辑，广西师范大学出版社 2004 年版，第 247 页。
② ［德］黑格尔：《法哲学原理》，范扬、张企泰译，商务印书馆 1979 年版，第 209 页。
③ ［德］黑格尔：《法哲学原理》，范扬、张企泰译，商务印书馆 1979 年版，第 207 页。

实上，也正为其他一切人的享受而生产和取得。个人进行生产，不再仅仅是为了满足自己的需要，而且也是在互惠基础上为别人进行的生产，劳动由主要涉及单个人、单个家庭的事情变为人与人之间、家庭与家庭之间的社会性的事情，如此具体劳动就转变为抽象劳动。

在黑格尔看来，抽象劳动是一种具有高度社会性、普遍性的活动，全靠此种社会性的实践活动，"使人们之间在满足其他需要上的依赖性和相互关系得以完成，并使之成为一种完全必然性"①。"独立的单个人的联合"终于得以实现，特殊目的通过同他人的关系就获得了一种普遍性的形式，这一普遍性的形式就是市民社会的另一个原则。正是由于每一个特殊的人（特殊性）无条件地通过普遍性的形式的中介，真正促成了家庭向市民社会的过渡，市民社会得以产生。事实上，"通过个人的劳动以及其他一切人的劳动与需要的满足，使需要得到中介，个人得到满足——即需要的体系"②，这其实也正是市民社会的首要环节——"需要的体系"。

由上可知，市民社会中"个体满足它自己的需要的劳动，既是它自己的需要的满足，同样也是对其他个体的需要的一个满足，并且一个个体要满足它的需要，就只能通过别的个体的劳动才能达到满足的目的。——个别的人在他的个别的劳动里本就不自觉地或无意识地在完成着一种普遍的劳动"③。黑格尔高度评价市民社会中的劳动活动，因为正是市民社会中这个劳动的出现，使个体的需要成为人自由存在的一个环节，"一方面，个体的需要通过劳动得以满足；另一方面，个体的需要通过劳动扬弃其个别性、主观性而成为普遍、客观的，与此同时，作为个体存在的人亦不再是个别、偶在的，而是社会、普遍的。个体自由在这需要及其满足过程中实现"④。

在黑格尔看来，在市民社会中人与人之间的关系主要是凭借需要及其满足方式——劳动而结成的，黑格尔认为，此种关系实际上是一种契约关系。

黑格尔继承了其前辈哲学家霍布斯和洛克等自然法论者的观点，认为导致

---

① ［德］黑格尔：《法哲学原理》，范扬、张企泰译，商务印书馆1979年版，第210页。
② ［德］黑格尔：《法哲学原理》，范扬、张企泰译，商务印书馆1979年版，第203页。
③ ［德］黑格尔：《精神现象学》上卷，贺麟、王玖兴译，商务印书馆1981年版，第234页。
④ 高兆明：《黑格尔〈法哲学原理〉导读》，商务印书馆2010年版，第455页。

人去缔结契约的是"一般需要、表示好感、有利可图"等等，契约的订立源于个人自然的或经验的自我保存欲望或财产保护。然而，与前辈自然法论者不同，黑格尔并不认为契约的订立出于"一切成员间相互的畏惧"，在其看来，人们同意受特殊契约的约束是出于理性而不是任意，因为促使人们缔结契约的人的"需要"本身就包含着理智（理性）的要素，"人们缔结契约关系，进行赠予、交换、交易等等，系出于理性的必然，正与人们占有财产相同。就人的意志说，导致人去缔结契约的是一般需要、表示好感、有利可图等等，但是导致人去缔结契约的毕竟是自在的理性，即自由人格的实在（即仅仅在意志中现存的）定在的理念"①。换言之，只有欲求着某种特定东西的意志，才能与另一个意志发生联系，"人"与"人"之间只有关涉到某种共同欲求的东西，彼此之间才会缔结契约、相互承认。

黑格尔进一步指出，"契约以当事人双方互认为人和所有人为前提。契约是一种客观精神的关系，所以早已含有并假定着承认这一环节"②。也就是说，作为契约主体的只能是独立的、平等的、具有自由意志的人格主体，契约双方之间并不是一种主奴式的隶属关系，而是一种平等关系，用罗尔斯的话说是具有平等基本自由权利的主体间关系。因此，契约双方之间的相互承认是每个人无外在强迫的自由选择，契约是双方当事人之间的自愿行为。另外，"契约（甲）从任性出发；（乙）通过契约而达到定在的同一意志只能由双方当事人设定，从而它仅仅是共同意志，而不是自在自为地普遍的意志"③，契约只是当事双方因各取所需、各有所图而达成的任意的约定，人们可以自由地订立契约，也可以自由地终止契约，因此契约所体现的人与人之间的关系是偶然的、不稳定的需求关系。黑格尔在此区分了两种意志，即"共同意志"与"普遍意志"，而此种区分，在一定程度上受到了法国启蒙思想家卢梭"公意"（General Will）④ 概念的影响。

---

① ［德］黑格尔：《法哲学原理》，范扬、张企泰译，商务印书馆1979年版，第80页。
② ［德］黑格尔：《法哲学原理》，范扬、张企泰译，商务印书馆1979年版，第80页。
③ ［德］黑格尔：《法哲学原理》，范扬、张企泰译，商务印书馆1979年版，第82页。
④ "General Will"一词国内学界的通行译法为"公意"，如何兆武先生在翻译卢梭的《社会契约论》时，就以"公意"翻译"General Will"。同时，亦有学者认为应将"General Will"翻译为"共同意志"或"普遍意志"。

第一章　黑格尔对市民社会的理解

作为法国启蒙主义的重要代表，卢梭一方面不满意于霍布斯式的纯粹依凭感觉、情感和以自我利益为依归的意志概念，试图为其注入理性的要素；另一方面对于狄德罗式的完全排除情感要素的普遍主义的启蒙理性概念，卢梭也难以认同。因此，在《社会契约论》中，卢梭将公意建立在情感和理性的双重基础上，认为"'公意'是公共利益的代表，它是从作为个人意志的总和的'众意'中除掉相异部分而剩下的相同部分"①，公意属于特定共同体，介于particular（特殊的）与universal（普遍的）之间。不难看出，黑格尔对"共同意志"（common will）的理解接近于卢梭的"公意"概念。在黑格尔看来，我的具有无限性的自由意志的实现，必须通过将我的单一意志上升为我与他人的共同意志，只有在这共同意志中才能实现我的自由意志。共同意志是一种既排他又非排他的意志，这是一种个别意志在共同意志中得到保存与实现的意志。② 在具有无限性的自由意志的催动下，每个人都将与另一个意志找到共同点，形成一个将他们联合起来的共同意志，而此种联系采取的形式正是所谓契约。然而，不同于卢梭将公意视为"永远是公正的，而且永远以公共利益为依归"③，对于黑格尔来说，契约通过所有权交换使我原本单一存在的自由意志变为共同意志，而且在这种共同意志中我仍然保留着自己的自由意志，这对于我的自由意志及其实现来说，是一个具有重要意义的进步。然而，自由创造共同体的人是否会一直遵守他们的协议却是一个悬而未决的问题，因为作为契约当事人的每一个人都是"直接的人"，都是作为一个"特殊意志"而存在，有着自己特殊的冲动、欲望与需求，而且特殊欲求的满足在很大程度上依赖于、取决于外在他物，因而，不能摆脱偶然性。这就使得契约仍然容易出错，容易沦为"不法"。由此，我们可以说，黑格尔对财产和契约的讨论只是为了更好地说明自由意志远离纯粹任意性的最初发展是如何发生的。财产所有权和契约指向自由意志成为现实的最初方式，然而却不是最终方式。也正因为这样，黑格尔的"共同意志"也只能被看作自由意志在成为现实的辩证运动中的一个环节，而其最终指向则是自由自在的"普遍意志"。

---

① 张志伟主编：《西方哲学史》，中国人民大学出版社2002年版，第492页。
② 高兆明：《黑格尔〈法哲学原理〉导读》，商务印书馆2010年版，第140页。
③ [法]卢梭：《社会契约论》，何兆武译，商务印书馆1982年版，第39页。

英国著名法律史学家、晚期历史法学派的集大成者亨利·梅因在描述社会由传统向现代转型时，曾有过这样一个经典的表述："我们可以说，所有进步社会的运动，到此处为止，是一个'从身份到契约'的运动。"[①] 指出以"契约"作为规范的人际关系模式日益取代以血统、身份定尊卑的古典"等级秩序"，标志着社会由传统向现代的转型。黑格尔也敏锐地感知到这一时代精神的剧变，无论是他对市民社会中个人自由地追求自身特殊需要的阐述，还是他对市民社会中人与人之间自由订立的契约关系的揭示，都体现了他对于这一时代精神剧变的清醒认识。他热情洋溢地迎接着这一改变，并用充满热烈与欢欣的情感写道："时代的精神曾经采取了这个转变；它放弃了那灵明的世界，现在直接观看它的当前的世界、它的此岸……与这点相联系，世间的事物也意识到它有其本身存在的理由，它也在主观自由的基础上确立了自己的原则。个人发挥其积极性于工商业方面；他本人就是自己的证实者和创造者。于是人们就来到了这样一个阶段，自己知道自己是自由的，并争取他们的自由得到承认，并且具有充分的力量为了自己的利益和目的而活动。"[②] 然而，黑格尔在热情欢呼现代世界所迎来的自由的同时，却又不无清醒地意识到潜存于此种自由中的深深危机，并将此种危机视为市民社会所固有的、无法根除的限度。

第四节 市民社会的限度

一 市民社会与市场

黑格尔对市民社会迥异前人的独到理解，有其深刻的理论和现实根源。就现实而言，一如加拿大学者艾伦·伍德所言，"英国资本主义经济为黑格尔提供了'市民社会'的模型"[③]。黑格尔所处时代资本主义经济迅猛发展，劳动分工日益明确、复杂，这一社会现实是此种与前人迥异的市民社会思想得以产生的现实基础，故黑格尔明确说道"市民社会是在现代世界中形成的"。具体而言，随着资本主义商品经济的发展，个人得以摆脱传统社会以血缘、血统为基础的

---

① [英]梅因：《古代法》，沈景一译，商务印书馆1984年版，第97页。
② [德]黑格尔：《哲学史讲演录》第三卷，贺麟、王太庆译，商务印书馆1978年版，第334页。
③ Ellen Meiksins Wood, *The Use Sand Abuses of "Civil Society"*, Merlin Press, 1990, p.62.

身份束缚，成为属于自己、谋求自己利益的独立的自由人，而且由于劳动分工日益复杂，劳动者之间的联系也日趋密切，独立的个人又具有了社会的属性。同时，商品经济的发展也解构了传统社会国家统摄一切的局面，与此同时，一个受自身规律调整的、独立的经济领域——市场在现代世界逐渐形成，这是在古代世界无法想象的独立领域。在古代世界，一切都被纳入国家的控制之下，社会秩序的基础或渊源被认为存居于某些外在于社会世界的实体之中——上帝、传统规范或以君主为代表的国家。换言之，社会并不具有独立于国家的地位，它是一个依赖并隶属于国家的领域。然而，到了现代世界，随着资本主义商品经济的确立与发展，社会劳动分工日益复杂明确，一个具有自身规律、拥有自身独特的交往形式的经济领域——市场——在现代世界诞生了。市场的出现对于现代社会的发展具有重要意义：一方面预示着社会尤其是社会的经济领域，开始摆脱国家的控制，突破与国家一体难分的状况，取得独立于政治系统的地位；另一方面也使得人们不再需要从社会世界的外部实体中探求社会秩序的基础或渊源，而是开始越来越把眼光转向社会内部，从社会自身的运作来解释社会秩序的存在，或用福柯的话说，市场开始成为"形成真理的场所和机制"。"人们将承认——正是在这里（指市场——笔者注）有事情发生——应该以最可能少的干预来使其运转，以便它能够形成它的真理。"[1]

黑格尔十分敏锐地洞察到这一发生于17、18世纪的历史性巨变——社会与国家相分离且取得独立于国家之地位，并将此视为自己市民社会理论的立论基础。他认为，在这一新近诞生的独立领域中，作为独立个体的人不仅有追求私利的自由，更获得了追求私利的可能；同时他还敏锐地注意到，在外表上看来是武断、利己的资产阶级市场生活中，存在着一种统一、一种和谐、一种整体性。市场的这一整体特性被许多学者所重视，除了亚当·斯密等经济自由主义者外，当代哲学家马尔库塞也曾指出："市场的交换关系使得相互分离的个体不需要在竞争的冲突中毁灭而是必然要形成统一。"[2] 因此，从某种意义上而言，黑格尔正是被这

---

[1] ［法］米歇尔·福柯：《生命政治的诞生》，莫伟民、赵伟译，上海人民出版社2011年版，第26页。

[2] Herbert Marcuse, *Reason and Revolution: Hegel and The Rise of Social Theory*, Routledge & Kegan Paul Ltd., 1955, p.81.

一新近诞生的独立领域所吸引,将市场视为市民社会具有决定意义的——如果不是唯一的——特征。他以"需要的体系"来规定市民社会,实际上正是对市场这一表现需要和满足需要并且独立于国家的实在系统所做出的哲学描述。

而就理论根源而言,给黑格尔市民社会观带来重大影响的,是他从青年时期就已开始的经济学研究。以色列学者阿维内里(S. Avineri)指出:"黑格尔的市民社会概念以及他的全部政治哲学是以结合近代政治经济学的主要原则于他的哲学体系之中为前提的。"① 卢卡奇也曾在《青年黑格尔》一书中证实:"黑格尔不仅在德国人中对法国革命和拿破仑时代持有最高和最正确的见解,而且他同时是唯一的德国思想家,曾认真研究了英国工业革命问题;他是唯一的德国思想家,曾把英国古典政治经济学的问题与哲学问题、辩证法问题联系起来。"② 前面已经指出,黑格尔深受亚当·斯密的影响,早在耶拿时期,黑格尔就曾深入地研究了亚当·斯密的学说,并对斯密"看不见的手"这一思想表现出浓厚的兴趣。由此我们也就不难理解黑格尔为何如此强调市民社会的经济维度,也无怪乎有些学者会做出如下的论断:"在黑格尔看来,市民社会——或者说是社会中的市民部分——既不同于家庭,也不同于国家。它是市场,是社会的商业部分,是市场得以运作以及其成员得以保护所必需的制度和机构。"③

二 市民社会的缺陷表现

黑格尔高度评价市民社会这一现代世界的产物,认为这种新的社会形式"第一次使理念的一切规定各得其所"④,强调此领域能够依靠自身规律进行自我调节,具有明显的自主性。然而,他并没有对现代市民社会内在具有的问题与矛盾视而不见,"早在耶拿时期的《实在哲学》(*Real Philosophie*)中,黑格尔就认识到市场机制会引起社会的两极对立、贫困和异化;在《法哲学原理》中,对市民社会同样激烈的批判出现在黑格尔讨论允许市民社会自由盛行所产生的结果中"⑤。他

---

① Shlomo Avineri, *Hegel's Theory of The Modern State*, Cambridge University Press, 1972, p. 95.
② [匈] 卢卡奇:《青年黑格尔》,王玖兴译,商务印书馆1963年版,第23页。
③ 邓正来、[美] 杰弗里·亚历山大编:《国家与市民社会——一种社会理论的研究途径》,上海世纪出版集团、上海人民出版社2006年版,第52页。
④ [德] 黑格尔:《法哲学原理》,范扬、张企泰译,商务印书馆1979年版,第197页。
⑤ Shlomo Avineri, *Hegel's Theory of The Modern State*, Cambridge University Press, 1972, p. 147.

第一章 黑格尔对市民社会的理解

指出市民社会是一个私欲间无休止的冲突场所，市民社会的这一特性决定了它不仅不能克服自身的缺陷，而且往往趋于使其偶然的协和与多元遭到破坏。市民社会是一个独立的领域，却并不是一个令人满意的自足的领域，作为"特殊性和普遍性相分离"的伦理阶段，其自身内部总是固有着一种缺陷或限度。市民社会的缺陷具体表现在以下几个方面。

首先，"在市民社会中，理念丧失在特殊性中"①。市民社会的诞生，使得个人的自由与权利得到空前发展，特殊性被赋予前所未有的全面发展和伸张的权利。然而，特殊性本身尽量在一切方面满足自己的欲望与需要，其后果则是"在市民社会中，每个人都以自身为目的，其他一切在他看来都是虚无"②。换言之，在市民社会中，作为独立个体的人摆脱了曾经对其构成重重约束的城邦的古老道德的约束，不再束缚于自己的出身与血统身份，他开始以自身为目的，受自己的利己心支配，无所顾忌地坚持并追求其特殊性、私欲与自私自利。针对市民社会这一竞逐私利的特性，黑格尔一方面指出"个别兴趣和自私欲望的满足的目的是一切行动的最有势力的泉源"③，将根源于"自由的神秘性"的利己主义这一不可避免的"恶"视为推动社会历史前进的动力；另一方面又认为，人们在市民社会中对利己目的的追求完全倚赖"外在偶然性与任性"，"特殊性本身是没有节制的，没有尺度的，而这种无节制所采取的诸形式本身也是没有尺度的"④，这样必然会引起私人利益之间的无休止的冲突，最终，市民社会将不可避免地沦为"一切人反对一切人"的个人私利的战场。一种无法抑制的自我削弱趋势深深埋藏在市民社会之中。

其次，在市民社会中谋求私利的个人因劳动和需要而形成相互联系，客观上维系着市民社会的秩序与稳定，然而，此种联系无时无刻不表现出一种脆弱性和不稳定性。诚如前面所言，市民社会中所表现出来的联系本质上是一种契约关系，而"契约乃是以单个人的任性、意见和随心表达的同意为其基础的"⑤，它从偶然的任性出发，其实质是两个意志的相互承认，在承认发生过程

---

① ［德］黑格尔:《法哲学原理》，范扬、张企泰译，商务印书馆1979年版，第237页。
② ［德］黑格尔:《法哲学原理》，范扬、张企泰译，商务印书馆1979年版，第197页。
③ ［德］黑格尔:《历史哲学》，王造时译，上海书店出版社2006年版，第19页。
④ ［德］黑格尔:《法哲学原理》，范扬、张企泰译，商务印书馆1979年版，第200页。
⑤ ［德］黑格尔:《法哲学原理》，范扬、张企泰译，商务印书馆1979年版，第255页。

中，两个意志作为敌对的关系而存在，意志的任性可能导致它对他者所具有的普遍性的否认，从而拒绝承认他者。换言之，在以交换契约为典型形态的契约中，人与人之间只是"偶然地"相一致，他们彼此之间在契约中，并非欲求着一个自在自为的普遍者，因此这种建立在共同意志基础上的契约很容易被违反或不履行。黑格尔承认，市民社会中的契约关系受到法律的规约和维系，然而，他又颇为悲观地认为此种维系只能带来特殊性与普遍性达成一定的和解，但是这并未达到"自觉的和能思考的伦理"，因而是不稳定的偶然联系。而就现实而言，在市民社会内部稳固起来的相互关系模式，很容易由于生产方法的变化和对新商品的需求而遭到瓦解，"人数众多的阶级赖以维持生活的一些工业部门，由于时代的改变或由于别国的新发明而造成的产品跌价等等，而突然破产倒闭"①。事实上，在此黑格尔已经意识到在自由资本主义经济的繁荣背后，是一种集体无理性——对利润的盲目甚至是不择手段的追求，其导致的后果将是企业之间的恶性竞争，无法遏制的企业间相互吞并、倒闭、市民失业等现象。如此黑格尔断言市民社会是伦理的"分裂"阶段，其中特殊性和普遍性之间的结合并不是真正的有机结合，而是一种形式的结合，"不是在人们的忠诚方面一种活生生的力使人们在合作中结合在一起，而是外在的机械性使人们在合作中结合在一起"②，市民社会内部总是有一股无法消除的离心力量在发生着作用。这不仅意味着在市民社会，集体的团结和交互作用的各种方式通常是不相契合、脆弱并容易导致冲突，而且总是会存在这样一种现象，即市民社会某一部分的繁荣与超常发展，可能且通常趋于阻碍甚至压制其他部分的发展。其结果是市民社会自身的多元性总是遭到难以避免的破坏，其中形成的协和秩序总是充满偶然且动荡不安。

最后，黑格尔指出"同任性一样，偶然的、自然的和外部关系中的各种情况，都可以使人贫困"③，贫困成为市民社会特有的、无法根除的顽疾之一。"市民社会的成员作为市场主体，原本在天然禀赋、体质和技能上就存在着很大的差异，而在激烈的市场竞争中，这种差异又必然受到资本和市场中各种偶然

---

① 王玖兴等编：《国外黑格尔哲学新论》，中国社会科学出版社1982年版，第289页。
② [加]查尔斯·泰勒：《黑格尔》，张国清、朱进东译，译林出版社2002年版，第666页。
③ [德]黑格尔：《法哲学原理》，范扬、张企泰译，商务印书馆1979年版，第243页。

情况的制约，从而导致财富分配上的不平等，亦即产生了贫富差别。"① 黑格尔不仅从人的"自然不平等"与市场的偶然性两方面揭示了贫富分化产生的原因，更是站在时代的高度，进一步提出了自己对于贫困问题的理解。贫困并不是处于衰落和瓦解的某个工业社会的特征，在黑格尔看来，贫困的扩大与财富的增长是成比例的，也就是说，当市民社会处在顺利展开活动的状态时，尽管财富过剩，贫困仍时时威胁着社会，"祸害又恰恰在于生产过多，而同时缺乏相应比数的消费者——他们本身是生产者"②。根据黑格尔的观点，贫困的水平并不是由建立在绝对需要或基本需要的概念之上的某种确定的或客观的标准所决定的，毋宁说它是一种相对匮乏的状态，即"对一个特定社会里的正常的或平均的生活水平来说是相对的匮乏"③。诚如英国学者普兰特所言，"在这一点上，黑格尔的眼界是出人意外地现代化的"④。由于贫困和匮乏，一方面人们被剥夺了种种社会利益——教育、学习技能的一般机会，以及司法、享受公正待遇、保健，有时甚至于宗教的慰藉等等，人们在贫困的水深火热之中日陷日深而无能为力；另一方面，人的自尊心、自谋生活和自力更生的精神也因为贫困饱受伤害，在这些贫困底层的集团内部产生出一种深刻的异化和社会仇恨之感，"贱民"由之而生。黑格尔说："贫困自身并不使人就成为贱民，贱民决定于跟贫困相结合的情绪，即决定于对富人、对社会、对政府等等的内心反抗。"⑤ 这群挣扎于社会边缘的所谓"贱民"，觉得自己已经被社会无情地遗弃，无家可归，毫无归属感，在他们内心深处充斥着对富人、对社会、对政府的憎恨与反抗，而深藏于"贱民"内心的反抗情绪随时都有可能演变为现实的抗争或革命，这就更加加剧了市民社会内部的动荡与不稳定。

正是由于市民社会本身具有的自我削弱趋势与不稳定性，而这种缺陷又是无法凭社会自身之力加以克服的，因此，它必须诉诸一个外在于自身的、更高级的统一体——国家。这一高级的有机统一体是市民社会辩证运动的必然归宿。

---

① 阎孟伟、李福岩：《黑格尔论贫富分化》，《南开大学学报》（哲学社会科学版）2012 年第 3 期。
② ［德］黑格尔：《法哲学原理》，范扬、张企泰译，商务印书馆 1979 年版，第 245 页。
③ 王玖兴等编：《国外黑格尔哲学新论》，中国社会科学出版社 1982 年版，第 300 页。
④ 王玖兴等编：《国外黑格尔哲学新论》，中国社会科学出版社 1982 年版，第 300 页。
⑤ ［德］黑格尔：《法哲学原理》，范扬、张企泰译，商务印书馆 1979 年版，第 244 页。

第五节 市民社会的归宿——国家

一 市民社会向国家过渡的必然性

如前所述,黑格尔从经济维度界定市民社会,视其为一个具有自身规律的独立领域,然而,一如其后的马克思,他并不相信一个自主的、不受调控的经济领域会产生令人满意的结果。在深入思考资本主义工业社会增长与人们的物质、精神贫困增长之间的关系后,黑格尔指出市民社会本身具有的自我削弱趋势与不稳定性,将自身置于无法摆脱的困境之中,要走出此困境,必须诉诸一个外在于自身的、更高级的统一体——国家。

黑格尔首先从学理逻辑上考察了市民社会向国家过渡的必然性,指出国家是个人的"实体",作为伦理概念发展进程的"结果",国家意味着伦理理念变成了现实,单个人的自我意识也将在国家中,获得自己的实体性的自由。

黑格尔指出"生活于国家中,乃为人的理性所规定,纵使国家尚未存在,然而建立国家的理性要求却已存在"[1],"孤立的个人始终只是一些偶然附带的东西,离开了国家的现实,他们本身就没有什么实体性"[2],建立国家并生活于其中成为人的理性的内在规定与需要。在其看来,人生来就具有社会性,"成为国家成员是单个人的最高义务"[3],因此,成为国家成员就不能是任意的事,而是与自己的实体性自由息息相关的事;同样,人成为社会成员也不能是由于国家无条件地保护所有权和个人自由的义务,因为所有权和个人自由的地位低于国家的地位。基于此种认识,他坚决反对盛行于当时社会契约论思想家中的、将国家视为"一切人与一切人的契约"的"国家契约说"。在黑格尔看来,以卢梭等为代表的契约论思想家总是致力于从所谓的"自然状态"中的人身上,去发现国家和社会发展的一切可能性,然而,此种"自然状态"本身就需要受到质疑。"国家契约说"笨拙地认为人类在订立契约步入社会之前,处于一种前社会的或独立于社会而生活的"自然状态",如卢梭就认为处于"自然状态"

---

[1] [德] 黑格尔:《法哲学原理》,范扬、张企泰译,商务印书馆1979年版,第83页。
[2] [德] 黑格尔:《美学》卷一,朱光潜译,商务印书馆1996年版,第234页。
[3] [德] 黑格尔:《法哲学原理》,范扬、张企泰译,商务印书馆1979年版,第253页。

中的人类是一群"漂泊于森林中的野蛮人，没有农工业、没有语言、没有住所、没有战争、彼此间也没有任何联系。他对于同类既无所需求，也无加害意图，甚至也许从来不能辨认他同类中的任何人"①。黑格尔认为"自然状态"是一种颇为不合时宜的理论假设，除非我们假设立约人已经是一个国家的公民，否则社会性的目的是无法表述和理解的。在黑格尔看来，人是理性的生命，同时又具有一定的欲望，故而人是有限的存在；人作为有限的存在只有同某个更广大的理性秩序发生联系，人才能成为他自身。国家就是那种普遍生活的真实表现，代表着更广大的理性秩序，对个体而言，国家是"本质"，也是"终极目的"，个人总是作为特定社会共同体的一员来到并生活在这个世界上，个人只有作为共同体中的一员才能获得自由。

另外，契约论强调"契约是从人的任性出发"，它是人们偶然的选择。与此种观点形成鲜明对比的是，黑格尔声称公民对于国家的责任如同孩子对于自己父母的责任一样，不是随意或偶然。生活于国家中实际上是人的理性的内在渴求，具有普遍必然性，因此，生存于国家中，对每个人说来是绝对必要和必需的，绝不是人们偶然和任意的选择。诚如法国学者 J. 根尔所言："黑格尔的国家学说与卢梭的社会契约论相反（在卢梭看来，个人特点毕竟是个人的尺度），它是个人的真实主观性与真实客观性之间的生动的辩证法，也就是说，是摒弃了一切随意性和自私性的个人意志与体现着个人社会本质的国家的客观意志之间的生动辩证法。"② 不难看出，虽然深受启蒙运动以来原子论个人主义的影响，然而，也许是对大革命恐怖的雅各宾时期仍存余悸，黑格尔在其哲学中，总是试图超越个体主观生活的理念，试图超越将社会（国家）视为一般幸福之工具的功利主义社会观，而其采用的方式正是诉诸这样的认识——只有当我们作为共同体成员的时候，我们才能达到最高级、最完备的道德存在。

基于以上认识，黑格尔接着指出，虽然个人追求一己之私欲使得市民社会成为"个人私利的战场"，然而"特殊的东西同特殊的东西相互斗争，终于大家都有些损失。那个普通的观念并不卷入对峙和斗争当中，卷入是有危险的。它始终留在后方，在背景里，不受骚扰，也不受侵犯。它驱使热情去为它自己工

---

① ［法］卢梭：《论人类不平等的起源》，李常山译，东林校，商务印书馆1997年版，第106页。
② 王玖兴等编：《国外黑格尔哲学新论》，中国社会科学出版社1982年版，第361页。

作，热情从这种推动里发展了它的存在，因而热情受了损失，遭到祸殃——这可以叫作'理性的狡黠'"。① 现实中的人类活动总是受各种欲望和热情所驱动追求着自身的特殊需求，然而，这并不意味着人类现实的活动将远离理性。"理性居住在世界中"②，总是默默地参与在世界万物的一切活动之中，人类的活动也不例外。换言之，"理性对世界上各种事物的支配，不是直接的，而是以各个事物自身的活动为中介的。理性让各个事物按照各自的本性，彼此相互影响、作用，以达到理性自己的目的"③。这既是"理性的技巧"又是"理性狡黠"之所在，在理性狡黠之技巧的"拨弄"之下，受欲望和热情所鼓动的人类的偶然活动总是不自觉地参与在那个崇高的理性的目的本身之中，其最终指向就是"国家"——"绝对自在自为的理性东西"。

黑格尔进一步断言："对私权和私人福利，即对家庭和市民社会这两个领域来说，国家一方面是外在必然性和它们的最高权力，它们的法规和利益都从属于这种权力的本性，并依存于这种权力；但是，另一方面，国家又是它们的内在目的，国家的力量在于它的普遍的最终目的和个人的特殊利益的统一，即个人对国家尽多少义务，同时也就享有多少权力。"④ 从家庭的"直接伦理"通过"贯穿着市民社会的分解"而达到国家，这种发展是国家概念的"科学证明"，家庭与市民社会中的"等级"构成国家的两个"基础"。然而，在科学概念进程中作为结果出现的国家，在现实中却是"最初的东西，在国家内部家庭才发展成为市民社会"⑤，国家是它们的"真实基础"。黑格尔不仅将家庭、市民社会向国家的过渡视为逻辑发展的必然，而且更是将国家视为家庭与市民社会的"真实基础""前提"。"现实的理念，即精神，把自己分为自己概念的两个理想性的领域，分为家庭和市民社会，即分为自己的有限性的两个领域，目的是要超出这两个领域的理想性而成为自为的无限的现实精神，于是这种精神便把自己这种有限的现实性的材料分配给上述两个领域，把所有的个人当作群体来分配，这样，对于单个人来说，这种分配就是以情势、任性和本身使命的亲自选

---

① [德] 黑格尔：《历史哲学》，王造时译，上海书店出版社2006年版，第30页。
② [德] 黑格尔：《小逻辑》，贺麟译，商务印书馆1982年版，第80页。
③ 张世英主编：《黑格尔辞典》，吉林人民出版社1991年版，第638页。
④ [德] 黑格尔：《法哲学原理》，范扬、张企泰译，商务印书馆1979年版，第261页。
⑤ [德] 黑格尔：《法哲学原理》，范扬、张企泰译，商务印书馆1979年版，第252页。

择为中介的。"① 国家按照一定的原则并抱着一定的目的把自己划分为有限的领域——"家庭"与"市民社会",它这样做正是为了重新返还于自身,成为"自为的",这样,国家也似乎成为一个有意识、富有目的性的主体。马克思对黑格尔此种国家学说的神秘主义极为不满,深刻地揭露道"逻辑的、泛神论的神秘主义在这里已经很清楚地显露出来"②。他一针见血地指出黑格尔的此种做法实际上是将"观念变成了主体,而家庭和市民社会对国家的现实关系被理解为观念的内在想象活动"③。马克思一方面指责黑格尔颠倒了家庭、市民社会与国家的关系;另一方面又明确指出家庭和市民社会才是国家的前提,它们才是真正的活动者,"家庭和市民社会是国家的现实的构成部分,是意志的现实的精神存在,它们是国家的存在方式。家庭和市民社会使自身成为国家。它们才是原动力"④。马克思对黑格尔的批判无疑是中肯且深刻的,它将黑格尔思想深处的保守性以及对现存国家制度的妥协性暴露无遗。

二 国家对市民社会的引导

就现实方面而言,国家作为"地上的精神",作为"显示出来的、自知的实体性意志的伦理精神","不仅将社会置于法的关系下面,而且使风俗、教育和普遍的思想方式、行为方式的统一性有可能成为一种真正的更高的道德的共同体"。⑤ 国家通过"加强对家庭的保护和对市民社会的管理",并将它们置于自己的监督引导之下,能够有效地救济市民社会难以摆脱的缺陷,使市民社会免于僵化、故步自封,并最终克服依靠自身力量难以摆脱的困境。具体而言,国家对市民社会的引导与规范主要体现在以下几个方面。

首先,国家通过公务人员对市民社会的成员的需要加以引导,使人民逐渐摆脱具有偶然性的特殊需要的支配,按照具有普遍性的"崇高的理性目的"生活。在黑格尔看来,市民社会是以需要为基础的所谓"外部的国家"。然而,生活于市民社会中的市民却并不知道自己的真正需要,而且并不具有"实

---

① [德] 黑格尔:《法哲学原理》,范扬、张企泰译,商务印书馆1979年版,第264页。
② 《马克思恩格斯全集》第三卷,人民出版社2002年版,第10页。
③ 《马克思恩格斯全集》第三卷,人民出版社2002年版,第10页。
④ 《马克思恩格斯全集》第三卷,人民出版社2002年版,第11页。
⑤ 张世英主编:《黑格尔辞典》,吉林人民出版社1991年版,第414页。

现这种最美好东西的不可动摇的意志"。"人民就是不知道自己需要什么的那一部分人"①，他们忙碌于个人私欲的目的，却对普遍的事物毫无兴趣、无所知觉。由于他们力图满足的欲望并不是自身生命的表达，而是由遗传或社会环境所引发，因此，从某种意义而言，他们只是遗传和个人所处环境的玩物。个人需要无节制地扩张，使得市民社会逐渐沦为"个人私利的战场"。私利之间的冲突凭借无意识的"无形之手"根本无法予以克服，只能诉诸有意识的引导与管理。

黑格尔认为，"普遍等级"的国家公务人员作为君主和民众之间的桥梁，不仅联系着市民社会的特殊性与国家的普遍性，同时必须肩负起这一引导和管理市民社会成员的重任。国家公务人员之所以能够担任公职并不是由于出身或者个人的特殊人格等因素，而是在于其知识和能力方面。因此，不同于普通民众，一方面，国家公务人员具有深刻的认识与判断，他们"知道别人需要什么，尤其是知道自在自为的意志即理性需要什么"②；另一方面，国家公务人员由于享有国家的补偿待遇而免予参加直接劳动，使得他们摆脱了作为自己行为目的的自身利益的束缚，完全以作为整体的社会利益为职业，"普遍等级以社会状态的普遍利益为其职业，因此，必须使它免予参加直接劳动来满足需要，它或者应拥有私产，或者应由国家给予待遇，以补偿国家所要求于它的活动，这样，私人利益就可在它那有利于普遍物的劳动中得到满足"③。这些知道"理性需要什么"的国家公务人员，通过实施与维护国家制度与法律，对人民施以教育与引导，让普通民众的需要脱去自然性和本能冲动的外衣，成为普遍而合理的人类意志的表达。基于这一由国家主导的"需要之道德化"进程，个人的特殊需要和利益获得它们的完全发展和明白承认（如在家庭和市民社会的领域中那样），而且人们开始自觉地认识和希求普遍物，并把普遍物作为最终目的融入自己的活动。这样，市民社会中"力求以我为中心的个人思想状态和活动（在这个意义上，个人作为一种自由力量，具有破坏性）纳入服从于国家的范围，并在一个内在实体中予以保存"④，个人因盲目追求私利而具有的破坏性在国家的引导

---

① ［德］黑格尔：《法哲学原理》，范扬、张企泰译，商务印书馆1979年版，第319页。
② ［德］黑格尔：《法哲学原理》，范扬、张企泰译，商务印书馆1979年版，第319页。
③ ［德］黑格尔：《法哲学原理》，范扬、张企泰译，商务印书馆1979年版，第214页。
④ 王玖兴等编：《国外黑格尔哲学新论》，中国社会科学出版社1982年版，第362页。

下得以克服,由此也避免了市民社会的自我瓦解。

黑格尔的上述看法有其合理性但也有不失偏颇之处,其有关国家公务人员在认识上高于普通人民的看法,受到许多学者的诟病,贺麟先生就曾在《黑格尔著〈法哲学原理〉一书评述》一文中批评道:"他诬蔑人民自己不知道他们自己的需要和利益,只有少数骑在人民头上的哲学王、资产阶级寡头、行政官吏才具有所谓'深刻的认识和判断',真正知道人民的真意或黑格尔所谓'理性需要'。显然,他这里神秘化了人民的需要,也神秘化了少数统治者的'深刻的认识和判断'。"的确,黑格尔虽然意识到普通人民对于历史发展的重要作用,但是,出于对人民的某种蔑视或不信任,以及对少数统治者的崇拜,他的思想仍然难以跳出唯心主义英雄史观的窠臼。

其次,黑格尔试图通过作为"伦理性的整体"——国家中的"有机"关系对市民社会中脆弱的、不稳定的契约关系加以扬弃。他指出所谓契约是以"单个人本身的利益"为结合的最终目的,"导致人去缔结契约的是一般需要、表示好感、有利可图等等"。① 契约的订立者是特殊的个体,是排除他人意志的独立的所有人,这样就使得契约以任性作为自身的前提;另外,"通过契约而达到定在的同一意志只能由双方当事人设定,从而它仅仅是共同意志,而不是自在自为地普遍的意志"②,共同意志只是双方各自特殊的意志的相同部分,它不是真正普遍的东西,因此具有偶然性和不稳定性。国家则不同,它以"结合本身"为目的,是一个"有机的整体",这个有机体由不同的方面所构成,这些不同的方面"就是各种不同的权力及其职能和活动领域"③,国家正是通过这些不同的权力及其职能活动"保存着自己",再"创造着自己"。在黑格尔看来,国家中的各部分犹如人的肢体般互相发生关系,"每一肢体在完成其本身的职能时,也保存了其他肢体,对每一肢体说来,保存其他肢体同时是它自我保存的实体性目的和结果"④。因此,在国家中,各部分成为纳入整体的部分,他们采取合法而有秩序的方法来贯彻自己的利益,而不是采取市民社会中的随意任性方式;

---

① [德] 黑格尔:《法哲学原理》,范扬、张企泰译,商务印书馆1979年版,第80页。
② [德] 黑格尔:《法哲学原理》,范扬、张企泰译,商务印书馆1979年版,第80页。
③ [德] 黑格尔:《法哲学原理》,范扬、张企泰译,商务印书馆1979年版,第268页。
④ [德] 黑格尔:《法哲学原理》,范扬、张企泰译,商务印书馆1979年版,第307页。

另外，各部分之间相互依存、相互促进，他们的存亡息息相关，并以一种有机的方式结合为一"整体"，此种有机的共存关系确保了各部分相互限制的运行不再对整体的运作产生抵消作用，而是一种促进作用。

英国学者达德利·诺尔斯指出："黑格尔对社会有机体说的信奉是为了抑制如此的国家观念，即将国家视为个人权力的聚集或机械关系。同时，它也是为了反对将国家视为分离的、相互抵触的社会权力的平衡，无论这些社会权力是像封建社会等级［君主、贵族和贫民，或封国与巴夏（总督）］那样，还是如洛克、孟德斯鸠、联邦党人、康德和费希特所设想的那种'权力的必要区分'。"[①] 黑格尔对国家有机体的坚持，不仅有力地批判了社会契约论关于国家的理论，同时也正是对国家有机关系的强调，扬弃了市民社会中人与人在相互竞争基础上因利益需要而结成的互惠关系，将市民社会提高为一个更高的道德共同体。

最后，黑格尔试图借助国家的力量来解决深深困扰着市民社会的贫困问题。黑格尔敏锐地看到了资本主义社会富者愈富贫者愈贫以及由此产生的阶级对抗这一事实，这无疑也启发了之后的马克思。[②] 然而，马克思诉诸无产阶级革命来解决异化、贫困问题的方式，是黑格尔无法接受甚至是不敢想象的。他希望借助所谓理性的国家的力量来解决市民社会所特有的、靠自身力量无法根除的固有顽疾——贫困。在《法哲学原理》第 245 节中，黑格尔讨论了解决贫困问题的几种可能的办法。第一种办法是有组织的慈善事业，即"由富有者阶级直接负担起来，或直接运用其他公共财产（富足的医院、财团、寺院）中的资金，来把走向贫困的群众维持在他们通常生活方式的水平上"[③]。但是，由个人或慈善组织发起的慈善事业，虽然可以在一定程度上减轻被剥夺者物质上的贫穷，却并不能改变那种伴随着贫困而产生的社会态度，换言之，慈善活动无法恢复人们因贫困而丧失的自尊心以及自谋生活和自力更生的精神。那么，如何才能重新唤起人们自力更生的精神呢？在黑格尔看来，唯有"普遍权力"——国家——

[①] Dudley Knowles, *Hegel and the Philosophy of Right*, Routledge, 2002, p. 324.

[②] 关于黑格尔与马克思的贫困理论的内在关联，加拿大学者查尔斯·泰勒、意大利学者洛苏尔多等多位学者均已注意到。如查尔斯·泰勒在《黑格尔》一书中就指出："对19世纪初黑格尔的一些著作的研究表明，他那时已经深刻思考过工业社会增长与物质和精神贫困增长之间的关系。他的思考达到了令人惊讶的深度，因为他所思考的问题先于青年马克思的异化理论。"（［加］查尔斯·泰勒：《黑格尔》，张国清、朱进东译，译林出版社2002年版，第671—672页。）

[③] ［德］黑格尔：《法哲学原理》，范扬、张企泰译，商务印书馆1979年版，第245页。

第一章 黑格尔对市民社会的理解

"不但顾到他们的直接匮乏,而且顾到他们嫌恶劳动的情绪,邪僻乖戾,以及从这种状况中和他们所受不法待遇的感情中产生出来的其他罪恶"①。解决贫困问题的第二种是用刺激经济的方法去创造工作机会。在黑格尔看来,此种办法从长远来看祸害只会越来越扩大,因为贫困问题首先是由生产过剩造成的,所以不可能用进一步的经济增长去解决。不难看出,黑格尔对于资本主义经济的理解还是停留在亚当·斯密"看不见的手"的水平上,并没有看到解决资本主义经济危机的凯恩斯式的出路,因此,他只能得出结论说:"尽管财富过剩,市民社会总是不够富足的,这就是说,它所占有而属于它所有的财产,如果用来防止过分贫困和贱民的产生,总是不够的。"②

通过对以上两种解决贫困问题的方法的否定,黑格尔实际上为我们揭示了市民社会中的贫困实际上是一种悖论性贫困:一方面,市民社会的蓬勃发展创造了大量财富导致过剩;另一方面,市民社会占有的大量财富却无法避免"贫困—贱民"的难题。因此,黑格尔只得再次求助于国家,求助于由国家主持的殖民事业。此种殖民事业由国家有意识地用适当的办法来加以推进和调整,并不是或者说并不仅仅是为了取得原材料,更重要的是为了替生产过剩的货物寻找市场和为了输出一部分人口(那些由于市民社会的毫无阻碍的活动而被驱入匮乏状态的人)。然而,事实证明,此种由国家主持的殖民活动也并不会带来贫困的根本消除,诚如以色列学者阿维内里(S. Avineri)所言:"黑格尔在耶拿《实在哲学》和《法哲学原理》中都建议通过国家的干预以缓解贫困更加严酷的方面,然而,最终他却没能够提出一个根本的解决途径。"③ 历史已经清楚地证明,由国家主持的殖民,并不能从根本上解决社会的贫困问题,从某种意义上说,它甚至会使贫富差距进一步加深,使生活于社会底层的穷人更趋边缘化。

总之,黑格尔从经济维度界定市民社会,视其为一个具有自身规律的独立领域。然而,一如其后的马克思,他并不相信一个自主的、不受调整的经济领域会产生令人满意的结果。"市民社会被视为没落的伦理社会"④,其本身具有

---

① [德]黑格尔:《法哲学原理》,范扬、张企泰译,商务印书馆1979年版,第243页。
② [德]黑格尔:《法哲学原理》,范扬、张企泰译,商务印书馆1979年版,第245页。
③ Shlomo Avineri, *Hegel's Theory of The Modern State*, Cambridge University Press, 1972, pp. 147–148.
④ [德]哈贝马斯:《作为"意识形态"的技术与科学》,李黎、郭官义译,学林出版社1999年版,第31页。

的自我削弱趋势与不稳定性，将自身置于无法摆脱的困境之中，要走出此困境，必须诉诸一个外在于自身的、更高级的统一体——国家。国家代表了有别于利己主义的公共利益，同时也保证了个人和其他社会组织的特殊利益；国家是普遍利他的，它没有取消家庭和市民社会，而是将二者纳入自己的监督之下，克服了它们的局限。

论述至此，市民社会也因找到了其必然归属而完成了自己的辩证运动。刚刚从国家权力的支配与控制下解放出来的市民社会又不得不再次委身于国家的监督与引导之下，市民社会由一个独立、自主的公共领域沦为达到国家这一"绝对自在自为的理性"的过渡阶段，国家成为市民社会难以摆脱的宿命与归属。市民社会也完成了自己的历史使命，仅仅作为国家的一个环节，被保存在国家之中。需要指出的是，在黑格尔那里，国家将市民社会纳入自己的监督与引导之下，但是，国家并非像传统社会那样控制或取代了市民社会，毋宁说国家只是为市民社会提供制度和法律保障，以及在伦理方面的引导，市民社会作为一个独立领域的状况并未发生根本改变。因此，黑格尔将国家视为市民社会辩证运动的必然归属，与其说是为了恢复被市民社会夺取的国家权力，不如说是为了保障市民社会能够健康、顺利的发展。在此，我们与其说看到的是一种"理性的诡计"，不如说看到的是黑格尔自己的"诡计"。

黑格尔对市民社会的经济维度的强调，尤其是首次在学理上对国家与市民社会加以区分，具有重要的理论与现实意义。M. Riedel 指出："透过市民社会这一术语，黑格尔向其时代观念所提出的问题并不亚于近代革命所导致的结果，即通过政治集中而在君主——国家中产生了非政治化的社会，将关注重心转向了经济活动。正是在欧洲社会的这一过程中，其'政治的'与'市民的'状态第一次分离了，而这些状态于此之前（即传统政治的世界中），意指的是同一回事——如托马斯·阿奎那所意'communitas civilis sive political'或约翰·洛克所谓'civil or political society'。"[①] 如果说欧洲近代资产阶级革命打破了国家权力一统天下的局面，在国家中催生出一个"非政治化的社会"——独立的、具有自身规律的经济领域，使得"政治的"与"市民的"状态第一次分离的话，那

---

① 邓正来、[美] 杰弗里·亚历山大编：《国家与市民社会———种社会理论的研究途径》，上海世纪出版集团、上海人民出版社 2006 年版，第 95 页。

么，黑格尔的市民社会概念则是对这一非政治化的经济领域出现在历史舞台的首次比较全面地哲学回应。而他所开创的"国家—市民社会"的理论架构也一举奠定了市民社会理论研究的现代模式，正是在这个意义上，我们完全可以说在黑格尔之前，并不存在现代意义的市民社会概念。

加拿大学者查尔斯·泰勒曾颇有见地地指出："在过去的十多年里，人们又开始大谈市民社会了。当然，他们所援引的并不是那个使用了数个世纪的、与'政治社会'具有相同含义的古老概念，而是体现在黑格尔哲学之中的一个比较性概念。"[1] 黑格尔从现代主体观念出发，赋予市民社会这一古老概念以新的内涵。对于黑格尔而言，"市民社会"是现代世界的产物，也就是说，它乃是那种在现代世界中（政治上）经由法国大革命以及（社会上）经由英国工业革命逐渐完成的政治及社会解放过程的成果。黑格尔对市民社会现代意涵的深刻揭示、对市民社会辩证运动的全面阐述以及国家—市民社会二分框架的系统构设等，成为后世诸多市民社会理论研究者据以援用的理论资源。"在黑格尔之后，市民社会继承者都多少带有黑格尔色彩"[2]，后世学者正是循着黑格尔所奠定的市民社会理论研究的现代模式纷纷展开各自对市民社会的理论探讨。

---

[1] 邓正来、[美]杰弗里·亚历山大编：《国家与市民社会——一种社会理论的研究途径》，上海世纪出版集团、上海人民出版社2006年版，第95页。
[2] 孙其昂、庞俊来：《黑格尔〈法哲学原理〉与市民社会》，《马克思主义与现实》2005年第6期。

第二章　哈贝马斯对黑格尔市民社会理论的批判与超越

第一节　哈贝马斯对"晚期资本主义"的理解

哈贝马斯曾高度赞扬黑格尔道:"他把时代历史提升到哲学的高度,同时把永恒与短暂、永恒与现实等联系起来,进而以前所未有的方式改变了哲学的特征。"[①]与黑格尔一样,哈贝马斯也强调哲学应该关注时代现实,保持对时代的浓厚兴趣,因为"时代历史的现实性应当是哲学需要的源泉"[②];同时,哲学应该具备并且自觉展示批判性诊断时代的力量,在对现实展开深入分析与批判的基础上积极推动社会的进步与发展。对于身处资本主义工业化后期的哈贝马斯来说,最大的时代现实就是第二次世界大战以来,尤其是经历新的科学技术革命之后,资本主义社会所呈现出的新特征、新趋势。因此,他不遗余力地从理论上对资本主义社会进行了全面的诊断与批判,"从20世纪50年代到现在,贯穿哈贝马斯工作的一个基本关注点就是形成对当代资本主义的恰当解释"[③]。而他对于资本主义社会的深刻洞察与细致诊断也深深体现在其理论思想中,尤其体现在他的市民社会理论中。如果说黑格尔的市民社会理论是对早期自由资本主义社会的哲学描述的话,那么,哈贝马斯的市民社会理论则是在对晚期资本主义社会("有组织的资本主义"社会)所呈现的新特征、新趋势、新危机予以理论诊断的基础上提出的。

在哈贝马斯看来,"从自由资本主义到有组织的资本主义的过渡是一个极其

[①] [德] 于尔根·哈贝马斯:《现代性的哲学话语》,曹卫东译,译林出版社2011年版,第59页。
[②] [德] 于尔根·哈贝马斯:《现代性的哲学话语》,曹卫东译,译林出版社2011年版,第62页。
[③] Andrew Edgar, *Habermas*: *The Key Concepts*, Routledge, 2006, p.6.

第二章 哈贝马斯对黑格尔市民社会理论的批判与超越

复杂的过程，而且各国的情况也千差万别"①，但是可以肯定的是"资本主义在当代取得了巨大的成功，至少在物质再生产方面它的成功是显著的"②。晚期资本主义社会已成为"有组织的资本主义"或"受国家调节的资本主义"，与早期自由资本主义社会相较具有完全不同的特征，具体表现在以下几个方面。

首先，如果说国家与社会的"分离"是资本主义发展在"自由资本主义"阶段的典型特征的话，那么，在晚期"有组织的资本主义"阶段这一分离则被"扬弃"了，而代之以两者的重新结合。在哈贝马斯看来，在自由资本主义社会，"出现了私人商品所有者摆脱国家束缚的商业领域，也就是说，由于在拥有一定疆域的国家中，商品市场、资本市场以及劳动市场等获得了制度化，由于世界贸易体系的建立，因此，'市民社会'（Bürgerliche Gesellschaft）也就从政治经济系统中分化了出来"③。换言之，自由资本主义社会突破了"传统社会"中国家与社会一体难分的局面，受利益支配的经济系统担负起社会一体化的任务，经济交换变成了主要的控制手段。与此同时，国家不再是整个社会系统的控制中心，而是日益成为"自我调节的市场流通体系的一个补充结构"④。虽然就对外职能而言，国家依然依靠政治手段维护领土完整和确保国内经济的竞争秩序。但从对内职能而言，国家原来处于支配地位的"合法权力"，现在主要用于维护一般的生产条件，从而使由市场调节的资本能够顺利运行，如国家利用警察和司法保护资产阶级的交换，通过发展公共教育、交通和运输使整个经济的生产前提获得保障等。

哈贝马斯发现，随着资本主义的发展，曾经在自由资本主义阶段受到无上推崇的市场在功能上暴露出了诸多的弊端，市场的功能缺口不断增大，商品交换领域和社会劳动领域都十分需要一种集中的管理形式，这样，"昔日按照自由市场的规则把管理权转让给私人的资本主义社会，必须在许多交往领域中让社

---

① ［德］尤尔根·哈贝马斯：《合法化危机》，刘北成、曹卫东译，上海人民出版社2009年版，第37页。
② Uwe Steinhoff, *The philosophy of Jürgen Habermas：A Critical Introduction*, Oxford University Press, 2009, p.218.
③ ［德］尤尔根·哈贝马斯：《合法化危机》，刘北成、曹卫东译，上海人民出版社2009年版，第24页。
④ ［德］尤尔根·哈贝马斯：《合法化危机》，刘北成、曹卫东译，上海人民出版社2009年版，第24页。

会交往先在政治上进行协调"①,国家开始积极地干预经济,"国家机器不再只是一般的生产保障条件,也就是说,不再是保证再生产顺利进行的前提,而是积极地介入到再生产过程当中"②。一方面,国家机器依靠总体计划来调节整个经济循环过程,以便校正市场机制功能失调的副作用;另一方面,国家还借助宏观经济政策的导向创造和改善利用剩余资本的条件,如通过政策倾斜把资本引导至被市场忽略的部门,通过改善物质和非物质基础设施等,来创造和改善投资环境。与此同时,有组织的压力集团也开始积极渗透进入行政机关,他们通过所谓"个人联合"的方式,谋求在政治上进一步控制上层建筑。随着经济日益得到管制以及有组织的压力集团侵入行政机关,经济系统与政治系统重新走向结合,刚刚从国家权力中获得相对独立地位的经济领域,再次卷入国家权力的漩涡,曾经一度分离的国家与社会现在又重新开始走向结合。国家和社会不再处于马克思式的上层建筑和经济基础的古典关系之中。经济不再作为国家的基础,它甚至与国家相互勾连,共同对人们展开全面而又立体的控制与支配,不断侵蚀着我们的自由。事实上,法兰克福学派第一代领军人物——哈贝马斯的老师阿多诺就已经发现,在晚期资本主义社会,"交换原则"与国家权力一道成为控制支配人们行为和生活的力量,在这两股力量的作用下,个体变成"仅仅是垄断组织和他们的国家管理的对象"③。哈贝马斯也注意到了经济与政治的此种共谋关系,尤其在其后期,他通过系统与生活世界之区分,指出在现代社会,系统(包括经济系统与政治系统)已经越来越多地干预日常生活,系统活动所固有的工具主义开始侵蚀奠基于生活世界之中并服务于生活世界之维持的交往技巧。

其次,在晚期资本主义社会,虽然依然存在着经济上的不平等,但是大多数人,而不仅仅是统治阶级,生活水平得到显著提高,"异化"不再表现为经济上的极端贫困的形态,社会解放也不再直接诉诸经济利益。换言之,黑格尔所

---

① [德]尤尔根·哈贝马斯:《理论与实践》,郭官义、李黎译,社会科学文献出版社2010年版,第173页。

② [德]尤尔根·哈贝马斯:《合法化危机》,刘北成、曹卫东译,上海人民出版社2009年版,第40页。

③ Deborah Cook, *Adorno, Habermas, and the Search for a Rational Society*, Taylor & Francis, 2004, p. 25.

谓的"贫困"已经不再是困扰社会的首要问题。哈贝马斯指出:"坏血症和佝偻病发生在心理压力引起的诸种干扰中;饥饿和劳累在受异己控制的兴奋的无聊中,在不是'自己的'需求的满足中,保持着它们的更加微妙的和甚至于连阶级特征都不是的形式。同样,统治作为异化的另一面,放弃了在雇佣劳动契约中所确立的暴力关系的赤裸裸的表现。"① 我们知道,马克思在其早期曾用"异化"("异化劳动")概念来批判资本主义。马克思认为劳动作为自由自觉的活动是人的类本质,但在私有制条件下却发生了异化,"对对象的占有竟如此表现为异化,以致工人生产的对象越多,他能够占有的对象就越少"②。不难看出,马克思关注的焦点是资本主义社会中存在的残酷的经济剥削现象,即个人生产得越多,自己就越贫困。

然而,在哈贝马斯看来,马克思所揭示的资本主义社会的残酷剥削现象,到了晚期资本主义社会,已经发生了重大的变化。由于国家对经济的积极干预,以及无产阶级不断地斗争争取,劳资双方就工资逐渐达成某种协议,形成所谓"政治性"的工资结构。这样,工人的工资不再由市场机制所自发地决定,而是由国家的权力结构所决定。这种"政治性"工资的出现在一定程度上改善了无产阶级的生存状况,无产阶级的贫困化问题得到解决。与此同时,随着科学技术持续发挥第一生产力的作用,马克思设想的作为无产阶级解放重要基础的、可供工人自由支配的闲暇时间日益增多。然而,出乎马克思意料的是,增多的闲暇时间并没有成为工人自由全面发展的保障,其结果是一种新的异化的诞生。

劳动异化带来的贫困如今表现为闲暇异化带来的贫困——"一种身心贫困状态";营养不良在今天表现为心理压力引起的诸种身心不健康,"表现为在由外部诱惑造成的文化沙漠中的饥饿和烦闷"③。人们身边充斥着试图占据他们"自由时间"的"文化工业"的产品,只关心事业、闲暇、消费的"无思想的闲暇活动"成为人们在自由时间的主要消遣活动。另外,在当代资本主义社会,

---

① [德]尤尔根·哈贝马斯:《理论与实践》,郭官义、李黎译,社会科学文献出版社2010年版,第173页。
② 《马克思恩格斯文集》第一卷,人民出版社2009年版,第157页。
③ [德]霍尔斯特:《哈贝马斯传》,章国锋译,东方出版中心2000年版,第44页。

带来异化的不是繁重的、超负荷的、压制人的积极性的劳动，而是占据统治地位的社会技术本身。人们被无形的操纵力量所控制，"阶级统治的政治匿名性被社会匿名性取代了"①，其结果一如马尔库塞所言：人们的"攻击性冲动失去了攻击的对象，或者说，仇恨所遇到的都是笑容可掬的同事、忙碌奔波的对手、唯唯诺诺的官吏和乐于助人的工人"②。基于对这种变化的认识，哈贝马斯认为，那种公开的、对制度具有破坏性的阶级冲突以及社会革命在晚期资本主义社会已经消失，应该把解放所关注的焦点从经济领域转入社会文化领域，重视社会文化在社会进步中的积极作用，通过社会文化批判，提升资本主义的合法性基础，探求人类解放的可能。

最后，在上述情况下，被当作未来的社会主义革命的承担者——"革命的无产阶级"——作为一个阶级已经不复存在了，"阶级妥协成为了晚期资本主义结构的一个组成部分"③。哈贝马斯发现，在"传统社会"里，生产关系的政治形式使得人们很容易分辨各个统治集团。到了自由资本主义时代，虽然"明显的统治被匿名形式的私人统治所取代"④，但是大多数人根据他们在生产中的客观地位，就成了"无产阶级"，因为他们失去了一切生产资料，无权控制生产工具，更没有机会参与到生产资料、生产过程的管理之中。而当代资本集中的程度，使得非政治的、以私有财产为基础的民主管理，几乎没有任何前途。"劳资双方"找到了一个更大的妥协范围，因为日益增加的工资成本可以转嫁到价格上，工人不仅像以往那样从事于生产，也开始逐渐参与到企业的管理与经营过程中，对自己工作的企业产生了一定的归属感。而且，"劳资双方"在对国家发展生产力、提高劳动力素质、改善工人社会状况等方面的要求上，有着某种意义的一致性。这样，不参加生产资料管理的阶层在安全、教育、收入等方面的利益得到了较好的保障，各阶级的社会身份逐渐被打破，以物质上一贫如洗和

---

① [德] 尤尔根·哈贝马斯：《合法化危机》，刘北成、曹卫东译，上海人民出版社 2009 年版，第 42 页。
② [美] 赫伯特·马尔库塞：《爱欲与文明》，黄勇、薛民译，上海译文出版社 1987 年版，第 69 页。
③ [德] 尤尔根·哈贝马斯：《合法化危机》，刘北成、曹卫东译，上海人民出版社 2009 年版，第 43 页。
④ [德] 尤尔根·哈贝马斯：《合法化危机》，刘北成、曹卫东译，上海人民出版社 2009 年版，第 42 页。

第二章　哈贝马斯对黑格尔市民社会理论的批判与超越

从事繁重体力劳动为主要特征的无产阶级正在逐渐消失。[①] 于是，"阶级意识，尤其是革命的意识，即使在工人阶级的核心阶层中也难以得到确认。……马克思的希望——革命一旦掌握了群众，就能变成物质力量——今天似乎必然落空"[②]。与马尔库塞一样，哈贝马斯也认为按照马克思的理论，无产阶级之所以要起来革命，主要是为了改变贫困的处境。然而在"晚期资本主义"社会中，贫困已基本消除，不仅资本家过着衣食不尽的生活，无产阶级的吃、穿、住也都能得到保障。与此同时，与日俱增的物质生产的技术性把职务上是知识分子的人以及其他的中间阶级也带进无产阶级。无产阶级队伍进一步扩大，但其中大多数却处于"身患重病不知病"的麻木状态，丧失了革命的阶级意识。随着阶级意识支离破碎、日趋消失，任何革命理论也都失去了它的宣传和鼓动的对象。

哈贝马斯看到了资本主义固有的弊病，也不否认"西方民主制度"的历史成就和现实合理性基础，认为这一制度仍然蕴含着"自我改善的可能性"。美国学者 Steven Best 曾指出："哈贝马斯的事业可以称为'激进的改良主义'，他一直试图克服改良与革命的二分。"[③] 对于哈贝马斯而言，革命在当代社会已经失去了感召力，马克思的革命理想现在仅仅应该视为一个长期的进程，它应该考虑到"通过逐步扩大民主的、参与的和对话的行为，顺应新的民主生活形式"[④]。哈贝马斯并不想直接改变政治系统本身，并不希望从根本上变更资本主义社会形态，而是希望通过间接的作用方式对政治系统的纲领制定过程产生影响，实现一种摒弃权力和暴力使用的所谓"无统治"的社会秩序。

哈贝马斯正是在这样一个崭新的资本主义社会的历史背景下，通过批判性的考察晚期资本主义社会的新形势、新特征，提出了一种有别于黑格尔的、具有鲜明时代特色的市民社会理论，他希望通过对市民社会的理论探讨，展现出一种具有活力与现实批判力的民主生活新形式。

[①] ［德］尤尔根·哈贝马斯：《理论与实践》，郭官义、李黎译，社会科学文献出版社 2010 年版，第 174 页。

[②] ［德］尤尔根·哈贝马斯：《理论与实践》，郭官义、李黎译，社会科学文献出版社 2010 年版，第 174 页。

[③] Steven Best, *The Politics of Historical Vision: Marx, Foucault, Habermas*, Guilford Publications, 1995, p. 249.

[④] Jürgen Habermas, *Autonomy and Solidarity: Interviews of Jürgen Habermas*, London: Verso, 1992, p. 73.

第二节　哈贝马斯对黑格尔主体哲学的批判与修正

一　对黑格尔以来"劳动范式"的批判

美国学者罗威廉曾如此评价哈贝马斯市民社会理论所具有的历史地位:"纵观这个问题的争论的历史,依我所见,市民社会所涉的内容及其所指的准确对象并未得到严格界定。这个任务只是经由尤根·哈贝马斯以及其他20世纪晚期的历史学家所做出的重建性努力才得以完成。"[①] 诚如罗威廉所言,哈贝马斯对市民社会概念在当代的新发展做出了重大贡献,尤其是在其后期,哈贝马斯通过普遍语用学的改造和交往范式的引入,着重强调市民社会的社会文化维度,这与黑格尔、马克思等市民社会理论家形成鲜明对比。如果说现代市民社会理论是以黑格尔所独揭的政治国家与市民社会相分离这一事实为出发点的话,那么当代西方市民社会理论则是以哈贝马斯开创的经济系统和社会文化系统的分离为基础的。

通过前章的介绍我们知道,黑格尔十分强调市民社会的经济内涵,将其视为是"需要的体系",即作为独立的单个人的市民社会成员为了满足自身的需要,通过劳动的中介而形成的人与人之间的联合。具体而言,随着资本主义经济的不断发展和完善,市场作为一个具有自身规律的独立领域对人们的规范作用愈益加强,人们之间的社会合作愈来愈高级和复杂,为满足自身需要而劳动的人也就愈为满足所有其他人的需求去从事劳动。正是在亚当·斯密所谓"无形之手"这一普遍的力的作用下,或用黑格尔的话说"理性的诡计"的支配下,获得独立自主的个人在自觉追求自己特殊目的的过程中,不自觉地相互结合在一起,形成了所谓的"市民社会"。查尔斯·泰勒曾一言道破:"不是在人们的忠诚方面的一种活生生的力使人们在合作中结合在一起,而是外在的机械性使人们在合作中结合在一起。"[②] 市民社会中人与人的结合只是在人与对象世界的直接关系(劳动关系)的基础上派生出来的间接关系,这是一种机械性的结合。哈贝马斯更是尖锐地指出,黑格尔所描述的市民社会中以满足需要为特征的活

[①] 邓正来、[美] 杰弗里·亚历山大编:《国家与市民社会——一种社会理论的研究途径》,上海世纪出版集团、上海人民出版社2006年版,第404页。

[②] [加] 查尔斯·泰勒:《黑格尔》,张国清、朱进东译,译林出版社2002年版,第664页。

动——劳动——是一种受工具理性支配的行动,"黑格尔将劳动构想为人们有目的的介入世界,借助劳动,行为者实现了他们的目的并满足了他们的需要"①,这样,"在行为者和可以感知、可以掌控的对象世界的关系之中,只能出现一种认知—工具合理性。理性的一体化力量,即现在所说的解放实践,是不可能进入这种目的合理性的"②。因此,哈贝马斯认为应该首先对劳动概念予以批判性地重新考察。

哈贝马斯发现,劳动这一概念在马克思的著作中最为常见,甚至可以说它是"马克思选择的基本概念"③,但是,在黑格尔的早期著作中,这一概念就先行被提出来了,可以说马克思的劳动概念是在对黑格尔劳动概念批判地继承基础上提出的。在《精神现象学》中,黑格尔首先提出了对象化的辩证法;《逻辑学》中,黑格尔对劳动的本质予以进一步地揭示。而在《法哲学原理》的市民社会理论中,劳动概念更是占据十分重要的地位:劳动不仅帮助人们脱离家庭"直接伦理"的束缚,成长为独立自主的自由个体,而且凭借劳动分工的日益复杂与细致,人与人之间的相互依赖关系日益明确,直接促成了"市民社会"在现代世界的形成。马克思同黑格尔一样,认为在人使用工具同自然相沟通和协调的劳动中蕴含着理性;但是,马克思也看到了黑格尔的不足,指出黑格尔看到的只是劳动的积极方面,而没有看到它的消极方面。在马克思看来,劳动者在其产品中的外化具有双重意义:一方面,人通过劳动与自然建立某种对象性的关系,生产出劳动产品,"劳动力成为一种对象和一种外在的实存"④;另一方面,劳动的对象化却表现为异化,对于劳动者来说,其劳动力则"是异己的,是一种独立的力量"⑤。

在哈贝马斯看来,黑格尔与马克思对于劳动的阐述无疑是深刻的,但是,无论是黑格尔还是马克思,他们的劳动概念所表达的其实都是异化劳动,在《作为"意识形态"的技术与科学》一书中,他明确提出:"我把'劳动'或曰

---

① Jürgen Habermas, *Truth and Justification*, The MIT, 2003, p.189.
② [德]于尔根·哈贝马斯:《现代性的哲学话语》,曹卫东译,译林出版社2011年版,第75页。
③ [德]于尔根·哈贝马斯:《现代性的哲学话语》,曹卫东译,译林出版社2011年版,第392页。
④ [德]尤尔根·哈贝马斯:《理论与实践》,郭官义、李黎译,社会科学文献出版社2010年版,第169页。
⑤ [德]尤尔根·哈贝马斯:《理论与实践》,郭官义、李黎译,社会科学文献出版社2010年版,第169页。

目的理性的活动理解为工具的活动,或合理的选择,或者两者的结合。工具的活动按照技术规则来进行,而技术规则又以经验知识为基础;技术规则在任何情况下都包含着对可以观察到的事件(无论是自然界的还是社会上的事件)的有条件的预测。"① 在其看来,劳动首先是一种"工具的活动",是按照建立在经验知识基础上的"技术规则"来进行的以工具为媒介的活动。具体而言,在劳动活动中,行为者为了实现自己的目的——生产出人类生存和发展所必需的物质生活资料,通过使用技术工具而对自然事物加以改造和控制,使自然事物以行为者所希望的状态在世界中出现。由于劳动生产遵循的是建筑在分析知识之上的技术原则,因此劳动是一种有意识的生产,而支配劳动的意识就是工具理性,哈贝马斯指出,这就"把理性安置在了行为主体的目的合理性当中"。从根本上说,劳动所反映的是一种以主体为中心的理性,是一种主体支配自然的技术性、独白式的活动,它是一种典型的"工具行为"。

另外,工具性的劳动也离不开人们的语言沟通与协作,它与人使用语言的能力交织在一起,这就使得人与人之间的交往互动成为可能。然而,劳动必然伴随着"合理选择","合理选择的行为是按照策略进行的",② 因此,劳动中的互动并不是以理解为目的,而是以成功为导向的策略性行动。"策略性行动,表现为目的合理性的确定,或手段的理性选择,或是二者的结合;它遵循的是以经验知识为基础的技术规则"③,是按照建立在经验知识基础上的"行动方案"来进行的合理的选择行为。"策略性行动"同样依赖于语言资源。然而,在此种活动中,"言语行为的语内目的却服从于行为者个人的计划"④。换言之,此种行动虽然以语言为中介,但是互动参与者的行为却"受到了以自我为中心的利益算计的左右"⑤,工具性地将他人视为自己能够控制和操纵的某物,将他人视为自己精心算计的对象,而不是可以和自己展开平等对话、平等交流的"同类

---

① [德]哈贝马斯:《作为"意识形态"的技术与科学》,李黎、郭官义译,学林出版社1999年版,第49页。
② [德]哈贝马斯:《作为"意识形态"的技术与科学》,李黎、郭官义译,学林出版社1999年版,第49页。
③ 章国锋:《关于一个公正世界的"乌托邦"构想》,山东人民出版社2001年版,第26—27页。
④ Joseph Heath, *Communicative Action and Rational Choice*, The MIT, 2001, p. 24.
⑤ [德]尤尔根·哈贝马斯:《交往行为理论》第一卷,曹卫东译,上海人民出版社2004年版,第95页。

人"。与此种策略性的行动相伴的是一个独白式的思虑过程，它并不试图与他人建立起一种关于世界的共享理解，因此也无法理解他人的真正需要，更无心去真正满足他人的需要。

哈贝马斯指出，黑格尔的劳动概念将理性安置于认知主体的反思当中，而马克思的劳动概念则将理性安置在了行为主体的目的合理性当中。无论如何，劳动首先涉及的是人与物、人与外部自然的关系，它"植根于主宰大自然的主体主义计划，而缺乏一种主体间向度"[①]。劳动反映的是一种以主体为中心的、受工具理性引导的活动，以劳动为核心的劳动范式（或生产范式）在本质上是一种具有认知能力或行为能力的孤立主体的"自我意识范式"或"自我关涉范式"。

哈贝马斯接受黑格尔将市民社会视为是"需要的体系"的观点，但是基于对劳动的上述认识，他并不像黑格尔那样乐观地认为"个体满足它自己的需要的劳动，既是它自己的需要的满足，同样也是对其他个体的需要的一个满足，并且一个个体要满足它的需要，就只能通过别的个体的劳动才能达到满足的目的"[②]。在其看来，仅仅凭借异化劳动来满足个人自己以及他人的需要，此种设想过于乐观，是无法真正实现的。劳动过程中虽然也存在着人与人之间的交往与互动，但是就劳动的目标而言，它是指向生产的而并非真正的交往行为所力图达成的相互理解，因此，它只是一种由异化劳动带来的人与人之间的异化关系。

在此，哈贝马斯清醒地看到在工具理性占统治地位的晚期资本主义社会所呈现出的现实问题：在晚期资本主义社会，商品生产者为了扩大生产，疯狂地开发、掠夺自然资源，经济呈现出增长的态势。然而，他们这样做并不是为了真正满足人们的需要，而是源于对利润和效率的本能追求。因此，他们总是工具性地将他人看作具有消费需求的"消费者"，处心积虑地诱导、操纵、控制人们的需要，最终甚至会产生如此的结果，即需要并不是从具有需要的人那里产生出来的，而是这些企图从中谋取利润的商品生产者、资本家所制造出来或"预先形成"的消费需要。另外，作为消费者的个人，面对充斥于自己眼前，令人眼花缭乱的各种商品，则变得日益迷惘，无暇去思考乃至逐渐遗忘了自己的

[①] 郑召利：《哈贝马斯的交往行为理论》，复旦大学出版社2002年版，第173页。
[②] ［德］黑格尔：《精神现象学》上卷，贺麟、王玖兴译，商务印书馆1981年版，第234页。

真正需要，他们受广告等传媒的蛊惑日益沦为"商品拜物教"的牺牲品，安然处之，毫无察觉。最后，抽象劳动日益构成了资产阶级社会结构的典型特征，使得资本主义社会陷入异化的泥沼而难以自拔，人与人之间的关系成为一种异化的工具关系，"像雇佣工人的整个生存都取决于市场一样，不可名状的使用过程也渗透到了他的生活世界。并且摧毁了通过交往建立起来的主体间性的道德，从而把社会关系变成纯粹的工具关系"①。

基于对晚期资本主义现实状况的深刻认识，哈贝马斯坚持认为以主体为中心的"劳动范式"不仅无法说明晚期资本主义的新变化、新形势，而且从"劳动范式"出发也难以找到解放的途径，因此，必须摆脱"劳动范式"的理论束缚，实现向一种新的范式的转变。

二 "交往范式"的引入

出于对现实的清醒认识以及对以往理论的深刻总结，哈贝马斯发现，在当代社会，人们的需要若想真正得到满足，首先必须通过语言对需要加以适当、真实的表达，只有这样，我们才可能如实地了解他人的真实需要，才能把我们自己真正的需要传达给他人。唯有依赖于理性的交往活动，才能真正达成对需要的相互理解，唯有在此种相互理解的基础上，需要的满足才具有现实的可能性。在此，哈贝马斯出于对语言学的浓厚兴趣与自觉运用，对需要予以"语言化"（linguistifying）处理，他从"人的需要必须通过语言表达"这一命题出发，将黑格尔关心的需要及其满足这一问题转化为人与人之间通过语言交往来理解对方的真实需要这样的话语交往问题。哈贝马斯发现，劳动范式（"生产范式"）在黑格尔之后，尤其在马克思那里被不断扩大化，致使真正的实践——交往被淹没。"马克思用社会再生产的规律来追溯人的种群的形成、发展过程，因此，未能揭示人际交互作用与劳动之间的关系，却将前者缩减、归结为后者。于是，工具性行为成了解释一切的范式，一切的一切都消融在生产的自我运动中。"② 因此，哈贝马斯力求转变由黑格尔率先提出，并且由马克思大力弘扬的

---

① [德]尤尔根·哈贝马斯：《交往行为理论》第一卷，曹卫东译，上海人民出版社2004年版，第340页。

② 章国锋：《关于一个公正世界的"乌托邦"构想》，山东人民出版社2001年版，第125页。

"劳动范式",取而代之的是以语言为媒介的"交往范式"。

哈贝马斯认为,交往活动和劳动生产活动一同构成了人类活动的两大领域。然而,不同于劳动所具有的对象性、工具性特征,交往活动涉及的是人与人之间的关系,即主体间通过语言等符号媒介而达成的社会关系,"我把以符号为媒介的相互作用理解为交往活动,相互作用是按照必须遵守的规范进行的,而必须遵守的规范规定着相互的行为期待,并且必须得到至少两个行动的主体的理解和承认"①。

首先,交往活动是两个以上的主体之间产生的涉及人与人关系的行为。虽然人类的其他活动往往也涉及不同的主体,但是,交往活动参与者显著区别于劳动等活动中以成功为取向的行动者:他们并不试图通过算计操纵他人来达成自己私人的目的,而是本着相互理解、达成共识的目的,彼此坦诚交流并展开积极的合作,"与那些以成功为取向的行动者——他们彼此间像观察客观世界中的对象那样考察对方——不同,交往行动者彼此相遇的情境,是用他们的理解来构成的,而这种理解又同时是通过他们的合作而达成的"②。

其次,交往活动是以语言等符号为媒介,并通过这一媒介来协调的,因而语言成为交往的根本手段。虽然策略性行动也使用语言,但是它只是把语言当作众多媒介中的一种,"通过语言媒介,各自追求自身目的的言语者相互施加影响,以便促使对手形成或接受符合自身利益的意见或意图"③。而在交往行为之中,语言具有了全面沟通的作用,"交往行为模式把语言看作是一种达成全面沟通的媒介"④。正是通过对语言在人类活动中的重要性的大力突显,使得在人类活动中,交往活动获得了与劳动生产活动同等重要的地位,二者一同构成了人类活动的两大领域。

最后,交往活动必须以社会规范来作为自己的规则,并以"理解为导向"。

---

① [德]哈贝马斯:《作为"意识形态"的技术与科学》,李黎、郭官义译,学林出版社1999年版,第49页。
② [德]哈贝马斯:《在事实与规范之间》,童世骏译,生活·读书·新知三联书店2011年版,第446页。
③ [德]尤尔根·哈贝马斯:《交往行为理论》第一卷,曹卫东译,上海人民出版社2004年版,第99页。
④ [德]尤尔根·哈贝马斯:《交往行为理论》第一卷,曹卫东译,上海人民出版社2004年版,第99页。

哈贝马斯认为，不同于工具性行为，交往活动遵守行为者之间相应的规范，这些社会规范是在人们进行自由和平等的交流与讨论中形成的，体现了行为者对对方行为的期待。由于有了社会规范的普遍保障，交往行为参与者的共同行为取得一致，达成理解。因此，交往活动是"以理解为目的的行为"[1]，相互理解是交往活动的核心。

由以上的介绍我们可以知道，以交往活动为核心的交往范式不是单个主体与可以反映和掌握的客观世界中的事物的关系，而是主体间性关系，"当具有言语和行为能力的主体相互进行沟通时，他们就具备了主体间性关系"[2]，它不仅明显区别于"劳动范式"这一"主体哲学的变种"，而且也明显优越于劳动范式或生产范式。在哈贝马斯看来，交往范式之所以优于劳动范式，其根源就是语言致力于沟通的目的能够走出劳动以主体为中心的内在性圆圈。"交往行为者在主体间性关系中所使用的是一种自然语言媒介，运用的则是传统的文化解释，同时还和客观世界、共同的社会世界以及各自的主观世界建立起联系"[3]，交往范式有效地避免了劳动范式带来的主体的妄自尊大，主体此时面对的不再是自己可以反映和掌握的客观世界中的某物（在劳动范式下，他人亦被主体视为自己可以认识和操纵的对象），而是置身于与他者的主体间性关系之中，置身于传统文化、客观世界、社会世界以及自己的主观世界共同构成的意义空间与生存空间之中，它们一起维系着主体真实的存在与成长，是主体生存与生活至关重要的生命维度。而且，交往行为所体现的交往理性，是"对认识、言说和行动的主体的能力和资质的可能性条件的反思"[4]，它可以使人们达成相互理解与共识，是对独白式的工具理性的超越。"我所提出的交往理性概念超越了以主体为中心的理性，它应当能够摆脱自我关涉的理性批判的悖论和平庸。"[5] 由此，哈贝马斯认为，"解放视角不是源于生产范式，而是源于交往行为范式"[6]，由劳动

---

[1] 欧力同、张伟：《法兰克福学派研究》，重庆出版社1990年版，第418页。
[2] ［德］尤尔根·哈贝马斯：《交往行为理论》第一卷，曹卫东译，上海人民出版社2004年版，第37页。
[3] ［德］尤尔根·哈贝马斯：《交往行为理论》第一卷，曹卫东译，上海人民出版社2004年版，第37页。
[4] 章国锋：《关于一个公正世界的"乌托邦"构想》，山东人民出版社2001年版，第124页。
[5] ［德］于尔根·哈贝马斯：《现代性的哲学话语》，曹卫东译，译林出版社2011年版，第384页。
[6] ［德］于尔根·哈贝马斯：《现代性的哲学话语》，曹卫东译，译林出版社2011年版，第95页。

范式向交往范式的转变，为人们打开了一个取代"劳动乌托邦"的新的前景："这一新的可期待的前景在规范上的特征是，为交往日常实践和话语意志形成的程序和规则创造必要的、然而普遍的条件，这些条件将使所有参与者根据自己的需要并从自身认识出发，实现一种更美好的、风险较小的生活的可能性。"①

第三节　市民社会文化维度的确立：从"公共领域"到"生活世界"

一　早期对市民社会的理解：公共领域

基于劳动范式向交往范式的转换，哈贝马斯实现了对黑格尔市民社会理论的改造，并形成了自己对市民社会的独特理解。事实上，他对市民社会的认识并不是一蹴而就的，它经过了一个不断调整和完善的过程，"总体上看，哈贝马斯对市民社会问题的讨论，大致可以分为两个阶段：第一个阶段主要是着重从历史角度分析市民社会特别是公共领域的发展演变过程及其后果，其思想集中体现在《公共领域的结构转型》（1962年）以及《作为'意识形态'的技术与科学》（1967年）、《合法化危机》（1973年）等较早著作中；第二个阶段则主要是从'交往行为'和'生活世界'这个规范的角度规约市民社会，从而强调对'理想的生活世界'的建构，这个阶段的思想重点集中在《交往行为理论》（1981年）以及《在事实与规范之间》（1992年）等后期的著作中"②。

美国学者约翰·埃雷伯格（John Ehrenberg）曾指出："作为霍克海默和阿多诺的学生，哈贝马斯对当代市民社会理论所作出的重大贡献开始于他关于'推理的公共领域'之兴起的历史描述。"③的确，哈贝马斯的市民社会理论肇始于对公共领域问题的探讨。在《公共领域的结构转型》一书中，哈贝马斯指出："资产阶级公共领域首先可以理解为一个由私人集合而成的公众的领域；但私人随即就要求这一受上层控制的公共领域反对公共权力机关自身，以便就基本上已经属于私人，但仍然具有公共性质的商品交换和社会劳动领域中的一般

---

① 章国锋：《关于一个公正世界的"乌托邦"构想》，山东人民出版社2001年版，第128页。
② 李佃来：《哈贝马斯市民社会理论探讨》，《哲学研究》2004年第6期。
③ John Ehrenberg, *Civil Society: The Critical of an Idea*, New York University Press, 1999, p. 219.

交换规则等问题同公共权力机关展开讨论。"① 资产阶级公共领域是在国家和社会间的张力场中发展起来的，国家和社会的彻底分离是公共领域生成的现实基础。具体而言，随着资本主义市场经济的发展，"社会"领域出现了，成为一个与国家相对立的、独立的"私人自律领域"。哈贝马斯指出，一方面，它冲破了等级统治的桎梏从公共权力中分化出来，为公共领域的产生提供了必需的土壤，"市民社会作为私人领域从公共权力机关的指令下彻底解放了出来，从而使得政治公共领域在这时能够在资产阶级法治国家里得到充分的发展"②；另一方面，在市场经济的风险之中，生活的再生产得以超出私人家政的限制，在此意义上，社会成为人们共同关注的对象，人们不再仅仅关心"生活必需品的获得"，而且开始关心社会公共事务，这些关心公共事务的私人聚集在一起形成了具有批判意识的公众——"公共领域的主体"，"成熟的资产阶级公共领域永远都是建立在组成公众的私人所具有的双重角色，即作为物主和人的虚构统一性基础之上"。③ 正是社会与国家的分离以及与此相伴的"公众"的形成，促成了资产阶级公共领域在人类历史上的闪耀登场。"公共领域本身在原则上是反对一切统治的"④，它一开始就针对王权，与之展开讨论甚至加以批判，同时，公共领域又是一个"预警系统"，带有一些非专用的但具有全社会敏感性的传感器，它不断地向公共权力传达着形成于社会的呼声以影响公共政策的制定，其目的在于捍卫商品流通和社会劳动领域的私人化。因此，它本质上与市场领域一样，属于与公共权力领域相分离的"私人自律领域"。

公共领域虽然与市场领域一样，属于"私人自律领域"，然而二者在功能方面却表现出明显的区别。如果说市场主要展现出经济功能的话，公共领域的基本功能则展现在政治方面。在哈贝马斯的论述中，公共领域的基本功能主要表现为两个维度：其一为公共领域的解放功能。从哲学层面来说，"公共领域可以

---

① [德]哈贝马斯：《公共领域的结构转型》，曹卫东、刘北成等译，学林出版社1999年版，第32页。
② [德]哈贝马斯：《公共领域的结构转型》，曹卫东、刘北成等译，学林出版社1999年版，第89页。
③ [德]哈贝马斯：《公共领域的结构转型》，曹卫东、刘北成等译，学林出版社1999年版，第59页。
④ [德]哈贝马斯：《公共领域的结构转型》，曹卫东、刘北成等译，学林出版社1999年版，第97页。

第二章　哈贝马斯对黑格尔市民社会理论的批判与超越

看作是更高层次上的主体间性"①，它可以避免主体哲学的妄自尊大，从而给人们提供一个新的解放前景。从现实的层面来说，"公共领域由于实际承担了市民社会从重商主义乃至专制主义控制之下获得政治解放的语境当中的一切功能，因而其虚构也就变得比较容易：因为它用公共性原则来反对现有权威，从一开始就能使政治公共领域的客观功能与其从文学公共领域中获得的自我理解一致起来，使私人物主的旨趣与个体自由的旨趣完全一致起来"②。这样，在哈贝马斯看来，公共领域实际上统合了马克思所说的"政治解放与人的解放"的功能。其二为公共领域的合法性功能。哈贝马斯指出："政治立法者的决定依赖于在广泛的、以媒体为中介的公共领域的意见形成的结果。"③ 政府的行为必须通过社会的舆论得到人们的认同，也即获得大众对于政府的忠诚，这样的政府行为才是合法的。因此，"公共领域可以看作是政府获得合法性的环境"④。

由以上的介绍我们发现，哈贝马斯继承了黑格尔"国家与市民社会相分离"的分析传统，将整个社会结构从学理上划分为两大部分：一是包括市场领域和公共领域在内的"私人自律领域"，这一"私人自律领域"便是哈贝马斯认定的市民社会；二是以政治国家身份存在的公共权力领域。这样，哈贝马斯第一阶段市民社会概念的比较完整的理解就会浮现在我们眼前，即"它是随着资本主义市场经济的发展而形成的、独立于国家的'私人自律领域'（这一点与黑格尔相同）。它本身又可分为两个部分：一是以资本主义私人占有制为基础的市场体系，包括劳动市场、资本市场和商品市场及其控制机制；二是由关心公共事务的公众组成的公共领域，它是一个社会文化体系"⑤，而这一社会文化体系"包括教会、文化团体和学会，还包括了独立的传媒、运动和娱乐协会、辩论俱乐部、市民论坛和市民协会，此外还包括职业团体、政治党派、工会和其他组织等"⑥。从某

---

① ［德］于尔根·哈贝马斯：《现代性的哲学话语》，曹卫东译，译林出版社2011年版，第420页。
② ［德］哈贝马斯：《公共领域的结构转型》，曹卫东、刘北成等译，学林出版社1999年版，第59—50页。
③ ［德］尤尔根·哈贝马斯：《在自然主义与宗教之间》，郁喆隽译，上海人民出版社2013年版，第69页。
④ 王晓升：《哈贝马斯的现代性社会理论》，社会科学文献出版社2006年版，第168页。
⑤ 李佃来：《哈贝马斯市民社会理论探讨》，《哲学研究》2004年第6期。
⑥ ［德］哈贝马斯：《公共领域的结构转型》，曹卫东、刘北成等译，学林出版社1999年版，第29页。

种意义而言，公共领域正是市民社会中与政治国家发生关系的那一部分，亦即公共参与的部分，在哈贝马斯看来，公共领域构成了"市民社会的核心机制"。

在此，我们可以明显看到两种市民社会理论传统的影响。其一是由黑格尔和马克思开创的，从经济维度阐述市民社会的近代市民社会理论传统；其二则是由意大利马克思主义者葛兰西开创的，强调社会文化意义的当代市民社会理论传统。前文已经指出，哈贝马斯并不满意源于黑格尔并被马克思极力推崇的"劳动范式"，并对"劳动范式"提出了全面地批判。亚里士多德曾指出"人类在本性上，也正是一个政治动物"①，对于这一看法哈贝马斯深以为然，他并不像马克思那样仅仅强调人是劳动的动物，而是更加看重人作为一个"政治动物"的积极活动。他指出此种活动不会像"生的欲望和生活必需品的获得"那样使人有些羞涩，它会"让人引以为豪"，而正是公共领域为人们提供了通过公开的和合理的辩论形成公共舆论从而影响政府决策的机会。可见，哈贝马斯虽然将市民社会划分为经济与文化两个方面，但是他更看重对市民社会的社会文化方面，也即对"公共领域"的研究与论述，可以说对市民社会的社会文化维度的探讨已经成为哈贝马斯早期市民社会研究的主要兴趣点。

哈贝马斯对市民社会的上述理解，是建立在国家与社会相互分离的基础上的，即他所说的"对于我们的讨论来说，国家和社会的分离是一条基本线索，它同样也使公共领域和私人领域区别开来"②。然而，此种情形只存在于早期自由资本主义时期，因为只有在这个时期，才出现了私人商品所有者摆脱国家束缚的商业领域，私人也才得以挣脱传统束缚，自由从事商品交换和社会劳动领域内的一切事物。到了晚期资本主义时期，情况发生了根本的变化，一种所谓的"逆转趋势"在19世纪末期就已经开始出现，也就是说，"国家和经济的相互融合剥夺了资产阶级私法和自由主义宪法关系的基础。作为国家干预政策的结果，国家和社会之间的分离趋势真正消失了。根据这一过程在法律层面上的反映，我称之为新社团主义的'国家的社会化'和'社会的国家化'"③。哈贝

---

① [古希腊] 亚里士多德：《政治学》，吴寿彭译，商务印书馆1983年版，第7页。
② [德] 哈贝马斯：《公共领域的结构转型》，曹卫东、刘北成等译，学林出版社1999年版，第35页。
③ [德] 哈贝马斯：《公共领域的结构转型》，曹卫东、刘北成等译，学林出版社1999年版，第12页。

马斯明确指出:"自从1873年出现经济大萧条以来,伴随着贸易政策的明显改变,自由主义时代走到了尽头"①,随之而来的则是前面言及的国家开始积极的干预经济、干预市场,资本主义国家垄断政策和福利政策开始大规模推行。这样,国家权力全面渗入商品交换领域和社会劳动领域,连原本一直控制在私人手中的服务行业最终也被国家接管了,过去是私人的事务现在变成了涉及国家的公共事务;另外,寡头垄断的联合趋势不断增强,私人经济活动亦要求获得政治权力,而作为国家机构的公共领域承诺对每一位公众保持开放,恰好为寡头垄断获得政治权力提供了可能,这样,从具有公共性质的市民社会私人领域中,逐渐形成了一个"再政治化的社会领域",社会机构也开始履行国家机构的功能,过去是国家的事务现在亦成了私人的事务。"社会的国家化与国家的社会化是同步进行的,正是这一辩证关系逐渐破坏了资产阶级公共领域的基础,亦即,国家和社会的分离。"② 国家与社会由分离重新走向了融合,市民社会结构由此遭到了极为严重的破坏,"具有批判意识的私人所组成的相对同质的公众这一基础也被动摇了"③,公共领域由此也走向了瓦解。

二 晚期对市民社会的理解:生活世界

基于对晚期资本主义社会呈现出的新特征的敏锐观察与深刻认识,哈贝马斯不得不试图去重新调整甚至是改变自己的理论建构。"在70年代之后,哈贝马斯放弃了法兰克福学派传统的理论基础,倾向于认为:新的社会进化理论或者说是历史唯物主义的重建工作,必须首先通过对社会批判方法进行语用学的改造才能完成。"④ 通过普遍语用学的改造和交往范式的引入,哈贝马斯重新考察并改造了胡塞尔的"生活世界"概念,将它与德国社会学家卢曼的"系统"概念联系在一起,形成了"生活世界和系统的两层社会概念"。哈贝马斯正是在生活世界/系统这一新的理论框架下对市民社会做出全新的理解与研究,从而过

---

① [德]哈贝马斯:《公共领域的结构转型》,曹卫东、刘北成等译,学林出版社1999年版,第171页。
② [德]哈贝马斯:《公共领域的结构转型》,曹卫东、刘北成等译,学林出版社1999年版,第171页。
③ [德]哈贝马斯:《公共领域的结构转型》,曹卫东、刘北成等译,学林出版社1999年版,第204页。
④ 盛晓明:《话语规则与知识基础》,学林出版社2000年版,第119页。

渡到了市民社会研究的第二阶段。

在第二阶段的市民社会讨论中，经济和国家不再像第一阶段那样被视为两个相互独立并且分离的领域，哈贝马斯将它们视为完全整合在一起的行为领域；同时，"公共领域"也被描述为一个关于内容、观点也就是意见的交往网络，由此也就与"生活世界"概念联系起来。基于此种理解，哈贝马斯向我们展示出了一个新的市民社会概念。在《公共领域的结构转型》1990年版序言中，哈贝马斯指出当代流行起来的"市民社会"一词的含义"不再包括控制劳动市场、资本市场和商品市场的经济领域。……'市民社会'的核心机制是由非国家和非经济组织在自愿基础上形成的"①。而在之后不久（1992年）出版的重要著作《在事实与规范之间》中，哈贝马斯更是明确指出："今天称为'市民社会'[Zivilgesellschaft]的，不再像在马克思和马克思主义那里包括根据私法构成的、通过劳动市场、资本市场和商品市场之导控的经济。相反，构成其建制核心的，是一些非政府的、非经济的联系和自愿联合，它们使公共领域的交往结构扎根于生活世界的社会成分之中。组成市民社会的是那些或多或少自发地出现的社团、组织和运动，它们对私人生活领域中形成共鸣的那些问题加以感受、选择、浓缩，并经过放大以后引入公共领域。旨在讨论并解决公众普遍关切之问题的那些商谈，需要在有组织公共领域的框架中加以建制化，而实现这种建制化的那些联合体，就构成了市民社会的核心。"② 显然，哈贝马斯此时对市民社会的界定已经将第一阶段中包含的私人经济社会的成分从市民社会中剔除出去，并把它看作与市民社会相对立的系统的一部分，而第一阶段中的公共领域也被生活世界所替代，并直接与市民社会所指涉的范围重合。这样，在其看来，市民社会既不是古典自由主义所理解的与自然状态相对的政治社会，也不同于黑格尔、马克思所强调的社会的经济活动领域，它是一个既独立于政治体系又独立于经济体系的、由话语交往织构的社会文化体系，也即生活世界的组织与机制，在此，"人们可以对他们所关心的问题进行自由的、平等的、理智的讨论，而不

---

① [德] 哈贝马斯：《公共领域的结构转型》，曹卫东、刘北成等译，学林出版社1999年版，第29页。
② [德] 哈贝马斯：《在事实与规范之间》，童世骏译，生活·读书·新知三联书店2011年版，第452—453页。

第二章 哈贝马斯对黑格尔市民社会理论的批判与超越

受制于政治权力、习惯势力和传统观念"①。

与早期的理解不同,哈贝马斯现在开始以"生活世界和系统的两层社会概念"作为阐释市民社会的理论框架。在这一全新的框架下,整个社会体系由三个大的子体系构成,即政治体系、经济体系和社会文化体系。其中,政治和经济体系走向了融合,并最终整合在一起,构成了力量强大、涵盖范围极其广泛的、具有强烈控制和扩张欲望的系统(system);而社会文化体系则作为系统的对立与批判力量构成了生活世界(lifeworld),也即市民社会的部分。哈贝马斯指出,"现代社会不仅通过价值、规范和理解过程进行社会性整合(sozial Integration),而且通过市场和以行政方式运用的力量进行系统性整合(systemisch Integration)"②,"社会整合,涉及的是具有言语和行为能力的主体社会化过程中所处的制度系统;社会系统在这里表现为一个具有符号结构的生活世界。……系统整合,涉及的是一个自我调节的系统所具有的特殊的控制能力。这里的社会系统表现为他们克服复杂的周围环境而维持住其界限和实存的能力"③。社会整合与系统整合分别代表两种协调机制,就社会整合而言,行动的协调建立在"一种规范保证的或沟通达及的共识"的基础之上;而从系统整合层面来看,协调则奠基于金钱和权力这种系统的引导媒介,它们多多少少"自动地"调整着行为。哈贝马斯强调植根于人们日常的以理解、沟通和价值取向为目标的活动中的生活世界,发挥着社会性整合的功能;而扎根于科层制的官僚机构和经济组织中的系统,则发挥着系统性整合的功能。

因此,如果说在第一阶段哈贝马斯尚摇摆于由黑格尔所开创的市民社会传统和葛兰西开创的市民社会传统之间,其表现是不仅从文化维度规定市民社会,同时也注重从经济维度对市民社会加以考察,那么,在之后的第二阶段,哈贝马斯通过普遍语用学的改造和交往范式的引入,突破了黑格尔的影响,毅然决然地皈依于葛兰西所开创的理论传统,完全在葛兰西市民社会概念脉络中把握市民社会问题,其表现则是仅仅在文化的一维向度内理解市民社会。事实上,

---

① 萧瑟:《布尔特曼和哈贝马斯》,《读书》1996 年第 10 期。
② [德]哈贝马斯:《在事实与规范之间》,童世骏译,生活·读书·新知三联书店 2011 年版,第 48 页。
③ [德]尤尔根·哈贝马斯:《合法化危机》,刘北成、曹卫东译,上海人民出版社 2009 年版,第 6 页。

尽管哈贝马斯在早期是从经济与文化的双重维度来界定市民社会，但其理论探讨的重心同样也是文化意义上的市民社会，可以说，从文化维度界定市民社会是哈贝马斯真正的理论旨趣。由此我们可以进一步断定，对生活世界这一社会文化体系的论述与发掘代表了哈贝马斯成熟时期有关市民社会的看法，也标志着市民社会的纯粹文化维度在其思想中的真正确立。

第四节　市民社会的困境："生活世界的殖民化"

一　"系统—生活世界"分析模式的确立

生活世界和系统两层社会概念的确立，对哈贝马斯而言具有重要意义，他曾颇为满意地宣称"这一社会概念最终对民主概念具有决定性的影响"，"从此，我将经济和国家机器视为完全整合在一起的行为领域。这些领域再不能以民主的方式，也就是说，以一种政治整合的方式从内部加以改变，而同时不损害其整体特征和功能。……应当在社会整合的不同资源之间，而不是国家权力之间，建立起一种新的力量均衡关系。目的不再是'消解'资本主义经济制度和官僚统治体制，而是以民主的方式阻挡系统对生活世界的殖民式干预"。[①] 在哈贝马斯看来，"系统—生活世界"的市民社会分析模式是解开现代化过程之诡谲的一把钥匙，同时又是全面、准确地诊疗现代资本主义社会之病象的一剂良方。具体而言，当今资本主义社会的危机可概括为"具有交往结构的生活世界听任具有形式结构的独立的系统的摆布"，其主要表现为经济或技术官僚的压力粗暴地侵入了亲密关系和社会交往的自然形式，并使它们扭曲变形。在此，哈贝马斯的观点又与黑格尔的看法形成鲜明对比：前文已经介绍，在黑格尔看来，市民社会所表现出来的问题并非由外部造成，而是源于自身内部所具有的界限——市民社会内部的排他主义的对抗性；而哈贝马斯却不这样认为，在他看来，市民社会的困境并非源于自身，而是由外部的侵袭所造成。哈贝马斯以市民社会（生活世界）/系统（政治＋经济）作为分析市民社会的基本框架之后，更是明

[①] ［德］哈贝马斯：《公共领域的结构转型》，曹卫东、刘北成等译，学林出版社1999年版，第21页。

确将市民社会的困境归因于系统入侵生活世界所引起的"生活世界的殖民化"（colonization of the lifeworld）。

哈贝马斯认为，"生活世界"构成了我们的意义世界和文化区间，它是靠日常语言组织起来的，"是社会的普通成员为了通过协商而顺利地进行日常生活、与他人互动并最终创建和维持社会关系而使用的技巧、能力和知识的储存库"[①]，其主要功能在于社会文化再生产。"价值共同体的团结以及社会化个体的能力，同文化上根深蒂固的背景知识一样，都属于生活世界的组成部分"[②]，生活世界的结构一般具有三个部分，即文化、社会与个性。在《交往行动理论》第二卷中，他明确说道："我把文化称为知识储存，当交往参与者相互关于一个世界上的某种事物获得理解时，他们就按照知识储存来加以解释。我把社会称为合法的秩序，交往参与者通过这些合法的秩序，把他们的成员调节为社会集团，并从而巩固联合。我把个性理解为使一个主体在语言能力和行动能力方面具有的权限，就是说，使一个主体能够参与理解过程，并从而能论断自己的同一性。"[③] 在他看来，生活世界诸要素的表现形态各不相同，文化知识以符号形式体现在使用对象和技术中、格言和理论中、书籍和文献中以及行为中；社会表现为制度化的秩序、法律规范以及由规范调整的实践和应用；个性结构则表现为人的组织基础。生活世界的组成部分虽然在一个多功能的语言边界内发生了分化，但它们之间并无差等，彼此之间紧密联系在一起，"社会化了的个人，若无法在通过文化传统表达的、通过合法秩序而稳定的相互承认关系中找到支持，就不可能作为主体而维持自己。……文化、社会和人格互为前提"[④]。另外，生活世界概念也抛弃了一个由部分组成的整体的观念，换言之，生活世界绝不是一个众多成员所从属的大组织，不是由众多个人结成一体的联盟或社团，更不是由众隶属分子组成的集体。生活世界深深地依赖于它的组成要素，对它来说文化、社会与个性具有相同的重要价值，"生活世界对文化信念和合法秩序源泉的依

[①] ［英］安德鲁·埃德加：《哈贝马斯：关键概念》，杨礼银、朱松峰译，江苏人民出版社2008年版，第101页。

[②] ［德］于尔根·哈贝马斯：《现代性的哲学话语》，曹卫东译，译林出版社2011年版，第249页。

[③] ［德］尤尔根·哈贝马斯：《交往行动理论》第二卷，洪佩郁、蔺青译，重庆出版社1994年版，第189页。

[④] ［德］哈贝马斯：《在事实与规范之间》，童世骏译，生活·读书·新知三联书店2011年版，第97页。

赖，不亚于它对社会化了的个体之认同的依靠"①。

而所谓"系统"指的则是社会的政治管理和经济，它并不像生活世界那样是靠日常语言组织起来的，而是以权力和货币为中介而被组织的。"从系统的角度来看，我们所要讨论的主题是控制机制和偶然性范围的扩张"②，系统将工具理性视为自身的运行规则，以社会控制能力的提高为衡量标准，发挥着社会物质再生产的功能。与阿多诺、霍克海默等法兰克福学派的前辈不同，哈贝马斯并不敌视工具理性本身及其逻辑系统——国家（权力）与市场经济（货币）；他也不像马克斯·韦伯那样认为货币与权力的控制机制必然导致社会的效率化和秩序化的铁笼社会。恰恰相反，他甚至认为，在一个现代社会里，系统的运用是必需的，而且在某种程度上的确也是非常有益的，因为它确保了社会不可或缺的物质再生产。

需要指出的是，受卢曼等的系统理论以及普遍语用学的影响，哈贝马斯对系统与生活世界作了明确的区分，然而，在其看来我们不能把社会仅仅看作系统，也不能把社会仅仅看作生活世界，毋宁说社会既是一个系统同时又是一个生活世界。"从社会之外的观察者的角度来看，社会就是一个系统，而从社会中的行动者的角度来看，社会就是生活世界。"③ 但是，一如交往行为优先于工具性行为，生活世界也优先于系统，系统必须以生活世界的检验为基础，社会福祉取决于系统与生活世界之间这种至关重要的平衡。

二 生活世界殖民化及其表现

哈贝马斯虽然承认系统履行着重要且十分必要的社会功能，同时强调生活世界优先于系统，然而，他却又清醒地意识到自主化的工具性行为子系统（经济和行政管理）的绝对命令，愈来愈深地侵入生活世界和个人生活空间。系统对生活世界与生俱来的殖民倾向已经打破了二者之间的平衡，它日益侵占生活世界的三个紧密联系的构成要素——文化、社会和个性，并造成诸多社会病症。

---

① ［德］哈贝马斯：《在事实与规范之间》，童世骏译，生活·读书·新知三联书店2011年版，第97页。
② ［德］尤尔根·哈贝马斯：《合法化危机》，刘北成、曹卫东译，上海人民出版社2009年版，第6页。
③ 王晓升：《哈贝马斯的现代性社会理论》，社会科学文献出版社2006年版，第12页。

第二章 哈贝马斯对黑格尔市民社会理论的批判与超越

首先，主宰系统的工具理性应用到越来越多的日常生活领域，使得曾经依循自身路径的事物开始屈服于以更大控制和增加利润为目标的系统管理，而人类自身也难以逃脱此种客观化和控制的意志的影响。

盛行于经济领域中的以利润为目的的资本主义生产逻辑开始弥漫于人类生活的各个领域，强烈冲击着作为生产者的个体的自我评价标准与兴趣：他们对效率、实用性、经济增长等的热衷逐渐取代生活世界中诸如游戏、自我实现的兴趣；个体已完全臣服于交换原则的支配之下，总是乐此不疲地试图用工资、职业、生产能力、市场价值或交换价值等可衡量、可计算的客观性价值估量自己。资本主义竞争机制的普遍化更是使人彻底沦为资本的附庸和"顺民"，"个性萎缩"、独立人格日益丧失，人们日益沦为一种毫无个性并且可以任意替换的具有交换价值的商品却毫无察觉。另一方面，资本主义企业与广告等商业媒体相勾连，无孔不入地渗透到社会消费领域的各个角落，"一个人只要有了闲暇的时间，就不得不接受文化制造商提供给他的产品"[1]。那些所谓的"文化制造商"将每个人都视为潜在的消费者或所谓抽象的"购买力"，并将消费者对象化、图示化，深入细致地调查、统计人们的年龄、性别、消费习惯、消费好恶等，并对这些加以仔细的分析研究，其目的并不是真正满足人们的需求，而是试图有目的、有计划地操纵、引导甚至生产人们的需要。个体日益沦为一种具有统一化和规范化功能的大众消费类型。人们的真正需求逐渐被企业与广告等商业媒体合谋描绘的消费需求所淹没，并不断受到怂恿去满足这些"预先形成的"需要以表现自己的购买能力。这样，所谓的"购买能力"也逐渐进入个体的自我评价体系，人们不由自主地陷入了市场的控制，完全堕入商品拜物教的魔咒之下。更可怕的是，一如法兰克福学派的另一位代表马尔库塞所言，"个体花钱得到的物品和服务控制了他们的需要，僵化了他们的机能。在交换能丰富个体的生活所需的商品时，个体所付出的不仅仅是他们的劳动，而且还有他们的自由的时间"[2]，人们不仅无法支配自己的工作时间，现在甚至连被马克思视

---

[1] ［德］马克斯·霍克海默、［德］西奥多·阿道尔诺：《启蒙辩证法》，渠敬东、曹卫东译，上海人民出版社2006年版，第111页。

[2] ［美］赫伯特·马尔库塞：《爱欲与文明》，黄勇、薛民译，上海译文出版社1987年版，第70页。

为人类解放的重要条件——工作之外闲暇的自由时间也受到商品魔咒的侵占，逐渐失去其解放的意义。现在人们总是忙忙碌碌，无暇考虑自己的真正需要，甚至也已经丧失了对自身需求的反思能力，逐渐以系统所追求的模式来定义自己的需求和愿望，成为商品交换的顺从奴隶。

在日常生活领域，疯狂扩张的官僚权力机构将人置于严密的控制与监督之下，"在资本主义发展过程中，政治系统的范围不仅推进到了经济系统中，而且也推进到了社会文化系统中"①，个人的自由空间不断被蚕食。受霍克海默和阿多诺"文化工业论"的影响，哈贝马斯特别揭露了大众文化传媒与政治权力相勾结，沦为政治推销工具这一事实。他指出在晚期资本主义社会，政党为了获得选票和推行自己的政策，"认识到有必要使用与广告施加的消费选择压力相似的宣传方式来影响投票选择"②，在这一认识的驱动下，一种新的产业——"政治推销业"——出现了。广告作为现代大众传媒的重要功能，并没有局限于经济上的商品推销，而且也延伸到了政治上的政策甚至于制度的推销。这样，现代国家变得越来越注重所谓的"宣传工作"，并试图以此来迷惑、操纵乃至控制人们的思想，而对于真正聆听、满足公民的需求和愿望却越来越无动于衷；人们与国家之间的距离也越来越大，一如匈牙利哲学家乔治·卢卡奇指出的那样，"在官僚政治中被物化的人，就连他的那些本来能促使他起来反抗物化的机能也被物化、被机械化、被变为商品。甚至他的思想、感情等等也被物化了"③，他们由所谓"文化批判的公众"变为"文化消费的大众"，日益丧失了自己的批判力和反抗精神，对关系自身利益的政治事务变得越来越没有兴趣、越来越淡漠，仅仅满足于成为政治管理和服务的被动消费者，却无心对自己关心的问题发表看法、进行讨论。

哈贝马斯不无痛心地指出："顽强的个体有反抗的力量，纯属过去自由主义时代的残渣余孽……永远都占据主导地位的社会化模式把国家和经济的功能命令从制度层面转移到了个性结构当中。"④ 正是在货币与权力两大子系统的共同

---

① [德] 尤尔根·哈贝马斯：《合法化危机》，刘北成、曹卫东译，上海人民出版社2009年版，第54页。
② [德] 哈贝马斯：《公共领域的结构转型》，曹卫东、刘北成等译，学林出版社1999年版，第249页。
③ [匈] 卢卡奇：《历史与阶级意识》，杜章智、任立、燕宏远译，商务印书馆1996年版，第257页。
④ [德] 尤尔根·哈贝马斯：《后民族结构》，曹卫东译，上海人民出版社2002年版，第188页。

作用下，个体成了垄断企业和他们的国家实施管理的对象，系统所遵循的逻辑原则对个体的行为活动产生深重的影响，人们被训练去采取一种工具的和客观化的态度来对待自己的心灵和情感生活，不愿积极参与到与自己切身相关的理解、讨论过程之中，两种极端而又矛盾的心理倾向颇为神奇地出现在我们身上：一端是自恋性的操纵、反社会以及其他追求权力的作风；另一端却又是抑郁、焦虑、恐惧和对经济和行政管理命令的盲目顺从。

其次，"生活世界的殖民化"严重损害了人与人之间的关系，社会规范、团结和共同体意识不断受到系统的侵蚀，使得社会秩序愈来愈不稳定，甚至逐渐走向了崩溃。在《1844年经济学哲学手稿》中，马克思在批判资本主义雇佣劳动生产方式的基础上提出了异化劳动的四重规定。马克思指出，在资本主义社会，人在物质生产过程中，不仅生产出和自身对立的产品，而且生产出有权支配自己的人，因此，异化劳动的第四重规定表现为人同人相异化，突出表现为资产者和无产者之间的对立关系。然而，诚如前面指出的那样，在哈贝马斯看来，到了晚期资本主义社会，随着国家对经济的积极干预，劳资双方就工资逐渐达成某种协议，工人的生活待遇得到显著的提高与改善，"阶级关系的趋同化"日益明显。因此，马克思强调的人与人的关系相异化不再突出地表现为资本家与工人之间的异化、对立关系，而是以一种新的崭新形式表现出来。

一方面，"权力"与"货币"两大子系统训练我们以一种工具性和客观化的态度来对待我们自己的需要和情感生活，同时也促使我们以一种工具性和客观化的态度对待他人。具体而言，由于系统命令已经弥漫于社会的各个角落，将人们网罗于自己的魔力之下，人们现在逐渐以工资、薪水、地位影响等可量化的标准来评价自己与他人。有钱和有权的人成为追捧、崇拜的对象，成为话语的权威，在人与人之间只有金钱的或权力的关系，情感的、道德的东西已经不起作用了。人们并不试图去了解他人丰富的内心世界，也没有意愿去感受他人的人格魅力，人们的行动被精确计算与全面控制的因素引导着。这样，如果说从前社会等级结构实实在在地存在于社会之中的话，那么，现在这种等级结构则幻化为一种等级意识潜存于人们的心目之中，构成了人们之间交往的内心偏见。这不仅严重妨碍了我们向他人表达自己的需要和主观感受，同时也妨碍了我们对他人的理解能力。

另一方面,"权力"与"货币"两大系统的支配性统治共同妨碍了以共同性、相互依存和真正对话为特征的交互作用的展开。我们已经不再愿意去向他人敞开自己的心扉,更不愿真正去了解他人,人们之间的交流让位于消费者"交换彼此品味与爱好",让位于政治权力系统与大众传媒合谋为我们打造的话题。人们几乎已经忘记了如何向他人表达自己,更别说去理解他人的意见;人们不知道如何关心、关爱他人,甚至也不知道如何去憎恨。因为在个体心目中,其所面对的他人似乎只是一些潜在的竞争对手,似乎只是能够控制和操纵的客体、物、对象,而不是应该与自己平等交流以求达成一致和相互理解的同类人。这样,我们也就不会真正去聆听他人的需要,也无须费力去向他人表达自己的需求,对他人需要的满足已经不再作为自己的目的,而成为实现自己目的的手段。人与人之间充满人情味的对话关系已经消失,并彻底异化为一种互相利用、相互竞争的法律与金钱关系;人与人之间日渐疏远与疏离,"生活世界"中占主导地位的"社会整合"也彻底让位于以金钱和权力为媒介的"系统整合"。

最后,"生活世界的殖民化"扰乱了文化知识和价值的传递与批判,"意义"作为一种稀有资源现在变得更加稀缺,最终韦伯所谓的"意义的丧失"在当今世界已经变得不可避免。韦伯在对现代性特征分析之后得出的诊断之一便是"意义的丧失",在其看来,现代生活的各个领域如政治、经济、科学、道德、法律、艺术等,在合理化进程中愈益获得相对的自主性,导致各种价值之间不可避免的冲突与斗争,理性本身裂变为一个价值多元状态,理性自身的普遍性受到前所未有的破坏,它已经不能为人类的生存提供深层的价值和意义。这就是现代社会"意义的丧失"。因此,从韦伯的观点看,"意义的丧失"是生活世界合理化的直接结果。哈贝马斯则从交往范式出发,提出生活世界的理性化过程不能直接导致"意义的丧失","意义的丧失"是系统对生活世界侵入的产物。

在哈贝马斯看来,生活世界是社会意义的守护者、理解的基础,支撑着交往行为,"对于理解过程而言,生活世界既构成了一个语境,又提供了资源"[①];同时,当每一次成功的交往行为发生时,达成的共识都会对生活世界予以积极

---

① [德]于尔根·哈贝马斯:《现代性的哲学话语》,曹卫东译,译林出版社2011年版,第349页。

的回馈与补充。因此，一方面生活世界使人与人之间的对话交往及理解共识的达成变为可能，"生活世界构成一个视域，同时预先提供了文化自明性，由此，交往参与者在解释过程中可以获得共识的解释模式"[1]；另一方面，交往行为又用其共识成果滋养、丰富着生活世界，使其源源不断地发挥着文化再生产的功能。然而，由于经济和行政系统对生活世界的侵入日益加剧，系统活动所遵循的工具理性成为一种弥漫于社会的支配性的力量。哈贝马斯一方面继承霍克海默的观点，指出工具理性是一种自我捍卫的工具，"维护自我的观念是一种使主观理性（工具理性）变得荒谬的原则，因为，对于超越了自我关注的事物的思考被剥夺了一切的合理性"[2]，人们仅仅关心可以为自己带来利益、带来好处的事物，对于超越性意义的思考与追求已经日益远离我们的生活，这必然造成现代人的精神迷失与道德堕落；另一方面，哈贝马斯又将维系文化再生产的日常交往活动与体现工具理性的工具性行为相区别，指出工具理性的要害在于："它把问题本身的合理性变成了解决问题的程序、方法和手段的合理性，把一件事在内容上是否正确的判断变成了对一种解决方法是否正确的判断。"[3] 它总是把诸多复杂的现象简化为可以用规则来处理的"典型案例"，却对探究事物本身是否合理的交往行为加以抑制，"工具理性的扩张总是试图贬低涉及文化再生产和意义建构的论证和理解活动的价值"[4]，这严重妨碍了作为生活世界意义源泉的交往行为共识成果的产生。正是在这两方面的作用下，我们不仅丧失了思考、追求意义的兴趣，而且人们之间对于意义的探讨也似乎成为一种无意义的事情而被人们尽量回避。

生活世界的各个组成部分（文化、社会、个性）虽然都拥有自己的自我再生产形式，但是，它们的自我再生产同时又必须依赖其他两个部分的再生产来维系：个人同一性的实现依赖于共同体的团结以及自身所处的文化传统；同时，具有活力的传统以及共同体又依赖于它们是否能促进新的个人同一性的形成，并让这些个体保持对自身的忠诚。这样，系统对生活世界某一构成部分的侵入，

---

[1] ［德］于尔根·哈贝马斯：《现代性的哲学话语》，曹卫东译，译林出版社2011年版，第349页。
[2] ［德］尤尔根·哈贝马斯：《交往行为理论》第一卷，曹卫东译，上海人民出版社2004年版，第331页。
[3] 章国锋：《关于一个公正世界的"乌托邦"构想》，山东人民出版社2001年版，第14页。
[4] Tod Sloan, *Damaged Life*, Routledge, 1996, p.63.

也必然会影响到生活世界的其他两个构成部分,阻碍其他两个部分的再生产进程。

由以上分析我们发现,在哈贝马斯看来,市民社会的困境完全是外部侵蚀(即"生活世界"受到系统殖民)的结果,系统无论是从整体上或是从某一构成部分上对生活世界施以殖民侵蚀,都将深深威胁到生活世界的再生产进程。"自主化的工具性行为子系统(经济和行政管理)的绝对命令,愈来愈深地侵入生活世界和个人生活空间,日益明显的法律化和官僚化倾向强制性地将人置于目的性行为规则(金钱和权力的攫取)的统治之下,从而使以相互理解为宗旨的语言调节机制失去任何作用"①。系统对生活世界的侵入与控制愈来愈窒息着我们的生活与交往,摆脱系统的殖民控制,恢复业已遭到破坏的生活世界的合理结构已经成为迫在眉睫、不得不正视和解决的问题。

第五节 走出市民社会的困境

一 交往理性的推出

在黑格尔的市民社会理论中,市民社会的困境源于自身的局限(以市场的功能缺口为原型),因此,仅凭自身力量无法走出市民社会的困境,必须依靠外部的力量——国家来对市民社会加以全面地引导与干预。哈贝马斯并不赞成黑格尔借助国家的力量来解决市民社会(生活世界)的困境,在其看来,生活世界的病症源于系统对生活世界的殖民化,我们不能天真地寄希望于系统大发慈悲,放弃对生活世界的入侵与控制。这样,走出市民社会困境的根本可能就只能存在于生活世界对系统的反抗潜力中,其路径在于通过体现交往理性之交往行为重新建构生活世界,"生活世界的核心结构自身依靠的是相应的再生产过程,反之,再生产过程也是因为有了交往行为的贡献才'成为可能'"②。

哈贝马斯批判韦伯、霍克海默和阿多诺等人仅仅在工具行为中把握理性并由此将理性仅仅归结为工具理性的做法,指出:"20 世纪的形而上学批判将理

---

① 章国锋:《关于一个公正世界的"乌托邦"构想》,山东人民出版社 2001 年版,第 112 页。
② [德]于尔根·哈贝马斯:《现代性的哲学话语》,曹卫东译,译林出版社 2011 年版,第 387 页。

性作为完全负面的东西,一种绝对压制的力量加以贬斥是毫无根据的。我们必须把理性视为一切言和行的主体,在生产、生活、交往和思维活动中的根本原则和态度。没有这种根本原则和态度,一切都将陷入混乱,一切都将无法得到合理的解释。"[1] 将现代性所标示的理性仅仅理解为工具理性,必然会陷于"理性化的吊诡"的两难困境,即理性化一方面增加了个人的自主性,同时却透过科层官僚的支配而塑造出冷酷的制度性胁迫,人被束缚在官僚机器之中,泯灭了情感与精神价值,丧失了自主性与创造性。哈贝马斯进而指出这些人之所以把理性归结为工具理性,是因为他们完全忽略了在人与人之间通过语言而展开的交往行为中所具有的交往理性。为了克服近代哲学中片面的理性概念,重拾被人们忽略的交往理性,哈贝马斯赋予《交往行为理论》这部著作如下任务:"在日常实践自身中,在交往理性被压制、被扭曲和被摧毁之处,发现这种理性的顽强的声音。"[2] 在他看来,"工具理性是被资本主义的惟功利原则'异化'了的理性,它仅仅着眼于'利益关系',即把是否能为人带来利益视为唯一的衡量尺度"[3]。而理性绝不能还原为技术原则,也绝不能等同于工具理性,理性的实际运用应当是一个交互的活动,而在人的日常交往实践中起作用的正是交往理性。

在早期书写的《认识与兴趣》一书中,哈贝马斯将交往理性与人在相互理解和交流中所具有的认识兴趣联系起来,交往理性往往被视为在自然科学中被运用的工具理性的补充。在其成熟时期的著作中,交往理性成为焦点。[4] 交往理性"是建立在言语有效性基础上的理性潜能的体现"[5],是"具有言语能力和行为能力的主体的基本品质"[6],它隐含于人类的言语结构之中,是所有人都具有的基本能力的运用,即使生活世界殖民化了,人们之间的交往也不会完全是目的——工具行为,人们之间也必然存在着相互理解的交往行为。由此我们可以说,交往理性是摒弃意识哲学中绝对主体的理性概念,经由主体性到主体间性范式转换建构的具体理性。同时,交往理性也可以被用来反思、质疑和修正通

---

[1] 章国锋:《哈贝马斯访谈录》,《外国文学评论》2000年第1期。
[2] 章国锋:《关于一个公正世界的"乌托邦"构想》,山东人民出版社2001年版,第24页。
[3] 章国锋:《关于一个公正世界的"乌托邦"构想》,山东人民出版社2001年版,第24页。
[4] [英]安德鲁·埃德加:《哈贝马斯:关键概念》,杨礼银、朱松峰译,江苏人民出版社2008年版,第25—26页。
[5] [德]于尔根·哈贝马斯:《现代性的哲学话语》,曹卫东译,译林出版社2011年版,第367页。
[6] [德]于尔根·哈贝马斯:《现代性的哲学话语》,曹卫东译,译林出版社2011年版,第366页。

常用来引导我们日常交往的、被视为理所当然的规范。社会规范的建构应该是主体间在相互理解所达成的共识的基础上实现的，一个理性社会应该按交往理性的要求，以协调、规范公共领域、私人领域与系统的关系。由此我们可以发现，在成熟时期的著作中，哈贝马斯不再将交往理性视为工具理性的补充，而是将工具理性包容在交往理性之中，并赋予交往理性以弥合理性、对抗工具理性的使命。因此，"交往理性"概念的提出，可视为对理性被扭曲为认知——工具理性的有力反驳。

二 交往行为对生活世界的修复

前文已经介绍，生活世界是由文化、社会以及个性三个要素构成，"价值共同体的团结以及社会化个体的能力，同文化上根深蒂固的背景假设一样，都属于生活世界的组成部分"①。以交往理性为基础的交往行为正是通过对文化、社会、个性三个要素予以修复和改善，实现了恢复和重建生活世界这一目标，"在理解的职能方面，交往的行动服务于文化知识的传播和更新；在行动合法化方面，交往的行动服务于社会统一和联合的形成；最后在社会化方面，交往行动服务于个人同一性的形成"②。

首先，交往理性所达成的理解服务于文化知识的传播、保存和更新，满足了生活世界中文化再生产的需要。交往行为是以语言为媒介、以理解为目的的对话行为。一方面，"交往行动者总是在他们的生活世界的视野内运动；他们不能脱离这种视野"③，交往的参与者在相互之间达成对共同境遇的理解时，他们总是按照自身的知识储存（一定的文化传统）来加以解释，"我们发现自己处在生活历史的复合体中，处在同时代的人之中，处在我们从我们的先辈那里继承下来、并将遗传给我们的后代的传统之中……传统教给我们的日常知识，使我们具备了对处在我们直接和潜在视野中的人和事进行阐释的能力"④；同时，只

---

① ［德］于尔根·哈贝马斯：《现代性的哲学话语》，曹卫东译，译林出版社2011年版，第349页。
② ［德］尤尔根·哈贝马斯：《交往行动理论》第二卷，洪佩郁、蔺青译，重庆出版社1994年版，第188—189页。
③ ［德］尤尔根·哈贝马斯：《交往行动理论》第二卷，洪佩郁、蔺青译，重庆出版社1994年版，第174页。
④ 章国锋：《关于一个公正世界的"乌托邦"构想》，山东人民出版社2001年版，第121页。

有在生活世界构成的背景知识下，交往参与者才具有对话的基础，理解才成为一种可能，"在交往行动中，生活世界以一种直接的确定性包围着我们"①，因此，妥善继承和保存已有的文化传统是交往活动得以顺利进行的内在要求。另一方面，在交往活动中，交往参与者不是仅仅面对一些既存的文化传统，他们还必然会遇到许多新的状况、新的问题，这些新状况、新问题持续不断地考验着文化传统的有效性，"经验和矛盾，不确定性和批评所造成的持续不安，在日常生活实践中撞击着公认的意义模式、忠诚和技能构成的绵延不断、坚不可破和根深蒂固的岩石"②。新经验、新矛盾、新问题不断对文化传统加以"世界的检验"，通过此种检验，既存的文化传统得到更合理的调整。而且，这些新的状况希望得到人们的解释与理解，对新状况的认识与解释以及达成的相互理解逐渐沉积、积淀为新的文化知识，如此则会大大促进文化知识的不断更新。

其次，交往行为协调了人与人之间的互动关系，服务并满足了社会整合与群体团结的需要。哈贝马斯指出，"在交往行动概念那里，一种以理解为取向的语言运用的语内行动约束力取得了协调行动的重要作用"③，"语言的约束力如果要为协调行动计划的目的而动员起来，参与者就必须悬置观察者和直接以成功为取向的行动者所持的客观化态度，而采取将与第二个人就世界上某物达成理解的说话者的施为性态度"④。在以语言为媒介的交往行动中，语言向想要运用语言的约束能量的主体施加语用限制，使得他们"克服掉了最初的有限的主观观念"，走出以成功为取向的主体的自我中心与妄自尊大。"一旦我们按照上述方式把有意识的社会联系理解成为交往为中介的联系，我们所面对的就不再是一种没有肉身的、超感觉的、全知全能的、可以说是超越情境而行动的本质，而是有限的、有血有肉的、在具体生活形式中社会化的、在历史时间和社会空间中占据特定位置的、交织进交往行动网络之中的行动者。这种行动者在各自

---

① ［德］哈贝马斯：《在事实与规范之间》，童世骏译，生活·读书·新知三联书店2011年版，第27页。
② ［德］哈贝马斯：《在事实与规范之间》，童世骏译，生活·读书·新知三联书店2011年版，第27页。
③ ［德］哈贝马斯：《在事实与规范之间》，童世骏译，生活·读书·新知三联书店2011年版，第11页。
④ ［德］哈贝马斯：《在事实与规范之间》，童世骏译，生活·读书·新知三联书店2011年版，第22页。

情境中进行具有可错性的诠释，因此必须汲取其生活世界中那些他们不能随意处置的资源。"① 行动参与者开始发觉自己并不是全知全能、可以随心所欲地认识、控制事物和他人的认知主体或行为主体，而是有限的并且常常犯错的行动者。为了降低这种"可错性"，我们必须以一种更加谦逊、积极的态度去对待他人、对待生活，"采取将与第二个人就世界上某物达成理解的说话者的施为性态度"，积极寻求与他人的对话与合作。换言之，他人不是我们依靠权力、金钱、地位施以影响的对象，而是和我们一样有血有肉、有情感、拥有自身自主性的主体。

语言的语内约束能量不仅改变了我们对待他人的态度，同时也制约着作为社会整合以及群体团结之共识性规范的达成，"一旦言语行动的语内行动力量承担协调行动的作用，语言本身将表现为是社会整合的首要源泉"②。哈贝马斯区分了商谈与谈判两种语言互动模式，指出"在合理商谈中，在有关信息基础上发挥作用的仅仅是更好论据的强制力量"③。在商谈中，发挥作用的仅仅是语言的语内约束能量，其指向的是一种"无强制的同意"。换言之，在商谈中，话语发挥其"非强制的一体化力量和共识力量"，它使得共识或同意的达成并不依靠"赤裸裸的暴力"或任何外在的强制，而是依赖于所谓"更好论据所产生的说服力"，"用理由来说服人"。谈判则不同，它所诉诸的谈判力一旦被引入互动之中，这种力量就会剥夺共同使用的语言的语内约束能量，并把语言的使用局限于通过精心的算计、周详的策略，甚至威逼利诱的方式达成"语后行动效果"，"进行谈判是为了迫使或诱使对手接受自己的主张而参加交往。为实现这个目的，谈判者依赖于那些必须在会议之外实施的威胁和许诺。谈判力并不来自'更好的理由的力量'，而来自物质资源、人力等等"④。由此可见，商谈原则追求的是一种"无强制的同意"，它只能间接地发生效力，商谈所达成的共识"是

---

① ［德］哈贝马斯：《在事实与规范之间》，童世骏译，生活·读书·新知三联书店 2011 年版，第 399—400 页。
② ［德］哈贝马斯：《在事实与规范之间》，童世骏译，生活·读书·新知三联书店 2011 年版，第 22 页。
③ ［德］哈贝马斯：《在事实与规范之间》，童世骏译，生活·读书·新知三联书店 2011 年版，第 126—127 页。
④ ［德］哈贝马斯：《在事实与规范之间》，童世骏译，生活·读书·新知三联书店 2011 年版，第 203 页。

建立在以同样方式使所有各方确信的理由之上的",而商谈过程中的妥协也是可以被各方出于各自不同的理由所接受的。一旦交往行为者相互之间就客观世界、共同的社会世界或各自所特有的主观世界中的事物达成共识,他们就与世界建立起了某种关联,他们之间也形成了一定的联系,而且,一种基于共识的、被交往行为参与者普遍接受的社会规范也随之产生。如此则保证了一种力求实现人与人之间真正的、没有外力强制的互动合作——社会整合——的顺利展开,人们之间的真正团结也由之得以实现。

最后,体现交往理性的交往行为使得行为者社会化,并促成个人独有特质的形成,满足了个体人格结构形成的需要。"只有当我们融入这种社会环境,我们才能使自己成为有行为能力的个体,并通过社会监督机制的内化,获得自觉地认同或抗拒被普遍视为合法的期待的能力。"[1] 哈贝马斯认为,一旦贯穿生活世界的交往行为取得了优势,就可以从根本上改变主体看待自我的客观化视角,"语言互动参与者的这种立场也使得主体与自身的关系不同于观察者面对世界中的实体所采取的纯粹客观化的立场……一旦用言语建立起来的主体间性获得了优势……自我就处于一种人际关系当中,从而使得他能够从他者的视角出发与作为互动参与者的自我建立联系。而且,从参与者视角所做出的反思避免了客观化,而观察者视角即便已经具有反思性,也会导致客观化"[2]。主体不再用对待客观世界中的事物时所采取的"纯粹客观化的立场"来看待自身,不再以一种衡量外在事物的客观标准来规范自身,而是以一种更为体己的方式将自己视为一个有限的、有血有肉的、交织进交往行动网络之中的活生生的人。主体重新开始注重倾听、反思自我的真实需求与愿望,并愈来愈理性地对待客观世界、文化传统、社会规范以及自己内心的主观世界。

通过语言之间的人际交往不仅改变了主体看待自我的方式,同时也促进了自我的个性化与社会化的实现。"个体的人只有作为某个特殊语言共同体的成员,融入一个主体间共同承担的生活世界,才能成为有语言和行为能力的主体。在交往的教化过程中,个人和集体同时获得其同一性。由于人称代词系统的使用,从社会化互动的并以相互理解为目的的语言运用中,产生了一种促使人个

---

[1] 章国锋:《关于一个公正世界的"乌托邦"构想》,山东人民出版社2001年版,第43页。
[2] [德]于尔根·哈贝马斯:《现代性的哲学话语》,曹卫东译,译林出版社2011年版,第348页。

性化的力量；通过日常语言的同一媒介，促使人社会化的主体间性也同时显现出来。"① 哈贝马斯接受米德"从别人身上认识自己"的思想，指出"一个人是从别人的反应中习得自己的行为，即在别人对自己行为的解释中理解自己的"。② 个人不能再仅仅通过孤芳自赏式地对自我生活史的反思来实现形成个性的强烈要求；相反，他必须通过与他人的交往来调整并修正自己，从而形成自己既有别于他人又不完全脱离他人的独特个性。另外，在哈贝马斯看来，在语言的媒介中，个性化与社会化是同步发生的。自我的社会化是一个把外在的社会规范内化为个体人格的过程，其突出表现为一个将惩罚的权威内化的过程。通过把外在的权威内化，外在强制性的权威就被内在规范性的权威所取代。哈贝马斯指出，米德所谓"泛化的他人"（generalized other）就是这种内在的规范性权威。然而，哈贝马斯并不认为这一社会规范内化的过程意味着盲目地、无原则地被动接受社会规范，"'泛化的他人'的权威不同于那种仅仅以运用惩罚手段为基础的权威，这是因为，它依赖于赞同"③。与那种近乎自虐式的接受社会规范不同，"泛化的他人"依赖于赞同，意味着我们对社会规范具有反思、质疑的权利与能力。人们对社会规范加以反思，一方面因"赞同"将其内化为自己的人格结构；另一方面，社会规范在个人的社会化过程中，由于交往理性的反思与质疑得到不断的调整与修正。人们正是在这种与他人的社会互动中，逐渐成长起来，形成自己独立的人格，具备理性的判断、讨论能力和意愿，成为所谓"具有责任能力的理性行为者"——"就按理性行为的人而言，他必须乐于将自身置于各种批评之下，如果需要，他也应该适当地参与讨论"。④

总之，在哈贝马斯看来，"生活世界是交往行为培育的结果"，"生活世界的各个部分，如文化模式、合法制度以及个性结构等，是贯穿在交往行为中的理解过程、协调行为以及社会化过程的浓缩和积淀"。⑤ 通过贯穿于交往行为中的理解过程、社会统一和社会化过程，可以顽强地抵抗系统（权力与经济）对生

---

① 章国锋：《关于一个公正世界的"乌托邦"构想》，山东人民出版社2001年版，第44页。
② 章国锋：《关于一个公正世界的"乌托邦"构想》，山东人民出版社2001年版，第44页。
③ [德]哈贝马斯：《交往行动理论》第二卷，洪佩郁、蔺青译，重庆出版社1994年版，第51页。
④ Jürgen Habermas, *The Theory of Communicative Action*, Vol. 1, Beacon, 1981, p. 18.
⑤ [德]于尔根·哈贝马斯：《后形而上学思想》，曹卫东、付德根译，译林出版社2001年版，第82页。

活世界的入侵，并重新唤起生活世界的勃勃生机；人们之间相互理解的条件因摆脱系统的控制而得到改善，从而使目的行动仍然被确立在生活世界所规定的制度范围之中，生活世界的优先地位也将会重新得到恢复。

第六节 小结

哈贝马斯通过体现"交往理性"之交往行为，使生活世界得以摆脱系统殖民的困境而全面合理化，由此也为我们指向了一种摒弃一切强制和压迫、取消一切差异（权力、财富、地位、受教育程度等）的所谓"理想的话语状态"或"理想的交往共同体"。这样也为其前期的"公共领域"找到了更加合理和深厚的基础，"这种能形成共鸣的、自主的公共领域，又取决于它根植于市民社会的社团之中、身处于自由主义的政治文化类型和社会化类型之中——一句话，取决于一种合理的生活世界与其呼应"①。与此同时，也进一步实现了对公共领域概念的修正与重构，"公共领域最好被描述为一个关于内容、观点、也就是意见的交往网络；在那里，交往之流被以一种特定方式加以过滤和综合，从而成为根据特定议题集束而成的公共意见或舆论"②。此种理解也为我们道出了哈贝马斯极力主张的话语民主的真义：话语民主要求诉诸生活世界的深厚理性基础，动员市民社会中的公众积极参与交往、讨论，并通过公共领域这一"非专用的但具有全社会敏感性的传感器"表达政治诉求，形成对系统扩张殖民的有力抵御。可以说，哈贝马斯对市民社会的持续关注，正是为了实现话语的民主、平等和自由，并以此解决资本主义社会的固有矛盾，克服困扰资本主义的重重危机。然而，他不再像黑格尔那样试图通过将社会委身于国家的干预控制之下，以解决社会的种种危机，而是本着"社会问题，社会自己解决"的精神，通过生活世界的合理化实现社会的自治与自愈，最终达成社会改良的目的。

在《在事实与规范之间》一书中，哈贝马斯对市民社会概念的历史转变做

---

① ［德］哈贝马斯：《在事实与规范之间》，童世骏译，生活·读书·新知三联书店2011年版，第443页。

② ［德］哈贝马斯：《在事实与规范之间》，童世骏译，生活·读书·新知三联书店2011年版，第445页。

出如下的概括:"市民社会的概念经历了一个重大的变化:起先是一切授予自由、使得自由成为可能的条件的总和,在这些条件下众个人有意地结成团体,并将社会过程置于其共同控制之下;后来,它则变成了一个实行匿名统治的系统,这个系统独立于无意识地结成社会的众个人的意向而自成一体,只服从它自己的逻辑,并使整个社会隶属于它那用经济学来解读的自我稳定迫令。"① 在其看来,市民社会曾经是"一切授予自由、使得自由成为可能的条件的总和",然而,自亚当·斯密和大卫·李嘉图开始,一种用政治经济学的概念来把握市民社会的阐释方式逐渐盛行,它把市民社会理解为一个由匿名的规则性(即自由市场的规则)所支配的商品交换和社会劳动领域。此种理解方式被黑格尔继承和发展,他以市场为思考原型,将这个领域命名为"需要的体系"。马克思的市民社会理论亦循着这一理解方式。然而,在哈贝马斯看来,"在这个体系中,个体被剥夺了一切实在的自由"②。他一直试图改变用政治经济学的概念来把握市民社会的做法,或者说一直试图摆脱从经济维度理解市民社会的观点,他用"交往范式"取代"劳动范式",强调市民社会的社会文化内涵,而将经济成分从市民社会概念中剔除了出去,这样不仅恢复了市民社会"授予自由、使得自由成为可能"的能力,同时又明确将市民社会视为抵御经济与权力扩张的最有力屏障,经济与权力系统的合法性源于市民社会所奠定的理想的规范性基础。

然而,诚如丹麦学者 Bent Flyvbjery 所言:"哈贝马斯方案的基本弱点在于,它在理想与现实之间、意图及其实现手段之间缺乏协调……他向我们描绘了交往理性所能达到的理想乌托邦境地,但并未告知我们如何才能达到那种境地。"③ 的确,和黑格尔一样,哈贝马斯十分看重市民社会自身的独立性,尤其是独立于政治权力的特征,并试图为话语的纯粹使用,分析寻找出普遍而又必需的社

---

① [德]哈贝马斯:《在事实与规范之间》,童世骏译,生活·读书·新知三联书店2011年版,第56—57页。

② 哈贝马斯对黑格尔的评价有失公允,黑格尔虽然明显受到亚当·斯密和大卫·李嘉图等政治经济学家的影响,基于资本主义市场来阐释市民社会。但是,他仍十分强调市民社会对自由的促进作用,指出在市民社会中,个人可以自由地追求自己的特殊利益,同时,市民社会作为一个独立于国家的社会领域,客观上也抵御了政治权力的蔓延与扩张,为自由争取到难得的空间。

③ Bent Flyvbjery, "Habermas and Foucault: Thinkers for Civil Society", *Brit. jnl. of Sociology Volume*, No. 49, Issue 2, 1998.

会条件。因此,他突出了市民社会的文化维度,将其理解为排除权力和暴力的"理想的交往共同体"。虽然他看到了现实中系统对生活世界的殖民,却并未详加考察系统对生活世界的殖民方式,或用法国哲学家福柯的话来说,就是没有分析权力的运作方式。Bent Flyvbjery 指出:"对权力的忽视是令人遗憾的,因为恰恰是通过对权力的关注,使我们可以实现更大程度的民主。如果我们的目标是从统治(domination)转向哈贝马斯的理想——自由、更大程度的民主、一个强有力的市民社会——那么,我们的首要任务就不是去了解交往理性的乌托邦,而是去了解权力的实际状况。"[1] 一个富有生命力的市民社会或市民社会理论,不应该采取一种"独善其身"的乌托邦方式将权力排除在自身之外,而应该将"权力"纳入市民社会的研究中,在深入理解现实权力的运行方式的基础上,才能真正建构起一个富有现实生命力的市民社会。因此,在这里,我们必须转向研究米歇尔·福柯的著述,因为他堪称当代对现实权力的运作了解最深刻、分析最到位的"微观权力分析大师"。

---

[1] Bent Flyvbjery,"Habermas and Foucault: Thinkers for Civil Society",*Brit. jnl. of Sociology Volume*,No. 49,Issue 2,1998.

第三章　微观权力视域下的市民社会研究转型

第一节　福柯对传统权力观的批判

一　批判权力理论的法权模式与经济学模式

米歇尔·福柯是西方社会一位空前绝后的知识分子，堪称我们这个时代最负盛名也最具影响力的思想家之一。由于行为乖张、思想特立独行、独具一格，他又被人评价为"令人无从捉摸的人物"。① 然而，正是这样一位令人难以捉摸的人物，他的著作却受到人们的无比热捧，"在近二十年中，福柯的作品和理论不仅被诸如文化研究、历史、文学、性别研究、后殖民主义研究、社会学和哲学等领域的学者和学生所接受和应用，也被诸如医药、公共卫生、社会工作与福利、法律、经济学、工商管理、犯罪学和监狱管理、传播、教育、建筑、艺术、新闻、计算、公共关系以及生态学等专业人员所采纳"②。福柯的影响施及学生、哲学家、历史学家、律师等，甚至连囚犯们也曾在牢房中读他的《监禁与惩罚》。德勒兹曾如是说道："我认为福柯的思想是现代最伟大的哲学之一。"哈贝马斯也承认："在我们这一辈人中，他的影响是最为深远的。"③ 甚至有西方学者认为："我们的思想所以能进入现代状态，那应归功于他。我们还应该承认，我们所以能走向成熟，也完全在于他的恩泽。"④

---

① ［美］德赖弗斯、保罗·拉比诺：《超越结构主义与解释学》，张建超、张静译，光明日报出版社1992年版，第2页。
② ［澳］J. 丹纳赫、T. 斯奇拉托、J. 韦伯：《理解福柯》，刘瑾译，百花文艺出版社2002年版，第4页。
③ 汪民安：《西方文化关键词：福柯》，《外国文学》2010年第3期。
④ ［英］阿兰·谢里登：《求真意志——米歇尔·福柯的心路历程》，尚志英、许林译，上海人民出版社1997年版，第1页。

第三章 微观权力视域下的市民社会研究转型

福柯的思想博大精深,涉及哲学、历史学、心理分析等多个领域,然而,最受世人关注、影响最为深远的则是他那独特的权力理论,"身为一个横跨结构主义与后结构主义的思想家,福柯之所以能在此一时代中占有一席之地,关键即在于其对权力图像的描绘"[①]。从20世纪70年代初起,福柯就试图重新思考现代权力的本质,之后,权力问题一直贯穿于他的各项研究之中,成为他学术研究的母题。作为尼采的忠实信徒,福柯曾经说过:"尼采对哲学的主要贡献是权力关系"[②],但他同时又慨叹道:"直到19世纪,我们才开始明白剥削的本质;然而直到今天,我们还未能全面地理解权力的本质。"[③] 他指出,在西方历史上,对权力的阐释存在着两种主流模式,即法权模式(juridical model)和经济学模式(economistic model),此两种模式都因为包含着陈腐错误的假设而未能真正全面理解权力的本质。

权力理论的法权模式主要流行于18世纪的契约论哲学家之中。福柯指出:"在经典的法权理论中,权力被视为一种权利,人们像拥有财产一样拥有它,因此可以全部或部分地通过法律行为或建立法律的行为来转移和让渡(过程发生的瞬间),这属于占有或契约的范畴。权力具体地是每个个人拥有的,他将它全部或部分让渡出来从而建立一个政治权力,即政治统治权。政治权力建立在这个系列之中,在这个我作为参照的理论整体中,按照契约转让范畴的法律运作模式来进行。"[④] 在这一模式中,个人被设想为自然权利或原始权力的主体,而权力则是某种具体的权力,我们可以像拥有或支配财产一样拥有和支配它,也可以把它部分或整体地进行移交和转让。权力的部分或总体的转让使政治权力或主权得以确立,而主权或政治权力又必须按照法律而运行,它是在法律的规范下实施的,这样就使得法律成为权力最根本的表现。

福柯认为,法权模式实质上是将权力与法律或宪法,或者国家和国家机器联系起来,在其看来,这必然导致把"权力的问题贫困化":法权模式将权力视为

[①] 周志豪:《权力结构及其运作:庄子与傅柯之比较》,硕士学位论文,台湾政治大学,2003年,第118页。
[②] [法]福柯:《福柯集》,杜小真编选,上海远东出版社1998年版,第282页。
[③] [美]斯蒂文·贝斯特、道格拉斯·凯尔纳:《后现代理论——批判性的质疑》,张志斌译,中央编译出版社1999年版,第63页。
[④] [法]米歇尔·福柯:《必须保卫社会》,钱翰译,上海人民出版社2010年版,第10页。

"特定的权力",其假定权力总是被某一(或某些)主体所拥有,这将会使得"人们仍然倾向于一种由法律理论家和君主制所描绘的权力—法律、权力—君权的形象"①。如此,我们则会尴尬地发现,国王的头颅虽然在现实政治中早已被砍掉,但是,在政治思想和政治分析中,人们一直没有砍去国王的头颅,因为法律作为君主意志的表达,作为君权形象最直接的表现,总是通过变换其形式而占据着政治思想分析,尤其是权力理论的中心位置。"在权力理论中,人们还是认为有关法律与暴力、合法与非法、意志与自由、国家与君权(即使主权不再作为君主个人所有,而是作为一种集体的存在受到质疑)的问题是重要的。从这些问题出发来思考权力,就是从当今社会特有的一种历史形式——法律的君主制——出发来思考它们。"②换言之,主权模式仍然囿于用君主—臣民的法律图式来分析权力——"一边是作为立法者的权力,另一边是驯服的臣民"③,这样就会造成"有人能够站在这台机器(指权力机器——引者注)之外单独对它进行操纵,权力就会与这个人同一"④这样的结果。这样一来,我们又回到了本该尘封于历史的君主形式的权力。鉴于法权模式所导致的"权力问题的贫困化",福柯强调"人们必须建立起一种不再以法律为模型和法则的权力分析",⑤而作为一位"微型权力专家",福柯一直试图通过对权力的微观分析"砍去理论王国中的国王的头颅",摆脱法律和君权在权力分析中的理论特权。

需要指出的是,福柯对权力理论的法权模式的排斥,并不是否定君主权力或法律权力在历史上的存在。事实上,在《规训与惩罚》一书的第一章"犯人的肉体"中,福柯就为我们详细描绘了作为君主权力之展现的恐怖的死刑场面;而对于法律权力,福柯更是指出"法律体系,这是刑罚的古代形式,从中世纪一直沿用到 17 世纪和 18 世纪"⑥,甚至一直到现代,它还发挥着无比巨大的影响。因此,福柯反对的只是以法律为模型和法则的权力分析方法,而替换此种分析方式的就是所谓的"权力的微观分析"。

---

① [法] 米歇尔·福柯:《性经验史》,佘碧平译,上海人民出版社 2009 年版,第 59 页。
② [法] 米歇尔·福柯:《性经验史》,佘碧平译,上海人民出版社 2009 年版,第 58 页。
③ [法] 米歇尔·福柯:《性经验史》,佘碧平译,上海人民出版社 2009 年版,第 56 页。
④ 包亚明主编:《权力的眼睛——福柯访谈录》,严锋译,上海人民出版社 1997 年版,第 161 页。
⑤ [法] 米歇尔·福柯:《性经验史》,佘碧平译,上海人民出版社 2009 年版,第 59 页。
⑥ [法] 米歇尔·福柯:《安全、领土与人口》,钱翰、陈晓径译,上海人民出版社 2010 年版,第 5 页。

与法权模式不同，福柯指出，马克思主义以还原论的方式将权力归结于单一的经济根源则代表了权力理论的经济学模式。此种模式试图在经济中发现政治权力的存在根由，强调权力的"经济功能性"，即"权力的主要职能是既维持生产关系，又再生产阶级的统治，后两者是由生产力占有的固有形态和发展赋予其可能性的。在这种情形下，政治权力在经济中找到了其历史性的根源"①。

福柯对马克思主义的权力的经济学模式提出了全面的质疑：权力与经济相比总是处于第二位吗？权力总是由经济来最终决定并由经济来规定它的功能吗？权力难道注定用来运转、固定、维持和再生产这个经济的特有关系并服务于它的功能吗？在其看来，马克思主义对权力的经济功能主义理解，并没有摆脱权力分析的法律体系模式。因为马克思主义从经济中探寻政治权力的历史性根源，认为权力专属于经济上占统治地位的统治阶级，这实际上只是用经济上的统治阶级取代了君主，用所谓的经济主体代替了法律主体。另外，马克思主义总是倾向于把权力关系领域等同于国家机关，"在马克思主义那边，它（指权力——引者注）只会透过国家机器（state apparatus）的概念来讨论"②，这样，马克思主义必然会忽略政治权力以外的其他权力关系。总之，长久以来，马克思主义把权力仅仅归结于经济，并试图用以经济划分的阶级统治的普遍叙事来解说一切，权力问题相较于经济议题以及其所服务的利益系统，总是被保留在相对次要的位置，这是对复杂的、多样的权力关系做了过于简化和宏观的处理，而现实的权力关系要远比这复杂得多、丰富得多。

二 对权力"压抑假说"的质疑

福柯发现，在法权模式中，政治权力在交换的程序中，在财产流通的经济中找到了它形式上的模型；而在经济学模式中，政治权力在经济中获得历史性的原因、具体形式的原则和当下的功能。由此不难发现，在上述两种权力分析的模式中存在着某种共同点，这个共同点就是福柯所说的权力理论的"经济主义"。福柯进一步指出，权力理论的"经济主义"实际上基于一种针对权力的"压抑假说"：如在把契约作为政治权力模型的法权模式中，通过契约建立起

---

① [法]米歇尔·福柯：《必须保卫社会》，钱翰译，上海人民出版社2010年版，第11页。
② Michel Foucault, *Power/Knowledge*, New York: Pantheon Books, 1980, p. 115.

的权力,在超出自身时,或者说在超出契约的范围时,有变为压迫的危险,"权力—契约,伴随着作为限制或毋宁说作为跨越限制的压迫"①;而在马克思主义权力的经济学模式中,经济上占统治地位的统治阶级对经济上处于弱势的阶级的压迫,则被视为贯穿于人类历史所有社会形态的普遍现象。福柯指出,权力的压抑说在当代话语中几乎随处可见,"但这毕竟不是当代话语的发明",黑格尔最先提到它,然后是弗洛伊德,其在现代的代表则是最早将弗洛伊德主义与马克思主义结合起来的奥地利精神分析学家威廉·赖希(Wilhelm Reich),为了方便起见,福柯有时也将权力的"压抑假说"称为"赖希假说"。在福柯看来,权力的"压抑假说"基于这样的认识:权力从根本上来说,就是一种压抑,是一种压迫之物;权力压抑自然、压抑本能、压制个人也压制性。在权力的"压抑假说"规定下,权力则表现为如下的特征。

首先,"这是一个资源匮乏、步骤简单、手法单调的权力,它没有创新能力,注定是一直自我重复"②,也就是说权力或者如马克思主义那样将其归结为经济上占统治地位的阶级统治权,或者如18世纪哲学家那样将其归结为法权(福柯指出,这其实关注和讨论的只是马克思主义所谓权力的"上层建筑"或上层建筑的权力),它们总是凭借权利、法律和惩罚来实施。而法律则是一种否定性的思想和技艺,"法律体系的主要功能是确定哪些东西是被禁止的"③,它总是试图精确而明晰地指出什么是要加以避免的,什么是要加以禁止的。这样,将权力理解为压抑之物,则意味着禁令源源不断地反复循环。

其次,"这是一个只会说'不'的权力;它不会生产什么,只会划定界限,本质上是反能量的;这是权力效能的悖论:除了让它压制的对象做它允许的事情外,像它一样,无所事事"④。换言之,权力总是以"禁忌"的形式出现,它规定人们不要接近,不要接触,不要消费,不要体验快感,不要说话,不要……其性质表现为禁止、阻碍、否定和压制,它希望人们通过否定自己而成为"驯服的臣民",它不希望人们的能力得到发展,而是希望它们被人们遗忘、

---

① [法]米歇尔·福柯:《必须保卫社会》,钱翰译,上海人民出版社2010年版,第13页。
② [法]米歇尔·福柯:《性经验史》,佘碧平译,上海人民出版社2009年版,第56页。
③ [法]米歇尔·福柯:《安全、领土与人口》,钱翰、陈晓径译,上海人民出版社2010年版,第36页。
④ [法]米歇尔·福柯:《性经验史》,佘碧平译,上海人民出版社2009年版,第56页。

第三章 微观权力视域下的市民社会研究转型

销声匿迹。此种权力试图造就的是如同沉默羔羊般听话的臣民,"一切统治、服从和驯顺的方法最终都是要达到让对象服从的效果"①,而这些对象、这些臣民所具有的能力的发展则不在它的考虑之内。

最后,"这一权力本质上是以法律为模型,以法律的表述与禁忌的作用为中心的"②,这意味着权力是通过宣布法规来起作用的,它为其施与的对象规定了一个秩序,并将它们纳入一个二元体制之下:合法的与非法的、允许的与禁止的。所有统治、顺从和臣服的方式,在此种模式下,最终都归结为服从的结果。

面对在西方世界大行其道的权力压抑说,面对西方传统的权力观,福柯表现得十分不以为然,在1984年与皮埃尔·博塞涅(Pierre Boncenne)的访谈中他明确表示:"在本世纪60年代,往往把权力定义为一种遏制性的力量:根据当时流行的说法,权力就是禁止或阻止人们做某事。据我看来,权力应该比这个要复杂得多。"③

福柯指出,首先不应该把国家主权、法律形式或统治体系视为权力的"原始的所予","千万不要在某一中心点的原初存在中,在唯一的最高权力中心(其他派生的和次要的权力都是从它衍生出来)中寻找它",④ 这其实是一种"自上而下"的分析权力的方式。此种分析法遵循的是从普遍到特殊的演绎逻辑,将权力说成是存在于某一中心点的"特定的权力",而对权力予以简单化、实体化理解。福柯发现,在当今社会,曾经君主或国家对个人实施的自上而下的统治方式,已经延伸到社会最局部、最地区性的领域。权力在社会肌体的各个层面见缝插针,如"毛细血管"般扩张、渗透在社会肌体最细微、最偏僻的领域。诚如法国学者雅克尼·若琳指出的那样:"对作为唯一和主权形式的权力的存在加以质疑,这个问题并不否认多样的、毛细血管式的'权力关系'的存在。"⑤ 因此福柯认为,必须摆脱"自上而下"的权力分析模式,代之以一种"自下而上"的"向上的分析"。换言之,"与其对权力的研究立足于统治权的法律建筑、国家机器以及随之而来的意识形态方面,不如把对权力的分析指向

---

① [法] 米歇尔·福柯:《性经验史》,余碧平译,上海人民出版社2009年版,第56页。
② [法] 米歇尔·福柯:《性经验史》,余碧平译,上海人民出版社2009年版,第56页。
③ 包亚明主编:《权力的眼睛——福柯访谈录》,严锋译,上海人民出版社1997年版,第27页。
④ [法] 米歇尔·福柯:《性经验史》,余碧平译,上海人民出版社2009年版,第60页。
⑤ [法] 雅克尼·若琳:《米歇尔·福柯对权力的分析》,《同济大学学报》2007年第3期。

统治维度、实际的操作者、奴役程式的具体实施以及最终知识的配置等方面"①，将处于权力机制最末端的统治问题和奴役问题彰显出来，从而取代对处于权力中心的统治权和服从问题的传统关注与执着。这也就是福柯所采用的权力分析法，即权力的微观分析——"在权力的极限，在它的最后一条线上抓住权力，那里它变成了毛细血管的状态"②，从权力最局部、最地区性和最细微的形式与机制入手，"在底层分析权力现象、技术和程序运行的方法；当然还应指出这些程序如何位移、展开和变形，但更应该指出它们怎样被一些整体的现象投资和兼并，以及为什么更普遍的权力或经济利益能够钻进这些既相对自治又无限细微的权力技术的游戏之中"③。

其次，在福柯看来"权力通过个人运行，但不归他们所有"④。传统的权力观总是将人分为两种：拥有权力、独占权力的人和没有权力、服从权力的人。然而事实上，"既不是统治阶级、控制国家机构的集体，也不是手握最重要的经济决策大权的人控制着在社会中起作用的整套权力网络（并且让它起作用）"⑤，权力从未确定位置，换言之，并没有什么所谓的权力的确定主体。权力从不在某些人手中，从不像财产或财富那样被人们据为己有；权力无时无刻不以网络的形式运转着，在这个网络上，个人不仅在流动，而且他们总是既处于服从的地位又同时发号施令、运用着权力。因此，与其说个人是权力的对立面，不如说它是权力最初的结果之一，"肉体、举止、话语和欲望被认定和建构为个人，这正是权力最初的结果之一"⑥。福柯进一步指出："必须去免除构成的主体，去摆脱主体本身，也就是说，去达到一种可以在历史框架下说明主体构成的分析。"⑦ 这样，福柯在权力分析中不仅彻底砍掉了"国王的脑袋"，也进一步向世人宣告了"主体之死"。

最后，在权力的压抑理论背后则是对一种无关于压制、规训以及正常化的权力形态的渴望，它总是沉浸于某种解放的神话之中。换言之，压抑理论必然

---

① 陈殿青：《福柯〈必须保卫社会〉中的权力问题》，《二十一世纪》2005年总第41期。
② [法]米歇尔·福柯：《必须保卫社会》，钱翰译，上海人民出版社2010年版，第23页。
③ [法]米歇尔·福柯：《必须保卫社会》，钱翰译，上海人民出版社2010年版，第23页。
④ [法]米歇尔·福柯：《必须保卫社会》，钱翰译，上海人民出版社2010年版，第22页。
⑤ [法]米歇尔·福柯：《性经验史》，佘碧平译，上海人民出版社2009年版，第62页。
⑥ [法]米歇尔·福柯：《必须保卫社会》，钱翰译，上海人民出版社2010年版，第22页。
⑦ Michel Foucault, *Power/Knowledge*, New York: Pantheon Books, 1980, p. 92.

预设了一个不受压抑、远离权力运作的领域——知识领域,以此来对立于"被滥用的权力"。而所谓"解放",正是以这一象征着真理和自由的知识领域来对抗压抑的权力领域。福柯指出:"哲学家,甚至知识分子们总是努力划一条不可逾越的界线,把象征着真理和自由的知识领域与权力运作的领域分隔开来。"①传统哲学的主题一直存在这样的认识,即真理与自由处于一种原始的亲缘关系之中,而它与权力则并无关联,它外在于权力并与之相对立。然而,他却有一个惊世骇俗的发现,即"在人文科学里,所有门类的知识的发展都与权力的实施密不可分"②,权力与知识不可分割,存在某种共生关系:没有权力便没有知识,没有知识也就没有权力;真理或知识并不外在于权力,或是在权力中缺席。具体而言,"权力关系……不仅对知识起着促进或阻碍的作用;它们也不只满足于恐吓或激励、歪曲或限制它;权力和知识不是唯一由社会利益或意识形态的作用来联结的;因此,问题不在于确定权力如何征服知识并使它终身侍奉,或是确定权力怎样在知识上打下权力的烙印并把意识形态的内容和限制强加于知识。倘若没有本身就是权力的一种形式,并以它的存在和功能与其他形式的权力相联系的传播、记录、积累和置换的系统,那么知识体系便无法完成。反之,假如没有知识的摘要、占用、分配或保留,那么权力也无法发挥作用。在此层面上,……唯有知识/权力的根本形式"③。

鉴于传统权力观从宏观的、总体的框架探讨权力所表现出的不足,福柯大声宣告:"在权力问题上,我们必须抛弃暴力—意识形态对立、所有权观念、契约征服模式;在知识问题上,我们必须抛弃'有利害关系'和'无利害关系'的对立、认识的模式和主体的第一性。"④"我们需要发展一种有关权力关系的'分析学',而不是建立一种权力关系'理论'。"⑤总之,必须与传统权力、知识观作全面的告别,如此才能对权力施以微观的解剖分析,才能一窥权力运作的奥秘。

---

① 包明亚主编:《权力的眼睛——福柯访谈录》,严锋译,上海人民出版社1997年版,第31页。
② 包亚明主编:《权力的眼睛——福柯访谈录》,严锋译,上海人民出版社1997年版,第31页。
③ [英]阿兰·谢里登:《求真意志——米歇尔·福柯的心路历程》,尚志英、许林译,上海人民出版社1997年版,第14—15页。
④ Roger Deacon, *An Analytics of Power Relations*: *Foucault on the History of Discipline*, London: Thousand Oaks, CA and New Delhi, 2002, Vol. 15, No. 1, p. 91.
⑤ Roger Deacon, *An Analytics of Power Relations*: *Foucault on the History of Discipline*, London: Thousand Oaks, CA and New Delhi, 2002, Vol. 15, No. 1, p. 95.

第二节 生命权力之一：对身体的规训

一 规训权力包含的新因素

福柯认为："长期以来，最高权力的典型特权之一就是生杀大权。"[①] 这是一种形式上源自古老"父权"（patria potestas）的"'让'别人死"或"'让'别人活"的权力，换言之，权力首先是获取的权力：获取东西、时间、肉体以及生命本身的权力，"它在为了消灭生命而占有生命的特权中达到了顶点"[②]。借助一种权力的微观分析，他惊奇地发现，从古典时代起，西方世界经历了一次权力机制的深刻变化，"'让'人死或'让'人活的古老权力已经被'让'人活[③]或'不让'人死的权力取代了"[④]，死亡权力日渐成为对一种积极地管理、抬高、增加、具体控制和整体调节生命的权力的补充，权力的主要作用成为培育、管理生命：确保、维护、强化、增加生命和理顺生命的秩序。在福柯看来，主导我们当今社会的政治权力正是这样一种以管理生命为首要任务的所谓"生命权力"（bio-power），自17世纪以来，这一权力就发展出两种主要形式，它们构成了权力发展的两极，其中第一极就是以作为机器的"身体"（body）[⑤]为中心而形成的所谓"规训"（discipline）。

法国启蒙哲学家拉美特利曾提出"人是机器"这一著名命题，在福柯看来，这一命题的提出标志着可解剖的肉体与可操纵的肉体之汇合。人体成为权力机制

[①] 包亚明主编：《权力的眼睛——福柯访谈录》，严锋译，上海人民出版社1997年版，第87页。

[②] ［法］米歇尔·福柯：《性经验史》，佘碧平译，上海人民出版社2009年版，第88页。

[③] 此处需要注意中译本中这句话所具有的模糊性：前半句中的"让人活"与后半句中的"让人活"含义不同，参看本句的英译本译文 the ancient right to take life or let live was replaced by a power to *foster* life or *disallow* it to the point of death（*The History of Sexuality*, trans., by Robert Hurley, New York：Random House, Inc., 1987, p.138.）可知，前半句中的"让人活"指"让别人活或死"，后半句中的则指"培育生命"（foster，英文中用斜体表示特别强调）。结合福柯式权力的"匿名性"特征可知，微观权力的主体不再是传统中高高在上的具有绝对意志的个人，而是一整套生产性措施，从而权力不再是通过惩罚单纯地控制人，而是通过规训将其意志化为人自身的积极实践，原本被控制的对象戏剧性地变为权力的实践者。

[④] ［法］米歇尔·福柯：《性经验史》，佘碧平译，上海人民出版社2009年版，第89页。

[⑤] 在福柯《规训与惩罚》《性经验史》等著作的中译本中，"body"一词一般被翻译为"肉体"。然而，福柯在这些著作中，既强调"body"的有用性（肉体方面），又强调其驯顺性（心理方面），故将"body"译为"肉体"，其"驯顺"的一面则会难以体现。因此笔者将"body"一词译为"身体"，希望能够统摄"body"的肉体与心理两个方面。

专横地干预对象，"人体正在进入一种探究它、打碎它和重新编排它的权力机制。一种'政治解剖学'，也是一种'权力力学'正在诞生"[1]。福柯指出，人体成为权力干预的对象和目标并非史无前例，在任何一个社会里，人体都受到极其严厉的权力的控制。然而与以往不同，在17、18世纪出现的这种围绕个人身体的权力技术包含着若干新的因素。首先是控制的范围。此种新的权力技术是一种支配活动人体的"微分权力"（infinitesimal power），换言之，它们不是将人体视为似乎不可分割的整体来对待，而是个别地、"零敲碎打"地处理人的身体，对它施以微妙的强制，并从身体机制本身——动作、姿势、态度、速度——来掌握它。其次是控制的对象。受到权力技术控制的不再是符号，而是各种力量，包括身体的力量，具体而言，权力技术的对象不是或不再是行为的能指因素或人体语言，而是运动的结构、运动效能、运动的内在组织等等。最后，此种权力技术的控制模式也明显不同于从前。它暗含一种不间断的、持续的强制。它监督着活动的过程而不是结果，并根据尽可能严密地划分时间、空间和活动的编码来进行。总之，这是一些可称作"纪律"的方法，"这些方法使得人们有可能对人体的运作加以精心的控制，不断地征服人体的各种力量，并强加给这些力量以一种驯顺—功利关系"[2]。

凭借这种新的权力技术，在人的身体上，经济与政治实现了最完美的结合。也就是说，纪律使体能脱离了肉体：一方面，从功利的经济角度看，纪律通过把体能变成一种"才能""能力"，通过对人体的各种因素、姿势和行为的精心操纵，增加了人体的力量，提高了人的"能力"和"才能"；另一方面，从服从的政治角度看，纪律又颠倒了体能的生产过程，竭力减弱这些力量，从而试图制造出大量"驯顺的"肉体。换言之，纪律在使人体力量尽量放大的同时，却增强了人们的服从意识，这似乎是一个难以达成的悖论，却被新的权力技术真真切切、奇迹般地实现了。因此，"如果说经济剥削使劳动力与劳动产品分离，那么我们也可以说，规训的强制在肉体中建立了能力增强与支配加剧之间的聚敛联系"[3]。

---

[1] ［法］米歇尔·福柯：《规训与惩罚》，刘北成、杨远婴译，生活·读书·新知三联书店1999年版，第156页。

[2] ［法］米歇尔·福柯：《规训与惩罚》，刘北成、杨远婴译，生活·读书·新知三联书店1999年版，第155页。

[3] ［法］米歇尔·福柯：《规训与惩罚》，刘北成、杨远婴译，生活·读书·新知三联书店1999年版，第156页。

二　规训权力的展开方式

这种针对人的身体的"微分权力",福柯也称之为"规训权力",它在"使人体在变得更有用时也变得更顺从,或者因更顺从而变得更有用"。① 在《规训与惩罚》一书中,福柯不仅天才般地发掘出这一新型的权力形式,而且详细地分析了"规训权力"所运用的、具有自身特色的技术以及这些技术得以实现的手段,从某种意义而言,这才是福柯分析的重点。在其看来,规训权力或纪律的展开主要是通过以下四种方式。

纪律首先从对人的空间分配入手。纪律有时需要封闭的空间,通常,其借助"围墙"规定出一个与众不同的、自我封闭的场所,这是贯彻纪律的保护区。这种自我封闭的场所其原型是基督教的修道院模式,此种模式逐渐被学校、监狱、兵营吸收,并随着资本主义经济的确立与发展得以进一步完全释放,表现为在我们身边随处可见的、大面积的、单纯而明确的工业空间——厂房、车间等。然而,"'封闭'原则在规训机制中既不是永恒的,也不是不可或缺的,而且不能满足需要。这种机制是以一种更灵活、更细致的方式利用空间"②。规训权力进一步依据单元定位或分割原则,将每一个人都安置在自己的位置上,同时,每一个位置都有一个人。纪律的此种安置并不是一种漫无目的的安排,而是一种制止人员流失、遏制人员的四处流动以及消除冗集的颇费心思的策略。此种策略最初见之于监狱,但是,在大工业崭露头角之时,它却带来了意想不到的结果:一方面,生产过程被无限分割,这是与劳动分工相伴而生的进程;另一方面却又造成了劳动力的个人片面化发展,也即马尔库塞所谓"单面人"的产生。纪律又是一种"等级排列艺术",它将属于某一特定团体的个人与其他个体区别开来,如将学生从工人中区别出来,又如将官员阶级与其他阶级区别开来。这也是一种改变安排的技术,它通过定位来区别对待各个肉体,与之前的分割安置策略不同,这种定位并不给它们一个固定的位置,而是使它们在一

---

① [法]米歇尔·福柯:《规训与惩罚》,刘北成、杨远婴译,生活·读书·新知三联书店1999年版,第156页。
② [法]米歇尔·福柯:《规训与惩罚》,刘北成、杨远婴译,生活·读书·新知三联书店1999年版,第162页。

个关系网络中分布和流动。正是通过对人的空间的精心安排，人们被遍布于自身周围的无数看得见与看不见的围墙小心地分割、封闭了起来。此种空间的安排"既提供了固定的位置，又允许循环流动。它们划分出各个部分，建立起运作联系。它们标示出场所（位置）和价值"①。福柯将这种空间的安排称为制定"活物表"（tableaxvivants），也即将无益或有害的乌合之众变成有秩序的多元体的运作。而制定"表格"正是18世纪科学的、政治的和经济的技术所面临的重大问题之一，可见，"表格既是一种权力技术，又是一种知识规则"②。这样，一种权力与知识的相伴而生的关系通过福柯的分析，渐渐浮现在人们的面前。

其次，除了对人的空间做出精心安排之外，规训权力对人体的活动也做了精心的设定与控制。"规训权力的特征之一就是试图从身体中抽取'时间和劳动'而不是'财富与商品'的倾向"③，从身体中抽取"时间"的主要方式之一就是对人体活动加以严格的控制。在规训权力看来，身体不仅具有可分解的"单元性"，而且也具有自然的"有机性"，换言之，身体是一个"自然的肉体、力的载体、时间的载体"。面对这样一个自然"有机的"身体，权力放弃了传统消极的、"禁止游惰"的原则，转而采用一种更为积极的机制，"它提出了在理论上时间可以不断强化使用的原则，更确切地说是榨取而不是使用"④，它竭力从时间中提取更有用的时段，并从每个时段中获取更有用的力量。为了将身体塑造为一个钟表式的"活动构成"（composition of actions），一系列"操练"强加于人们的身体之上：1. 制定时间表，其严格的模式由修道会提供，随之出现在学校、工厂和医院中，主要方式是制定节奏、安排活动、调节重复周期；2. 动作的时间性规定，如在行军过程中对步伐的长度、所用时长的规定；3. 竭力造成一种身体的位置与姿势的最佳联系，如书写时对位置与姿势的要求；4. 规定身体与其操纵对象之间的关系，这是一个对身体进行"工具符码化"的过程，它

---

① ［法］米歇尔·福柯：《规训与惩罚》，刘北成、杨远婴译，生活·读书·新知三联书店1999年版，第167页。
② ［法］米歇尔·福柯：《规训与惩罚》，刘北成、杨远婴译，生活·读书·新知三联书店1999年版，第168页。
③ Alec McHoul and Wendy Grace, *Foucault Primer: Discourse, Power and subject*, London: Routledge, 1993, p. 69.
④ ［法］米歇尔·福柯：《规训与惩罚》，刘北成、杨远婴译，生活·读书·新知三联书店1999年版，第174页。

把身体活动分解为两个平行的系列：被使用的身体的各部位系列（左手、右手、手指、眼睛等）和被操纵对象的各部位系列（如枪击训练中使用枪械的柄槽、枪托、扳机、瞄准镜等），这两个系列通过姿势、活动联系在一起，由此，"权力造就出一种肉体—武器、肉体—工具、肉体—机器复合"①。这样，如果说工具是我们"身体的延长"的话，那么，正是权力的粗暴干预与精心运作，才使二者啮合得更紧，让身体成为机器，机器也成为我们的身体，直至我们难以对它们做出清晰的分辨与区分。正是通过将时间渗透进对身体的控制，通过一种不无细致的内在安排，人们日渐逼近一个"使人保持最高效和最大效率的理想极限"。

再次，纪律还涉及对训练环节和阶段的安排，福柯称此为"创生的筹划"。这是一种用于控制每一个人的时间的新技术，致力于"调节时间、肉体和精力的关系，保证时段的积累，致力于利润的持续增长或最大限度地使用稍纵即逝的时间"②。这也是一种与教学实践直接相关的技术。规训权力将学习过程（时间）划分成各自独立的不同阶段，并细致入微地详细确定每一阶段（时间片断）的持续时间、教学大纲，每个阶段都以考核作为结束，同时一个阶段的结束则又意味着新的阶段的开始。福柯指出，这些规训方法揭示了一种被连续整合的线性时间，它总是趋向于一个稳定的终点，简言之，"这是一个'进化的'时间"③。事实上，与这种"进化的"时间相关联的正是所谓社会的进步与个人在"创生"意义上的进化——"18世纪的两大发现"。在福柯看来，通过将个人学习的进程划分为不同的阶段，通过使人的行为趋向某种极限，权力就可以不断地对个人做出考核与评价——"或者从他与这种极限的关系，或者从他与其他人的关系，或者从他与某种行动计划的关系做出评价"④。这样，权力在每一时刻都可以对人进行细致的观察、监控和有规律的干预（区分、矫正、惩罚、消

---

① [法]米歇尔·福柯：《规训与惩罚》，刘北成、杨远婴译，生活·读书·新知三联书店1999年版，第173页。
② [法]米歇尔·福柯：《规训与惩罚》，刘北成、杨远婴译，生活·读书·新知三联书店1999年版，第177页。
③ [法]米歇尔·福柯：《规训与惩罚》，刘北成、杨远婴译，生活·读书·新知三联书店1999年版，第180页。
④ [法]米歇尔·福柯：《规训与惩罚》，刘北成、杨远婴译，生活·读书·新知三联书店1999年版，第181页。

除），又可以根据每个人在系列中达到的水准区分进而教育、使用每个人，还有可能重新发现在最终结果中被整合与被证明有用的时间与活动，从而表明一个人的最终能力。因此，它不仅将人与人区分开来，同时将每个人完整的生命进程粗暴地划分为不同阶段、不同时期，并借助连续性和强制性形式确保了某种发展、某种观察和某种资格的实现。这样，个人被粗暴地纳入一种"进化的"线性时间序列之中，人的成长必须符合此种"创生"意义上的进化，必须达到纪律为其设定的目标，否则将会被证明是不符合标准、没有达到要求，如同一件不合格的产品面临的将是被社会无情的淘汰，而整个社群追求拯救的努力也变成了被排列名次的个人之间的、集体的持久的竞争。

最后，纪律对各基本构成要素实行普遍的协调组合，以期达到最大的效果。福柯将此形象地称为"以具有可分因素的几何学为原则的机制"，以此区别于靠增加其密集程度来增强力量的所谓"以活动或静止的密集队形为基础的机制"。不难看出，这是一种源于军事战术的对力量加以编排的技术。第一，它的实施需要将单个肉体变成一种可以被安置、移动及与其他肉体结合的因素，在此我们也不难发现资本主义"交换原则"的身影，而福柯发现这一原则不仅出现在人的经济活动领域，在学校、军队甚至是医院无不闪现着它的魅影；第二，各种年龄系列也应该成为机制的部件，这实际上源于这样一种认识：人生的不同时刻表现出不同的力量与特征，只要懂得如何分析每一时刻并将它与其他时刻结合起来，就能在人生的每一时刻源源不尽地榨取出力量；第三，这种力量的精细结合必须有一个精确的命令系统，人的身体被置于一个小小的信号世界，其全部活动都通过简明的命令来表示和维系，每个信号都联系着一个必须做出的反应。由此我们发现，纪律不再仅仅是一种分散肉体，从肉体中榨取时间和积累时间的艺术，同时也是把单个力量组织起来，使单个肉体与其他肉体相结合，形成某种最佳的组合方式，以期获得更大的力量、更高的效率的机制。

总之，规训权力或纪律与传统的封锁、封闭、只会说"不"的否定性的消极权力机制不同，它是一种把个人既视为操练对象又视为操练工具的积极的、生产性的技术，并以其四种展开方式造就了四种不同的个体，确切地说是一具有四种特点的个体：由空间分配方法造成的"单元性"；通过对活动的编码控制形成的"有机性"；借助时间的积累所产生的"创生性"；以及凭借对力量的组合所造成的"组合性"。这样,无数既驯顺又有力的所谓"被规训的大众"被规训权力的四种技术——制定图表、规定活动、实施操练以及为了达到力量的组合而安排的"战术"造就了出来,他们被安置在社会的各个角落不声不响地发挥着自己的力量。福柯指出,权力所造就的既驯服又有用的"被规训的大众"满足了资本主义发展的需要,它所取得的这些成功应归因于使用了简单的手段:层级监视、规范化裁决以及它们在该权力特有的程序——检查——中的组合。如果缺乏这些简单的手段,权力所取得的成功必将大打折扣,甚至趋于失败。

三 规训的手段

福柯发现,规训权力需要通过严格的监视来实施,"监视的技术能够诱发出权力的效应",任何一个目光都将成为权力整体运作的一部分,完美的规训机构应能使一切都一目了然。与传统君权所具有的明显的可见性、展示性、仪式性不同,规训权力不再试图表现自己,其颇为低调地退出舞台的中央,却又总是希望能照亮一切、洞察一切,将一切都细致无遗地表现出来。"完美的规训机构应能使一切都一目了然。中心点应该既是照亮一切的光源,又是一切需要被了解的事情的汇聚点,应该是一只洞察一切的眼睛,又是一个所有的目光都转向这里的中心。"[1]与此同时,它又小心地躲闪着所有的目光,费尽心机将自己默默地隐藏起来。福柯指出,自从古典时代用以观察人群的"监视站"形成之后,监视技巧被广泛运用,在军营、在工厂、在学校、在医院……遍布着不同的监视点。在工厂中,监视成为一个决定性的经济活动因素,成为生产机构中的一个组成部分;而在学校,监督的细节甚至被明文规定、明确要求。层级监视的广泛运用也影响了人们对建筑物的设计要求,"一个建筑物不再仅仅是为了被人观赏(如宫殿的浮华)或是为了观看外面的空间(如堡垒的设计),而是为了便于对内进行清晰而细致的控制——使建筑里的人一举一动都彰明显著"[2]。通过监视和观看,个人行为不断被对象化、被观察、被记录、被铭写,而且这种

---

[1] [法]米歇尔·福柯:《规训与惩罚》,刘北成、杨远婴译,生活·读书·新知三联书店1999年版,第197页。

[2] [法]米歇尔·福柯:《规训与惩罚》,刘北成、杨远婴译,生活·读书·新知三联书店1999年版,第195页。

第三章 微观权力视域下的市民社会研究转型

监视又是持续的、分层的、切实的,也是无处躲避的,它构成一种"复杂的、自动的、匿名的权力"。此种监视是毫不掩饰的,因为它无所不在,无时不警醒着,它没有留下任何晦暗不明之处,甚至负有监督任务的人员也无时不在监视之下;同时它又是绝对"审慎"的,因为它始终基本上是在低调的沉默中发挥作用。正是由于有了这种监视技术,权力"物理学"对肉体的控制变得不那么"肉体性","这是一种更微妙的'物理'权力"——它遵循的只是中性的光学和力学的法则。

与监视一样并且与监视一起,规范化裁决成为规训权力的另一重要手段。"在一切规训系统的核心都有一个小型处罚机制。它享有某种司法特权,有自己的法律,自己规定的罪行、特殊的审判形式。纪律确定了一种'内部处罚'。"①这种"内部处罚"出现在工厂、学校、军队,分割了法律所不染指的领域,其涉及时间(迟到、缺席、中断)、活动(心不在焉、疏忽)、行为(失礼、不服从)、言语(聊天、傲慢)、肉体("不正确的"姿势、不整洁)以及性(不道德、不庄重),等等。这样,每个人都陷入一个动辄得咎的惩罚网络之中,而他们受到惩罚的理由就是"不规范",即不符合准则、偏离规则。需要指出的是,规训惩罚并不是一种对践踏法律的报复,它明确地指向对所谓"不规范"的矫正。它试图简单规划出某一介于好与坏两个等级之间的领域,对这一领域进行量化,并将一切行为都置于这一可被量化的领域之中,每个人都似乎成为这一领域的某一刻度,这样就可以详细标示出差距,划分出品质、技巧和能力的等级。正是通过这种"赋予价值"的度量,规训权力造成一种必须整齐划一的压力,所谓"不规范者"要么被排除在外,要么努力使自己符合"规范",因此,"从某种意义上,规范化力量是强求一律的"②。福柯对此种"强求一律"趋势的揭露无疑进一步发展和充实了德国哲学家阿多诺的"同一化"思想:如果说阿多诺从"交换原则"支配下看到了人的"同一化"趋势的话,那么福柯则从权力技术的角度,进一步为我们揭示了"同一化"的展开方式及其运用的技术手段。相

---

① [法]米歇尔·福柯:《规训与惩罚》,刘北成、杨远婴译,生活·读书·新知三联书店1999年版,第201页。
② [法]米歇尔·福柯:《规训与惩罚》,刘北成、杨远婴译,生活·读书·新知三联书店1999年版,第207页。

较于阿多诺，福柯的揭露方式则更为直接、更为清晰，也更为触目惊心。

层级监视的技术与规范化裁决的技术通过检查结合了起来，由此，检查也成为规训权力的第三个手段。福柯指出，检查"是一种追求规范化的目光，一种能够导致定性、分类和惩罚的监视。它确定了个人的能见度，由此人们可以区分和判断个人"①。检查把权力的仪式、实验的形式、力量的部署、真理的确立都融为一体。首先，检查把可见状态转化为权力的行使。在传统中，权力是可见的、可展示之物，然而，"规训权力是通过自己的不可见性来施展的。同时，它却把一种被迫可见原则强加给它的对象"②。这样，君主难得的可见状态变成臣民必不可免的可见状态，事实上，正是由于被规训的人能够被看见和能够被随时看见，不仅保证了权力的顺利行使，也使得他们总是处于受支配的地位。其次，检查把个体引入文件领域。检查不仅仅满足于"看"，还试图"书写"、记录，各种档案、卷宗、文牍不断地增加、膨胀，而且日益美化。人的个人特征、个人发育、个人能力都被纳入书写的网络之中，"它使人们陷入一大批文件中。这些文件俘获了人们，限定了人们"③。通过书写，一个明晰的比较体系被仔细地建构了出来，这样，个人的特征不仅一目了然，人与人之间的差异也表露无遗。为了缩小与他人的差距，每个人都试图无限地接近某个"标准"、某个"规范"，由此，进一步加深了个人的"同质化"与"规范化"。最后，由各种文牍技术所包围的检查把每个人变成一个"个案"，这是一个"个人化"的过程。长期以来，被注视、被观察、被详细描述、被书写是一种特权，普通的个性一直不能进入描述的领域。规训方法颠倒了这种关系，降低了可描述个性的标准，"在一个规训制度中，儿童比成年人更个人化，病人比健康人更个人化，疯人和罪犯比正常人和守法者更个人化"④。由于每一个人都成为一个"个案"并以此作为自己的身份标志，对力量加以部署已经不再需要详加接触、考

---

① [法] 米歇尔·福柯：《规训与惩罚》，刘北成、杨远婴译，生活·读书·新知三联书店 1999 年版，第 208 页。

② [法] 米歇尔·福柯：《规训与惩罚》，刘北成、杨远婴译，生活·读书·新知三联书店 1999 年版，第 211 页。

③ [法] 米歇尔·福柯：《规训与惩罚》，刘北成、杨远婴译，生活·读书·新知三联书店 1999 年版，第 212 页。

④ [法] 米歇尔·福柯：《规训与惩罚》，刘北成、杨远婴译，生活·读书·新知三联书店 1999 年版，第 216 页。

察个人的能力，而只须翻出各类文件，阅读参考"个案"就行了。总之，检查结合了层级监视与规范化裁决两种技术，它使得对个人的监督、控制，对各种力量的部署变得更加快捷、简便。

四 规训权力的形象——全景敞视建筑

福柯指出，层级监视、规范化裁决以及检查等手段虽然简便易行，但是，它们一开始主要被应用在一些特定的、割裂的、相对封闭的地方——兵营、学校和工厂。随着边沁"全景敞视建筑"（Panopticon）这一建筑学形象的横空出世，权力的分布格局发生了巨大的变化。全景敞视建筑构造的原理十分简单：中间是一座瞭望塔，其四周是一个环形建筑。"瞭望塔有一圈大窗户，对着环形建筑。环形建筑被分成许多小囚室，每个囚室都贯穿建筑物的横切面。各囚室都有两个窗户，一个对着里面，与塔的窗户相对，另一个对着外面，能使光亮从囚室的一端照到另一端。然后，所需要做的就是在中心瞭望塔安排一名监督者，在每个囚室里关进一个疯人或一个病人、一个罪犯、一个工人、一个学生。通过逆光效果，人们可以从瞭望塔的与光源恰好相反的角度，观察四周囚室里被囚禁者的小人影。这些囚室就像是许多小笼子、小舞台。在里面，每个演员都是茕茕孑立，各具特色并历历在目。敞视建筑机制在安排空间单位时，使之可以被随时观看和一眼辨认。"[①] 此种建筑设计使权力更为经济有效，它能减少行使权力的人数，同时又增加了受权力支配的人数，使他们持续处于权力的监视之下。而且，由于权力又是"无法确知的"，也就是说，被囚禁者在囚室中不能看到监督者的任何影子，这样，即使监督者并不在瞭望塔之上，也能产生人心惶惶的监视效果，并造成一种人们自我监督、自我压制、自我规训的效果，"一种虚构的关系自动地产生出一种真实的征服"[②]。

全景敞视监狱还可作为一个实验室发挥作用，它可以被当作一个进行试验、改造行为、规训人的机构，如可以用来试验药品，观察其效果；可以根据犯人

---

① ［法］米歇尔·福柯：《规训与惩罚》，刘北成、杨远婴译，生活·读书·新知三联书店1999年版，第224页。
② ［法］米歇尔·福柯：《规训与惩罚》，刘北成、杨远婴译，生活·读书·新知三联书店1999年版，第227页。

的罪行和特点，试验不同的惩罚方式，寻找最有效的改造方法；可以同时教不同的工人学会不同的技术，以确定并选择最佳技术。全景敞视建筑作为实验机构，其目的在于加强社会力量——增加生产、发展经济、传播教育，提高道德水准，使社会力量得到增强，因此，它有一种明显的"增益作用"。

福柯发现，"凡是与一群人打交道而又要给每个人规定一项任务或一种特殊的行为方式时，就可以使用全景敞视模式"①。正是由于全景敞视模式的普遍化功能，它不仅使任何权力机构都强化了，而且使规训机制不断扩展、延伸，如同毛细血管般渗透到社会机体的各个角落，深入日常生活的细枝末节，任何细微的活动都受到密切地监视，任何微小的情况都被不厌其烦地记录下来。权力根据一种连续的等级机制统一地运作着，"每一个人都被不断地探找、检查和分类，划入活人、病人或死人的范畴"②。权力被根深蒂固地植入每个人的身体之中，身体成为"权力的微缩模型"，其带来的后果是身体的个人化与规范化。换言之，规训通过监视、训练等一系列技术，将人群分解为一个个孤立的个体，个人的身体顺应规训机制的要求，变得更加驯顺、配合、灵巧和强壮，同时也明确了自己应当做些什么，我们的社会也由此成为一个名副其实的"规训社会"。

第三节 生命权力之二：对人口的调节

一 人口问题的突显

福柯指出，除了针对身体的规训权力技术外，在 18 世纪下半叶又出现了权力的另一种技术，其运用对象不再是人的身体，而是人的生命，或者说，它不是针对肉体的人，而是活着的人，至少是针对类别的人。"惩罚试图支配人的群体，以使这个人群可以且应当分解为个体，被监视、被训练、被利用，并有可能被惩罚的个体。而这个新建立起来的技术也针对人的群体，但不是使他们归结为肉体，而是相反，使人群组成整体的大众，这个大众受到生命特有的整体

---

① [法] 米歇尔·福柯：《规训与惩罚》，刘北成、杨远婴译，生活·读书·新知三联书店 1999 年版，第 231 页。
② [法] 米歇尔·福柯：《规训与惩罚》，刘北成、杨远婴译，生活·读书·新知三联书店 1999 年版，第 221 页。

过程，如出生、死亡、生产、疾病等等的影响。"① 因此，如果说规训权力技术是以肉体的个人化为模式，并通过纪律（discipline）在人—肉体的方向上完成的话，那么，这一新的权力形式，则是朝向大众化，通过所谓治理（government）在人—类别的方向上完成。福柯进一步指出，如果说与规训权力相伴的是一种肉体人的"解剖政治学"（anatomo-politique）的话，那么，与此种新型权力技术相生的则是所谓人口的"生命政治学"（biololitique）。

"生命政治学"的诞生标志着生命进入了历史，换言之，人类的生命现象进入了知识和权力的秩序之中，进入了政治技术的领域。福柯发现生命与历史的初次接触并不是从当代开始；相反，生物因素对历史因素的压力一直萦绕于人类数千年的历史中，而且极其强烈。起初，这是一种受死亡威胁支配的关系，流行病和饥荒构成其两大极富戏剧性的形式。然而，随着18世纪的经济（特别是农业）获得长足的发展，财富与产品的增长远远快于它所促进的人口增长，从而缓解了死亡对人的威胁，尤其是到了法国大革命时期，"死亡从此不再直接威胁生命了"。国家不再将自己关注的目光仅仅投向人口的数量，而是日益发现增强其权力与影响的主要方式乃是提升人口的健康、道德、繁殖力以及态度，人口的质量问题受到前所未有地关注，"人口不再仅仅是表明统治者力量的标志，而且是国家和统治者力量的源泉"②。生命从"死亡的任意性"中解脱出来，人们不再从生命的否定意义来考虑生命，而是开始关注生命的肯定意义，关注生命的能力与力量。生命本身的重要性日渐增强，并被人们广泛地认识和接受，其结果是：一方面，生命的各种可能性、个人的和集体的健康、生存的各种条件等有关生存的问题成为知识思考的对象，各种人类科学应运而生；另一方面，权力不再通过死亡威胁生命（在传统权力—法律模式中，死亡是对法律主体的最高控制，"法律最拿手的武器就是死亡"），而是开始关注生命的各个过程，并且着手去控制和改变它们，"它不再让死亡在最高权力范围内起作用，而是把生命纳入一个有价值的和实用的领域之中。这样一种权力需要加以规定、估量、评价和等级化，而不是应该表现

---

① ［法］米歇尔·福柯：《必须保卫社会》，钱翰译，上海人民出版社2010年版，第186页。
② ［法］米歇尔·福柯：《安全、领土与人口》，钱翰、陈晓径译，上海人民出版社2010年版，第55页。

在杀人活动中"①。人类的生命现象成为"权力—知识"（power‑knowledge）关注的对象和目标，人口问题逐渐成为国家的核心问题。

二 牧领权力与"羊群"隐喻

面对人口这一全新课题，权力不再主要以法律的禁止面目出现，也不再表现为细致入微地规定（规训），而是将自己理解为一种针对人口的调节机制，一种通过人和东西的行动、迁移、流通的自由来运转的调节。福柯发现，此种以对生命的肯定意义的关注、以对人口之调节为特征的"生命政治"，首先可以追溯至希伯来文化中牧人和羊群的隐喻：牧人肩负着拯救羊群的责任，一方面，他必须提供给羊群足够的食物，把它们引领到丰美的草场。另一方面，他还须对每只羊有彻底地了解，看护母羊，使她不受痛苦；寻找迷途的羊；照看受伤的羊。牧羊人的权力（或牧领权力）在一种保护的责任和义务中表现出来，因此，这一权力整体上的特征就是善意，"其唯一的理据就是行善，为了行善"②。

希伯来文化中的这种充满善意的牧领权力被基督教接纳、吸收和改造，发展为一种以救赎为目标，在实践中贯彻着审查、忏悔、引导和顺从的权力技术。基督教的牧领权力与其希伯来原型形成鲜明对比：在希伯来文化中，牧人与羊群之间的关系说到底只是上帝与人的多种复杂而持久的关系中之一种，换言之，在希伯来人那里，除了上帝，没有牧羊人，甚至连国王也没有以正面的和直接的形式被指认为牧羊人，这也就使得希伯来文化中并不存在真正的牧领制度；与之不同，在基督教教会中，牧羊人—羊群关系绝不仅仅是上帝与人的诸种关系中之一个方面，它是覆盖并渗透在所有其他关系中的根本性关系，"教会的整个组织，从基督直到修道院长和主教，都是以牧领为职责"③，除了基督这一"第一个牧人"之外，使徒是牧人，神职人员也是牧人。另外，基督教还将牧领主题制度化，"教会自上而下，权威关系是建立在牧羊人与羊群之间的关系之上

---

① ［法］米歇尔·福柯：《性经验史》，佘碧平译，上海人民出版社2009年版，第93页。
② ［法］米歇尔·福柯：《安全、领土与人口》，钱翰、陈晓径译，上海人民出版社2010年版，第109页。
③ ［法］米歇尔·福柯：《安全、领土与人口》，钱翰、陈晓径译，上海人民出版社2010年版，第132页。

的，既有特权，又有责任"①，并通过一套完备的法律、规则、技艺和程序作为其保障。由此我们可以说，基督教会的权力从整体上说是属于牧领的权力，这些权力都是作为牧人相对羊群的权力组织起来并得以合法化。这个权力通过忏悔去了解羊群的行为状况，使离群的羊得以回归；通过审判，将那些沾染疾病或丑事并有可能传染给整个羊群的羊只从羊群中驱逐出去，而其最终指向的则是"个人对个人的彻底服从"。在这里，我们似乎可以窥见一些野蛮的种族主义、纳粹主义对人加以种族区分的影子。然而，此时基督教的牧领权力在本质上说是与政治权力分开的，它是一种存在于基督教会内部，试图拯救人的灵魂的权力。随着15世纪尤其是16世纪出现的"牧领制度反叛"以及席卷欧洲的新教改革，一方面使得牧领制度遭遇到重大的危机；另一方面却又使得宗教牧领制度被强化了。牧领制度无论在精神层面还是在世俗生活上都有所强化，牧领负责起一系列的任务，除了引导灵魂外，还关心物质生活、财产甚至是儿童教育的问题，"牧领从来没有发挥过这么重要的作用，从来没有像现在这样掌握着物质生活、日常生活以及个人的世俗化生活"②。正是凭借着基督教会的中介，牧领权力被全面引入西方世界，并成为现代社会中对人口进行积极调整、干预和管理的生命权力的重要来源之一。

三 治理术与国家理性

生命政治不仅是"久远的牧领权力技术在西方的现代回声；同时，它也是马基雅维利以来治理术的逻辑变化"③。福柯指出，早在16世纪，治理就作为一个普遍性问题爆发出来，自我的治理、对灵魂和行为的治理以及对儿童的治理等问题受到人们的普遍关注和探讨。与之相伴的是大量关于治理的文献爆炸式地涌现，其中最富代表性的是意大利思想家马基雅维利在《君主论》中对于治理术的探讨。对于马基雅维利来说，治理主要保护的是君主与臣民和领土之间

---

① ［法］米歇尔·福柯：《安全、领土与人口》，钱翰、陈晓径译，上海人民出版社2010年版，第131页。
② ［法］米歇尔·福柯：《安全、领土与人口》，钱翰、陈晓径译，上海人民出版社2010年版，第202页。
③ ［法］米歇尔·福柯：《福柯读本》，汪民安主编，北京大学出版社2010年版，"编者前言"第10页。

的君权关系，而领土是君权和主权的根本基础，因此治理针对的并不是事物（things）而是领土，它是在统治权的法律框架之内对主权与领土关系问题的思考、反思和计划。在16世纪末17世纪初，治理变成了对人的治理，人与财富、资源、物资、领土这些东西关联在一起，因此，这是一种全面的治理，一种对"人与东西的复合体"的治理，也即福柯所说的国家理性的治理——"它将国家看成一个自然客体，看成是一套力量的综合体，它以国家本身、国家力量强大作为治理目标。"① 如果说基督教救赎式的牧领权力尚以人的灵魂救赎为旨趣的话，那么，此时依据国家理由而实施的治理则完全以国家本身为治理原则，旨在维护国家的安全，使现有的国家发展成更为强大、更为富有的国家。

福柯进一步揭示，此种国家理性的治理是由两大"技术整体"构成的新的治理艺术，其中第一大技术整体是外交—军事体系。这是一种国家间力量的整体调节，其旨在通过组织、安排国家力量之间的妥协和抵消，谋求所谓欧洲的平衡、欧洲的均势。此种技术随着1648年10月24日"威斯特伐利亚和平条约"的签订而在整个欧洲范围内达到顶点。新的治理艺术所特有的第二大技术整体是管治（police）②，它是一整套既可以增强国家力量，又可以维持国内良好秩序的方法。从本质上而言，外交—军事部署和管治这两套技术整体，一方面是保持力量关系；另一方面则是每种力量都能增长，在这个整体中不至于出现破裂。"这种力量关系的保持，每个元素内在力量的发展，以及它们之间的关联，后来恰好被称作安全机制。"③ 在福柯的思想体系中，安全机制是与规训机制相对的一套权力技术，它与规训具有明显的区别：首先，规训主要是向心的，规训的首要动作就是划定一个空间、确定一个部分，"规训集中于一点，包围和封闭"④；安全机制则相反，它是离心性的，总是倾向于扩展，总是试图让自己的

---

① ［法］米歇尔·福柯：《福柯读本》，汪民安主编，北京大学出版社2010年版，"编者前言"第10页。

② 对于"police"，钱翰先生在《安全、领土与人口》一书中将其译为"公共管理"，而莫伟民先生是在翻译福柯《生命政治的诞生》一书时将其译为"管治"。通过阅读和联系福柯的思想，笔者发现在福柯思想中，"police"突出的是国家管理与社会治理的合作关系。因此，本书在对"police"一词的翻译上，选用了莫伟民先生的翻译。

③ ［法］米歇尔·福柯：《安全、领土与人口》，钱翰、陈晓径译，上海人民出版社2010年版，第264页。

④ ［法］米歇尔·福柯：《安全、领土与人口》，钱翰、陈晓径译，上海人民出版社2010年版，第35页。

圈子越来越大。其次，规训关注细节，主要功能是阻止一切，它绝不放过任何细微的东西，不厌其烦地对一切进行调整、进行干预；安全机制则显得比较豁达，它是放任的，此种放任并不是让人为所欲为，而是在一定层面上的必要放任，如为了避免食物短缺这一普遍灾难的出现，允许价格上涨、允许部分人挨饿、允许出现稀缺。最后，规训是对允许和禁止的规则的编制，或者说是对必须与禁止的规则的编制，"好的纪律是每时每刻告诉你，你应当做什么"[①]；安全机制既不像法律那样禁止，也不像规训那样规定，其主要功能是回应某种现实，而这个回应则是要消除这个现实——消除它，或者控制它，或者制止它，或者调整它。

外交—军事部署与管治，这两套权力技术与规训不同，它们从本质上而言是为了保持一种力量关系——国与国之间的力量平衡以及国家内部的稳定和力量壮大，也即维持所谓的"安全机制"。福柯为我们重点阐述了管治这一新的权力技术。在福柯看来，管治可被视为一整套盘算和技术，"依靠这种盘算和技术，能够在国家内部秩序和国家力量增长之间，建立一种动态的，但仍然是稳定和可控制的关系"[②]。管治是国家对内的辖治，其盘算的对象正是国内的人口。

那么，人口具有什么特征呢？这是针对人口和生命的治理实践所必须了解的首要问题。福柯指出，首先，人口并不是原始的给定要素，它处于一系列可变要素的相互制约之下：一方面，人口随天气、物质环境等自然因素的变化而变化，如天气的好与坏、环境的优与劣都会影响到人口的健康与数量；另一方面，它更是依赖于一些非自然的因素，诸如贸易的繁荣、财富的流通活动、所服从的法律以及所遵循的习惯，等等。这样，就使得人口对于统治者的行动来说不可能是透明的，换言之，它在相当大的程度上不受统治者以法律的形式采取的专断和直接行动的控制。人口的这一特征并不意味着它是无法进入、不可干预的自然，由于它依赖于一系列可变要素的制约，尤其是依赖于多种非自然的要素，因此，只要对这些可对人口施以影响的因子和技术予以揭示、思考、分析和计算，就可以对人口施加一些人为的影响与改变。这样，统治者开始关

---

① [法]米歇尔·福柯：《安全、领土与人口》，钱翰、陈晓径译，上海人民出版社2010年版，第36页。
② [法]米歇尔·福柯：《安全、领土与人口》，钱翰、陈晓径译，上海人民出版社2010年版，第280页。

注和控制这些看上去与人口不相干的事物（如进出口、全国的现金流动等），以一种非直接的方式渗透进对人口的调整与管理。其次，人口虽然处于一系列可变要素的制约之下，显得变幻难测，但是至少有一个不变项，"从总体上看，人口有一个，并且只有一个行为动机。这个动机就是欲望（desire）……欲望，所有个人都因它而动。而人们对欲望是无能为力的"①。欲望就是存在于人口中的那个"不变项"，它是人的所有行为的动机。一般而言，欲望从属于个人，它是对于个人利益的寻求，但是，只要在一定的限制中任欲望发挥作用，由于一些关系和联系，它将从整体上生产出人口的全体利益。因此，正是由于"欲望"，由于相信集体利益的生产可以通过欲望的运作来完成，统治技术面对人口不再显得束手无策，而是可以比较轻松地直接接近人口、进入人口。福柯指出，事实上，这已经不是欲望第一次进入权力和统治技术的内部。过去，人们就已经在有关良心的问题上考虑欲望，试图对贪欲加以道德上的限制。而现在则是刺激和鼓励这种欲望，以期达到干预人口的效果。最后，人口总是"在现象的稳定性中表现出来"。具体而言，与人口相关的现象由于受制于各种事件、偶然和个人的行为，以及许多巧合的因素，看起来似乎是变化无常的，然而，对它们予以细致的观察和考量，就可以发现，这些似乎毫无规律的现象事实上是有规律可循的，如固定比例的人死于痨病，或者发烧，或者结石；又如男女的出生率总是趋于相同；再如同一个城市每年的自杀率基本保持一致；等等。总之，"人口，这是多种要素构成的整体，在这个整体里面，人们都可以发现和辨认一些稳定的和有规律的东西，甚至在各种意外中也可以发现；在这个整体，人们可以标定普遍的欲望，它恒常地制造出所有人的利益；关于这个整体，人们可以标定它所依赖的一些变量，这些变量可能使整体发生变化"②。

从某种意义而言，人口的力量就是国家的力量，人口已经成为关乎国家之生存与发展的、不得不细致考量的问题。针对人口所表现出的全新特征，受国家理性支配的管治试图发展和赋予自己一些新的技术与工具，以让人们的活动

---

① ［法］米歇尔·福柯：《安全、领土与人口》，钱翰、陈晓径译，上海人民出版社2010年版，第58页。
② ［法］米歇尔·福柯：《安全、领土与人口》，钱翰、陈晓径译，上海人民出版社2010年版，第60页。

真正融入国家、国家力量及其发展中来，管治所应负责的内容由此得到大大的更新与扩张。首先，人口的数量首当其冲地成为管治必须负责和考虑的第一项内容。因为无论是考虑人们的职业，还是考虑他们融入国家效用中的程度，都需要知道有多少人，尽可能地让人口达到最大数量。然而，需要指出的是，与从前不同，现在受到重视的不是人口的绝对数量，而是人口在数量上和这些人口所占有的资源、领土潜力之间的关系，也即公民的数量和富足程度。其次，管治还需负责与人之生存迫切相关的生活必需品，如粮食和用品，使人们能够在出生之后得以真正生活下去。管治的第三项内容涉及的主要是健康问题。此时，健康已经不再只是疾病流行时的问题，而是一项必须长期考虑和干预的、同时又是针对每个人每天的健康的问题。其重心主要在城市，具体则体现在城市空间政策上，如对城市街道宽度的调整，分散可能导致病气和毒害空气的因素——肉店、屠宰场、墓地等。我们可以发现，此种对城市空间的设置，在当今社会更是备受重视，并发展出一套有关城市规划的学科。有了众多的可以存活下来的健康人口之后，管治的第四项内容就是监督人们工作，使人们不至于游手好闲，尽可能从事不同类型的、国家真正需要的工作。最后，流通，人们生产出来的商品、产品的流通也成为管治的内容。其涉及改善流通必需的物质工具，如治理河流、桥梁、道路状况等；涉及商品的进出口；也涉及人口的流通，如制止流浪、阻止熟练工离开他们的工作地点，更不允许他们离开自己的国家。

管治是针对人口的一整套盘算和技术，它包括了一个无比巨大的领域，可以说从人的生活到生活之外的东西都毫无保留、无所遗漏地被网罗在其中。"一切从生存到生存得舒适，一切能够在生存之外引出生存得舒适的东西，让个人生存得舒适成为国家的力量。我认为似乎这一点，就是公共管理（管治）的内容。"[1] 面对这样一个庞大的领域，管治并不是孤军作战、独力苦撑，在此，福柯又一次向我们展示了权力与知识的伴生关系，指出一系列涉及人口问题的知识成为管治可资参考、可以利用的资源与伙伴。

在福柯看来，"经济学"与治理知识的建构密不可分，管治或国家治理术之所以对人类存在和共同存在的纯粹物质性报以如此巨大的兴趣，其原因在于商

---

[1] [法] 米歇尔·福柯：《安全、领土与人口》，钱翰、陈晓径译，上海人民出版社2010年版，第292页。

业被思考为增强国家力量的主要工具。人口—财富问题不仅成为治理理性的重要目标,人口这一新的主体—客体也被引入财富分析之中,这一切在经济学的实践和反思中制造出了颠覆性的结果——开启了一个新的知识领域——政治经济学。从此时开始,人们不再进行单纯的财富分析,而是开始分析思考人口、领土、财富之间连续而多样的关系所构成的新型网络,政治经济学正是产生于对这一新型网络的认识。需要指出的是,"福柯所谈论的政治经济学,既不是古典经济学家有关资本与劳动的政治经济学,也不是马克思主义对'活的劳动'的经济学批判,而是一种力(forces)的政治经济学,它同前述的两种观点既非常切近,又颇为遥远"[①]。政治经济学的诞生与发展使人们日益意识到,"对资源—人口关系的管理不可能通过强制管理系统面面俱到地解决,强制管理系统的意图是增加人口来扩大资源"[②],人口的数量并不取决于个人生孩子的意愿或对生育是否鼓励的法律制度,它依赖于一系列可变的因素,如税收体系、流通行为和收益的分配等。这种依赖性是可以得到理性分析的,也可以人为地加以调节和改变。这样就为以治理为特征的干预,即经济和人口的干预提供了知识论证与理论指导。对人口依赖因素的分析同样激发了统计学的发展:人口的规律性、人口的死亡率和发病率、人口自身的事故规律都被统计学逐步揭示出来;人口的迁移、风俗、职业活动所带来的特定经济后果也被统计学详细揭明;国家可以支配的资源——矿产、森林等以及生产出来的财富、流通的财富、税金的效果等都借助统计学而被估算出来。统计学长期以来被认为是"权力的秘密",它使人口所依赖的变量及其之间的关系得到细致的观察和谨慎的预测。正是政治经济学和统计学等知识的配合,使管治在面对其所负责的庞大领域时不再手足无措,而是显得颇为得心应手,它们为治理艺术的展开提供了原则性的指导和具体的协助。

福柯指出,"牧领、新的外交—军事技术,以及治安(也即管治),我认为,这是国家的治理化得以产生的基石,而国家的治理化是西方历史上的基本现象"[③],

---

① Maurizio Lazzarato, "From Biopower to Biopolitics", *The Warwick Journal of Philosophy*, Vol. 13, 2002, p. 13.
② [法] 米歇尔·福柯:《安全、领土与人口》,钱翰、陈晓径译,上海人民出版社2010年版,第326页。
③ [法] 米歇尔·福柯:《安全、领土与人口》,钱翰、陈晓径译,上海人民出版社2010年版,第93页。

在牧领权力、新的外交—军事技术、管治的共同配合下，西方国家进入全面治理化的时代。治理国家参照和利用经济知识这一工具，依靠安全配置对社会加以控制，使得西方政治也因此过渡为以人口—生命为对象，对人口施以积极的调节、干预和管理，以提高生命质量为目标的所谓"生命政治"。对人口问题的发现，尤其是对生命政治（biopolitique）的发掘与阐述，标志着国家问题进入了微观权力的分析领域，这对于福柯来说具有重大意义。一方面，福柯以此修正了之前"全面化的规训社会"的假设；另一方面，他将权力分析的领域扩展到整个国家（在谈规训权力时，福柯已经涉及国家，如他曾阐述"对规训机制的国家控制"），极有力地回应了一些学者如霍耐特、普朗查斯等的批评，他们认为福柯逃避了国家这一问题或者说他的方法根本不适用于国家的层面。

第四节　性——连接身体与人口的十字路口

一　性：身体规训与人口调节的汇合点

从18世纪起（或至少从18世纪末起），伴随着一些时间上的错位，西方世界建立起了两种权力技术：一种是围绕身体的权力的惩罚技术，它把个人的身体当作力量的焦点来操纵，竭力使这力量既有用又顺从，并产生个人化的后果；另一种则是作用于人口或生命的安全（或调节）技术，它试图控制可能在活着的大众中产生的一系列偶然事件，改变其概率，力求达到某种生理常数的稳定，实现某种所谓的整体的平衡，产生人口的大众化后果。福柯指出，权力的惩罚技术与调节技术相对或不同，但它们并不是相互排斥的，"在大部分情况下，权力的惩罚机制和权力的调节机制，针对肉体的惩罚机制和针对人口的调节机制是相互链接在一起的"[1]。这两种权力技术的联结并不是在理论的反思话语水平上实现的，而是在权力技术的具体机制的形式中完成的，而性经验的机制则是其中最重要的机制之一。

福柯发现"性，正好处于肉体和人口的十字路口"[2]。一方面，性作为纯粹

---

[1] ［法］米歇尔·福柯：《必须保卫社会》，钱翰译，上海人民出版社2010年版，第191页。
[2] ［法］米歇尔·福柯：《必须保卫社会》，钱翰译，上海人民出版社2010年版，第192页。

身体的行为、作为人类最私密的行为，堪称"个体的密码"，它与身体的功能、健康、生理过程、感觉、快感联结在一起（如"退化理论"认为性是个人疾病的焦点），借助它我们可以对个体加以仔细的分析和认识，窥视到个体的身心状态。而且，通过性所获得的有关个体的知识和分析构成了对身体施以规训的基础，由此可以引发出对身体的无穷无尽地监视、无时无刻地控制、细致入微地肢体定位以及没完没了地医疗检查或心理检查等。另一方面，性又与人口这个复杂的要素和整体有关，通过生殖效果，性进入大生物学过程并产生后果，它不仅关系到人口的数量，也与人口的整体平衡、人口的质量（即人种、子孙和集体的健康）密切相关。如此也就打通了性与人口调节的关系，它变成了政治运作、经济干预（通过鼓励或抑制生育）、道德化或责任化的意识形态宣传的主题；它引起大规模的测量、统计评估和对社会有机体及其各下属集团的干预，并产生关乎全局的总体性后果。总之，性同时是步入身体生命和人种生命的关键要道，是对身体施以规训和对人口加以调节的重要基础。鉴于性所表现出的无比重要性，"在'身体'和'人口'的连接点上，性变成了以管理生命为中心（而不是以死亡威胁为中心）的权力的中心目标"[①]。

二 对"性压抑假说"的批判

福柯发现，长期以来，人们总是倾向于用压抑来说明性与权力的关系：性在权力的作用下失去了立足之地，丧失了表达权，它遭到野蛮地驱逐、警告和否认，被迫东躲西藏、缄默无语，性总是处于权力的压抑之下，难以伸张。"性压抑假说"成为一个被大家广为接受、普遍使用的观点，如弗洛伊德将对性的压抑视为人类文明滥觞之源，赖希把性压抑视为人类"最沉重的枷锁"，汤因比也认为有关性行为的传统规范都是抑制性的。性压抑假说之所以被人们广泛接受，是因为它有着来自历史的和政治的郑重保证——性压抑与资产阶级的秩序连为一体，它同资产阶级的崛起、资本主义的发展关系密切：如果资本主义容忍性的恣意放纵，那么它所需要的劳动力和生产力就会耗费在毫无节制、漫无边际的寻欢作乐之中，这样，要保证资本主义发展所需的充足劳动力，就要禁止性享乐，就要对性予以

---

① [法]米歇尔·福柯：《性经验史》，佘碧平译，上海人民出版社2009年版，第96页。

全方位的限制与压制，尤其是压制那些无用的、贪图享乐的过度性行为。

然而，这一被人们普遍接受、看似无可辩驳的"压抑假说"真的是历史自明的吗？福柯对其提出三大怀疑：从历史的角度看，性压抑真的是历史事实吗？权力机构真的在本质上说是维护压抑秩序的吗？有关压抑的批判话语是否属于它所揭露的"压抑"的历史网络呢？带着这三大疑问，福柯首先展开了对17世纪以来有关性的宗教忏悔的研究。

在基督教传统中，忏悔意识以及忏悔意识的表达被认为是对一个基督教徒的灵性发展至为重要的因素。忏悔甚至同信仰基督一道被看作一个人皈依基督教的两大核心要素，因为它们都被认为是一个人从罪人转向基督的内在的心灵经验。因此，在基督教中，忏悔仪式一直被视为一种圣礼、一场圣事，每一个信徒都有义务向基督教教士虔诚地、无所隐瞒地自供罪孽，并向教士表达因这些罪孽曾经带来某种快乐而感到遗憾。自从基督教的忏悔出现之后，性，作为人类的基本本能、基本欲望，一直是忏悔的首要内容。福柯发现，长期以来人们认为严格地叙述性活动的操作细节对于忏悔的完整性是必不可少的，人们绞尽脑汁不断回忆、坦白性活动的各个细节，如双方各自在性活动中的位置、表现出的姿态、姿势、抚摸和快感的确切时段等，但是，后来大家不再注意细节了，或者说，细节对于忏悔活动来说不再那么重要了。之后新的教士守则中规定："一旦涉及性，要从一些'拐弯抹角的和有点模糊的'问题出发，点到为止，尤其对于儿童而言。"① 语言受到了严格的净化，"词语都经过了作为语言警察的新的礼仪规则的过滤检查"②，性不再成为大家直接谈论的话题。读到此，人们不禁要说，这不就是"性压抑"的集中表现吗？然而，福柯却出人意料地发现，一方面是对语言加以小心地过滤与净化；另一方面却是坦白范围，即肉体坦白的范围，无限地扩大。"肉体的一切暗示：思想、欲望、意淫、乐趣、身心的协调运动，所有这些从此必须在忏悔和引导的相互作用中被详细地坦白出来。"③ 根据新的教士守则，大家必须用一种审慎的语言转弯抹角地提及性，人们谈论性的方式、所使用的语言都受到严格的审查与控制。但是，性的各个方

---

① ［法］米歇尔·福柯：《性经验史》，佘碧平译，上海人民出版社2009年版，第95页。
② ［法］米歇尔·福柯：《性经验史》，佘碧平译，上海人民出版社2009年版，第95页。
③ ［法］米歇尔·福柯：《性经验史》，佘碧平译，上海人民出版社2009年版，第96页。

面、关系和影响必须得到更为细致地考察，直至它们最细微的分支：幻想中的一个阴影、难以驱散的意象、身体和灵魂之间魔力般的合谋，所有这些都必须交代清楚。"性落入了话语的掌握之中"①，任何稍微带有性特征的东西都落入没有止境的话语磨坊的磨炼之中，人们不仅忏悔违反法律的行为，而且还要事无巨细地坦白出自己全部的欲望，"只要有可能，大家就必须巨细无遗地坦白出来，而且所使用的词语也必须是审慎中立的"②。此种巨细无遗地对性的坦白，日复一日，没完没了，业已深深地植入现代人的心灵之中。

福柯指出，基督教的忏悔实践实际上是旨在通过把欲望整合和应用进话语之中，而对欲望产生特别的影响，即希望人能够控制欲望、远离欲望的诱惑，使人实现精神上的复归，重新皈依上帝。此种旨在控制欲望的忏悔实践对于现实政治、经济都具有不可抹杀的重要意义。它一方面有助于细致入微地监控个体的身心状态；另一方面，诚如法国哲学家霍尔巴赫所言，"由于这个方法，……能知道所有家庭的秘密"③，通过忏悔，可以毫不费力地窥见忏悔者家庭的隐秘：忏悔者自身的秘密、其配偶与孩子的秘密以及所有与忏悔者相关的人的私隐。而现实政治与经济看重忏悔实践的不是它的悔过与重新皈依，"它看重的只是坦白"。这样，长期以来一直被紧紧束缚在忏悔实践中的坦白在现实政治的关注下日益扩散开来，尤其是从清教主义、反改革运动、18世纪的教学法和19世纪的医学出现以来，它逐渐摆脱了自身仪式的区域性和专一性，突破了宗教忏悔的领域，迅速向四处传播、蔓延。坦白被运用到人与人之间一系列的关系之上：儿童与父母、学生与教师、病人与心理医师、犯人与专家的关系。西方社会俨然已经成为一个特殊的坦白社会，坦白的影响无处不在、无所不包——在法庭上、在医学上、在教学中、在恋爱过程中、在家庭关系中，甚至在最平常的关系、最庄重的仪式上。而且，在18世纪前后，性也不再仅仅是人们忏悔活动的对象，为了研究、计算、解释和说明性，人们开始在政治、经济、技术的范畴谈论性，性逐渐成为管理的对象、调节的对象、"管治"的对象。

通过"坦白"，听众获得了他们想知道的隐秘，而坦白者也由此获得了自己

---

① ［法］米歇尔·福柯：《性经验史》，佘碧平译，上海人民出版社2009年版，第95页。
② ［法］米歇尔·福柯：《性经验史》，佘碧平译，上海人民出版社2009年版，第95页。
③ ［法］保尔·霍尔巴赫：《袖珍神学》，单志澄、周以宁译，商务印书馆1983年版，第26页。

的社会地位、身份和价值，换言之，"坦白"就是一个人对自己的思想和行为的自我承认与确认，是人们向他人、社会证明自己的重要方式。"长久以来，个体是通过其他人和表明与其他人的关系（家庭、忠诚、保护）来证实自己，然后大家根据他能够或应该谈论他自己的真实情况的话语来确认他。"① 因为在西方社会，坦白已经成为最受重视的展现真相的技术之一，尤其是在 19 世纪，性欲跻身于科学的领域，坦白也披上了科学光鲜的罩衣。坦白就是吐露真相，吐露有关自己和我们的真相。它是如此普遍，以至于我们不再把它视为压抑我们的权力的结果；相反，我们把它看作解放，看作不属于权力而属于我们的自由真理。坦白真相已经内在于权力塑造个体的程序之中，而个体也将此视为自己个性生命的一个内在组成部分。"西方人已经成为了坦白的动物"②，他们有着经常自我坦白和向他人坦白与性密切相关的无以数计的快感、感受和思想之间的相互作用的无限义务。坦白成为西方人生命中一项不可或缺的事情，它不再被视为约束他们的权力所为，而是将之当作一种义务，视之为获取社会地位、身份和价值的路径。他们争相坦白，甚至还力求准确无误地说出自己难以启齿的事情，或在大庭广众或在背地私下地通过自我独白、自我告白或写进书中，向自己的父母、爱人、教师和医生忏悔坦白。然而，如果说，基督教对于谈论性的语言的审查完全基于忏悔者的自我审查的话，那么，在世俗社会中对谈论性的语言的审查则完全出于权力的运作；如果说，基督教的忏悔圣事是为了让人摆脱欲望、皈依上帝的话，那么，用公共话语治理性则是为了控制和操纵人们的欲望，"规划一种经济上有用和政治上保守的性经验"③，从而能够促进国家力量，服务国家利益。

总之，通过对 17 世纪以来涉及性的宗教忏悔和肉体坦白的研究，福柯发现，在几乎所有被认为性被迫陷入沉默的地方，性话语表现出不断地繁殖与激增。"从 18 世纪以来，性就不断地激发起一种普遍化的话语亢奋。而且，这些性话语的增多不是外在于权力或反对权力的；而是相反，性话语是在权力的范围之内，作为权力运作的手段起作用的。到处都有各种话语煽动，到处都有听取和记录的机构，到处都有观察、审问和表述的手段。人们揭发性，把它限制

---

① [法] 米歇尔·福柯：《性经验史》，佘碧平译，上海人民出版社 2009 年版，第 39 页。
② [法] 米歇尔·福柯：《性经验史》，佘碧平译，上海人民出版社 2009 年版，第 39 页。
③ [法] 米歇尔·福柯：《性经验史》，佘碧平译，上海人民出版社 2009 年版，第 24 页。

在一种话语存在中。从强迫每个人把他的性经验转变成一种永恒话语的独特律令，到在经济、教育、医学和司法煽动、摘要、整理性话语和使之制度化的众多机制，我们的文明需要和组织了一个庞大的、滔滔不绝的性话语。"① 由此可见，权力机构并没有压制性，并不是使之销声匿迹，反而不断积极地煽动人们去谈论性，甚至希望事无巨细谈得越多越好，发音越准确越妙，权力当局还耐心倾听人们谈性，巨细无遗，乐此不疲。因此，我们必须抛弃近现代工业社会开启了一个性压抑不断增长的时代的假说，事实上，"从来没有一个社会设立过比今天的社会更多的权力中心，从来没有一个社会比今天的社会更加明确地反复强调对性的关注，从来没有一个社会比今天的社会在权力与快感之间建立更多的接触和循环的联系，从来没有一个社会比今天的社会拥有更多的中心，其中，激烈的快感与固执的权力相互激发，不断扩张自己的领地"②。

三　围绕性的权力机制

在指出权力对于性不是压抑而是积极地煽动、利用之后，福柯进一步发掘出 18 世纪以来的四种伟大战略，这些战略发展出了有关性的各种特殊的知识和权力的机制，它们在权力秩序中运用效果显著，在知识秩序中更是成果卓著。

其一，女人肉体的歇斯底里化。由于女人生育了儿童并承担着抚养儿童、教育儿童的道德责任；由于女人是家庭空间的一个实体要素和功能要素；而且，女人的身体担负着确保社会团体具有可以调节的强大繁衍力量的责任。因此，她们不由自主地被摆在了微观权力的显微镜之下，在为自己孩子的健康负责、维持家庭制度和社会礼仪的名义下，妇女被歇斯底里化了，母亲及其负面形象——"神经质女人"（如性冷淡的妻子、无动于衷的母亲等）——构成了这种歇斯底里化的最明显的形式。为了区分哪些女人可以光荣地肩负起"母亲"的责任，哪些难以胜任这一责任——"神经质女人"，要对她们的身体和性进行细致的诊断、区分和治疗。

其二，儿童的性化。从 18 世纪到 19 世纪，儿童性早熟被视为一种正在损害未来成年人的健康和人类社会的未来的威胁。为了儿童的健康，为了未来成

---

① ［法］米歇尔·福柯：《性经验史》，佘碧平译，上海人民出版社 2009 年版，第 23 页。
② ［法］米歇尔·福柯：《性经验史》，佘碧平译，上海人民出版社 2009 年版，第 23 页。

年人的健康，也为了整个种族的健康，儿童被性化了。儿童们被界定为"原初的"性存在，既在性之外，又在性之中，他们处于一条危险的分界线上；他们都沉溺于或可能沉溺于某种性行为（如手淫）之中，这种不正当的性行为带有各种身体的和道德的、集体的和个人的危险。因此，父母、家庭、教师、医生、心理学家们必须不断地看护和监督这一既珍贵又可怕、既有害又有危险的性萌芽。儿童以一种性萌芽的形象出现了，在他们周围是一张由关切的目光、好奇的且又严肃的目光、观察的目光共同织就的巨网。儿童成了家庭关心的对象、社会观察的对象，也成了科学研究的对象。

其三，生育行为的社会化。它将性或夫妇关系纳入对人口的控制和调节之中，主要涉及的是"马尔萨斯式的夫妇"形象。试图利用"社会的"或财政的手段促进或限制夫妇的生育能力；通过所谓"政治社会化"，限制或强化夫妇对整个社会机体肩负的责任；并且借助医疗的社会化对个人和种族实行计划生育，如限制或规定结婚、生育的年龄、禁止近亲通婚等，从而优化生育、减少致病的因素。夫妻之间的生育行为已经不再是由家庭独自做主的私事，而是一种关系到社会健康发展、种族正常延续的，并受到权力积极干预的重要事情。读到此处，我们也许会惊讶道，原来计划生育并不是我们社会主义国家的发明，资本主义国家也有计划生育，它是权力普遍运用的控制人口的策略之一。

其四，反常快感的精神病学化。在此，性本能被单独作为生物的和心理的自主本能，它可能感染上诸多反常形式（主要是性倒错），人们对这些反常形式进行了细致入微的临床分析，并试图为这些反常寻找某种矫正术，使得全部行为都正常化或病理学化。性倒错的插入进一步打开了权力形式干预身体及其快感的大门，而性倒错的增长又是一种权力形式干预身体及其快感的结果，因此，"性倒错"与其说是权力机制必须消灭的敌人，不如说是它依赖的基础。"正是通过区分、强化和巩固各种外围的性经验，权力与性、快感的各种关系就分离、增多起来，它们测量身体，渗入各种行为之中。而且，随着权力的这一推进，按照一定年龄、地点、癖好、性活动散播开来的各种性经验也就固定了下来。"[1]福柯指出："19世纪的'资产阶级'社会是一个有着明显性倒错的社会，至今，

---

[1] ［法］米歇尔·福柯：《性经验史》，佘碧平译，上海人民出版社2009年版，第33页。

我们的社会仍然如此。"①

　　福柯指出，两个世纪以来的"性政治"正是沿着以上四条重要的战略路线发展的，"每条路线都是一种联结规训技术和调节步骤的方式"②。如前两条（妇女肉体的歇斯底里化与儿童的性化）主要是在规训层面发生影响，但是它们又是以调节需求——一切有关人种、子孙和集体健康的主题——为支点的；再如后两条（生育行为的社会化和反常快感的精神病学化）涉及生育控制和对性倒错的矫正，这些干预是调节性的，直接与人口整体的数量与质量相关，但是它们又必须以个体的规训需要为支点。因此，我们可以说，性不仅处于身体和人口的十字路口，它还揭示了规训，反映着调节。

　　关乎人类的"生命政治"所表现出的"调整控制"与身体的政治解剖学中显示出的"规训"构成了生命权力机制展开的两极，二者又在"性"这一"十字路口"相遇并连接在一起。福柯发现，事实上有一种要素在惩罚和调节之间循环，它以同样的方式作用于肉体和人口，既导致对身体的规训秩序，又导致对生物学复杂多变的偶然事件的调控，这一要素就是"规范"（norm）。"规范，既能运用于需要纪律化的肉体，又能运用于需要调节的人口"③，它将我们引向一个规范化的社会。在这一规范化社会中，"纪律规范和调节规范垂直相交"④，权力通过惩罚技术和调节技术两方面的双重游戏，开始全面负担起生命的责任，它将肉体、健康、饮食、居住方式、生活的条件和生存的全部空间——与生命相关的一切，都涵盖在自己的网罗之中，"一个'生命权力'的时代开始了"⑤。

　　福柯十分看重这一生命权力在人类历史上的作用，认为这一生命权力无疑是资本主义发展过程中一个必不可少的要素。马克斯·韦伯曾在《新教伦理与资本主义精神》一书中为人们揭示了新教的禁欲道德在资本主义的形成期间起到的重要作用。然而，福柯却发现，在18世纪某些西方国家里所发生的与资本主义发展相关的事件，却是一种比这一单纯否定肉体的禁欲道德更加丰富的现象。"如果不把肉体有控制地纳入生产机器之中，如果不对经济过程中的人口现

---

①　[法] 米歇尔·福柯：《性经验史》，佘碧平译，上海人民出版社2009年版，第31页。
②　[法] 米歇尔·福柯：《性经验史》，佘碧平译，上海人民出版社2009年版，第95页。
③　[法] 米歇尔·福柯：《必须保卫社会》，钱翰译，上海人民出版社2010年版，第193页。
④　[法] 米歇尔·福柯：《必须保卫社会》，钱翰译，上海人民出版社2010年版，第193页。
⑤　[法] 米歇尔·福柯：《性经验史》，佘碧平译，上海人民出版社2009年版，第90页。

第三章 微观权力视域下的市民社会研究转型

象进行调整,那么资本主义的发展就得不到保证。但是资本主义的发展要求得更多。它要求增大肉体的规训和人口的调节,让它们变得更加有用和驯服。它还要求能够增强各种力量、能力和一般生命的权力手段,而不至于使得它们变得更加难以驯服。……根据资本的积累来调整人口的增长,以及根据生产力的扩展和利润的不同分配来确定人类组织的增长,从某一方面来说,这些都是由于生命权力按照多种形式和步骤的运作才得以可能。"①

生命权力的创造能力无疑是令人惊讶、使人兴奋的,它在西方世界所取得的成果让世界上的其他国家称羡不已。然而,这一"使人活的权力"却也发布着死亡的命令,承载着死亡的职能,"使种族主义进入国家机制的正是生命权力的出现"②。在福柯看来,种族主义保证了生命权力经济学中死的职能,它是在生命权力针对的生物学连续中进行分裂,造成区分,这样就出现了种族、种族的区分和种族的等级;进而它又根据他人的死亡就是对自己的生物学巩固这样的原则,试图消灭生物学上的威胁——政治敌人、敌对的种族以及所谓"低等生命""劣等种族"。种族主义之极致就是纳粹主义,"纳粹主义实际上是从18世纪起建立的新权力机制发展的顶端"③。从本质上而言,纳粹主义是种族主义的血统幻想和极端的规训权力之间最天真的和最狡黠的结合。在不受限制的国家控制的名义下,纳粹主义将社会纳入优生秩序之中,为了保护血缘的纯洁,为了促进种族的胜利,纳粹对其他种族展开有步骤的屠杀。纳粹政体不光将毁灭其他种族视为自己的目标,而且把自己的种族置于绝对的和普遍的死亡危险之中,这样它就可以任意安排自己身边的人,按照自己的需要训练他们(如对冲锋队、党卫队的训练),这样,我们就会发现"没有比纳粹更有纪律的国家;也没有哪个国家进行的生物学调节更紧密更坚决"④。因此,福柯不无尖锐地指出:"在所有的文明中,基督教的西方既是最有创造性的,又是最热衷于征服、最傲慢,可能也是最嗜血的文明之一。"⑤ 与此同时,不无奇怪的是,"一个西

---

① [法] 米歇尔·福柯:《性经验史》,佘碧平译,上海人民出版社2009年版,第91页。
② [法] 米歇尔·福柯:《必须保卫社会》,钱翰译,上海人民出版社2010年版,第194页。
③ [法] 米歇尔·福柯:《必须保卫社会》,钱翰译,上海人民出版社2010年版,第197页。
④ [法] 米歇尔·福柯:《必须保卫社会》,钱翰译,上海人民出版社2010年版,第197页。
⑤ [法] 米歇尔·福柯:《安全、领土与人口》,钱翰、陈晓径译,上海人民出版社2010年版,第112页。

方人用了上千年的时间来学习的就是把自己看作许多羊群中的一只羊"①。对于西方资本主义社会所内涵的纳粹主义基因,法兰克福学派创始人霍克海默也曾表达过与福柯类似的担忧:"极权国家是欧洲社会特有的替换自由主义的一个阶段。它意味着更高级的压迫。……资产阶级,也就是说,资产阶级的……经济上最强大的核心总是要走上法西斯主义道路的。"②

第五节 在微观权力视域下对市民社会的再思考

一 微观权力的总体特征

通过对尼采"系谱学"的继承与发展,福柯建立了一套独特的权力分析方法——权力的微观分析法,并对与"身体"相关的"规训权力"、以"人口"为对象的"调节"性权力以及这两种权力在"性"中的结合进行了细致而又全面的分析。这是一种对现代权力的本质所进行的非总体化的、非再现的、反人本主义的重新思考。一如陈炳辉先生所言:"如果说福柯也致力于探寻权力的本质,那么这种本质并不是某种总体的描述,比如把权力的本质归结为经济。……权力的本质恰恰只有体现在它的多样性、片断性、不确定性中,体现在一种相对主义的描述中。"③ 正是通过对与"身体""人口""性"相关的权力技术的相对主义的描述中,福柯从不同角度为我们回答了"权力是什么?"这样一个问题。

首先,在福柯看来,权力是一种关系,权力关系内在于所有其他形式的关系中。以往人们总是把权力说成"特定的权力",看作一种可获得的、可分享的、可被占有的某物或某种东西,看作我们想要保护或回避的某种东西。这其实是对权力的实体化理解,事实上,"我们必须首先把权力理解为多种多样的力量关系,它们内在于它们运作的领域之中,构成了它们的组织"④。权力并非神秘的实体,而是一组在任何地方组织起来且经过协调的实施着的关系。权力关

---

① [法]米歇尔·福柯:《安全、领土与人口》,钱翰、陈晓径译,上海人民出版社2010年版,第112页。
② [德]H. 贡尼、R. 林古特:《霍克海默传》,任立译,商务印书馆1999年版,第49页。
③ 陈炳辉:《福柯的权力观》,《厦门大学学报》2002年第4期。
④ [法]米歇尔·福柯:《性经验史》,佘碧平译,上海人民出版社2009年版,第60页。

系总是处于不断流动循环的运转过程中。换言之，权力是各种力量关系的、多形态的、流动性的场。它从来没有真正确定自己的位置，总是不断运转着、实施着。而在现实中，只存在某种作为关系性的权力，它在无数个点上呈现出来，具有明显的不确定性，而不是某人可以随意获得、占有的一种神秘物，权力纯粹是一种关系、一种结构性的活动。福柯将权力视为一种关系的观点，显然受到法国"结构主义马克思主义"的奠基人阿尔都塞的影响，体现了其思想中的结构主义倾向。①

在福柯看来，权力关系内在于其他形式的关系之中，这就使得权力无处不在，无时不在。权力表现出的无所不在的特性，并不是因为权力有着把一切都整合、涵盖在自己万能的统一体之中的特权，而是因为它在一切地点、在每一时刻，或者在不同地点的相互关系之中都会生产出来，"权力到处都有，这不是说它囊括一切，而是指它来自各处"②。权力关系内在于其他形式的关系之中，如经济关系、认识关系、亲子关系、性关系等，权力关系是这些关系产生出来的差别、不平等和不平衡的直接结果。权力关系存在于一切差异性关系之中，哪里有差异，哪里有不平等，哪里就有权力，"正是各种力量关系的旋转柱石永不停歇地通过它们不平等的关系引出各种局部的和不稳定的权力形态"③。

其次，权力是多元的、多形态的，而不是同质的。人们习惯于认为权力仅限于掌握在政府手中，并由于某些特殊机构诸如政府行政部门、警察机构、军队等国家机器，权力才得以顺利行使。这其实是在国家权力或政治权力的一维维度去理解权力。然而，在福柯看来，这表现出对权力理解的匮乏、简单化，"国家主权之类只是权力的终极形式"④，国家机构也只是权力的一个特殊的有限领域，现实的权力关系并不囿于国家这一有限领域，权力的种种关联已经扩

---

① 福柯亲口曾承认自己是阿尔都塞的学生（参见《权力的眼睛——福柯访谈录》，第6页）。他被一些人称为巴黎结构主义巨头中最年轻的一位。瑞士发生认识论创始人皮亚杰也曾指出，福柯以自己的直觉和自傲，试图以思辨的即兴之作取代一切科学的方法，是"没有结构的结构主义"。然而，福柯本人对"结构主义者"这一称号却不以为然，宣称自己从未有意使用过结构主义的方法，"我从未是弗洛伊德主义者，我从未是马克思主义者，我从未是结构主义者"（转引自《莫伟民讲福柯》，第140页）。
② ［法］米歇尔·福柯：《性经验史》，佘碧平译，上海人民出版社2009年版，第60页。
③ ［法］米歇尔·福柯：《性经验史》，佘碧平译，上海人民出版社2009年版，第60页。
④ ［法］米歇尔·福柯：《性经验史》，佘碧平译，上海人民出版社2009年版，第60页。

展到国家界限之外，它成为一个微分的多样化技术，比之国家机器要复杂得多、丰富得多。特别是在现代社会，权力已经渗透到社会的各个不同的局部领域，如监狱、军队、工厂、学校，以及话语、知识、肉体等之中，即使在我们生活中最微妙、最隐秘领域——性关系中，也暗藏着权力鬼魅般的身影。我们身处权力关系之中，成为权力关系不可或缺的一部分，只要像福柯那样睁大我们的慧眼，就可以看到将我们严密包裹的权力关系：如塑造我们身体的规训权力、调节人口的生命权力、源于基督教的牧领权力等，它们以灵活多样的策略运行于政治、经济、教育、家庭等领域之中。因此，福柯一直致力于对权力作一种"自下而上"的分析，希望在权力的极限，在它的最后一条线上抓住权力。

然而，这并不意味着福柯不注重国家权力或政治权力，也并不表示政治权力在现实社会中已经不起作用，事实上，福柯十分注重这些源于底层的、多元的权力形态与国家权力之间的联系。如在《规训与惩罚》一书中，福柯曾探讨了所谓"政治权力微分"，即对规训机制的国家控制展开分析，指出"18世纪警察机构的建立，鼓励了纪律的推广，使之具有与国家本身相同的范围"[①]，"有了警察，人们就生活在一个无限的监督世界里了。这种监督在理想上力求把握社会机体的最基本粒子、最短暂的现象"[②]。而以人口为关注对象的"治理术"，更是一种直接由国家主导的权力战略，"治理术"问题的提出标志着国家问题进入了微观分析的场域。由此可见，虽然权力是多元的、多形态的，然而，"从某种意义上说，国家机器和各种机构所运用的是一种权力的微观物理学"[③]，这些多元的微观权力形态总是与那"权力的终极形式"保持着难以割舍的联系。因此，当某些人指责福柯是"避开一种国家理论"的时候，福柯指出自己并不是要避开国家理论，并自我辩白道："不管是涉及疯癫，不管是构建精神疾病这种自然的准对象（quasi-natural object）类别，还是组织构建一种临床医学，还是把惩戒性机制和技术整合到刑罚系统内部中去，无论如何，这些做法始终都

[①] [法] 米歇尔·福柯：《规训与惩罚》，刘北成、杨远婴译，生活·读书·新知三联书店1999年版，第241页。

[②] [法] 米歇尔·福柯：《规训与惩罚》，刘北成、杨远婴译，生活·读书·新知三联书店1999年版，第220页。

[③] [法] 米歇尔·福柯：《规训与惩罚》，刘北成、杨远婴译，生活·读书·新知三联书店1999年版，第28页。

第三章 微观权力视域下的市民社会研究转型

是渐进的国家化（statification）的标志，这种国家化必然地并连续地是某些实践活动、行为方式或者说治理术的渐进国家化。我设法提出来的那些问题的核心正是国家化问题。"①

再次，权力是一种彼此交错的网络。通常，人们总是将权力关系视为一种统治者与被统治者之间自上而下的单向性的控制关系，一个人统治另一些人，一个团体统治别的团体，一个阶级统治其他阶级，这是一种权力分析的二元逻辑。福柯认为权力关系并不是这样一种简单的、直线式的统治与被统治关系，而是流动的、彼此交错的关系网络。"权力以网络的形式运作，在这个网上，个人不仅在流动，而且他们总是既处于服从的地位又同时运用权力。"② 换言之，每个人都处于相互交织的权力网中，他们并不是固定于蛛网上的惰性猎物，而是流动于权力的网络中，既可能成为权力支配、控制的对象，又可能同时成为运用权力、实施权力的角色。因此，福柯指出，可以说"我们每个人的脑子里都有法西斯主义"③，因为"在实体上，我们每个人都有权力"④。权力通过个人运行，却不是某些人可能占有的特权，它是"一个永远处于紧张状态的活动之中的关系网络"⑤。正是权力总是显现为一个不断流动和缠绕的网络，使得要明确区分统治者与被统治者、统治阶级与被统治阶级几乎变得不太可能。在此，福柯得出了一个与哈贝马斯相近的结论，那就是对于统治者与被统治者做出明确区分已经很难实现且逐渐失去了它的意义。这也预示了革命的理论与号召已经失去了它的市场。权力是一个贯穿各种机制和制度，却又不局限其中的稠密网络；另外，构成权力的力量关系之间相互斗争同时又相互扶持，形成一个难以割裂的锁链或系统，或者相反，形成了相互隔离的差距和矛盾。如此，我们很难发现谁占有权力，谁在实施权力，故福柯曾慨叹道："目前还很不清楚：谁在实施权力？又在何处实施权力？现在，我们很清楚谁在剥削，利润到哪里去了，落入谁的腰包，又在何处再生。可是就权力而言……我们知道权力并不在

---

① ［法］米歇尔·福柯：《生命政治的诞生》，莫伟民、赵伟译，上海人民出版社 2011 年版，第 64 页。
② ［法］米歇尔·福柯：《必须保卫社会》，钱翰译，上海人民出版社 2010 年版，第 22 页。
③ ［法］米歇尔·福柯：《必须保卫社会》，钱翰译，上海人民出版社 2010 年版，第 22 页。
④ ［法］米歇尔·福柯：《必须保卫社会》，钱翰译，上海人民出版社 2010 年版，第 22 页。
⑤ ［法］米歇尔·福柯：《必须保卫社会》，钱翰译，上海人民出版社 2010 年版，第 28 页。

统治者手中。"①

最后，哪里有权力，哪里就有反抗。在福柯看来，对于权力的抵抗并不是绝对外在于权力，事实上，权力关系具有严格的相对性特征，它们只有依靠大量的抵抗点才能存在：后者在权力关系中起着对手、靶子、支点、把手的作用。这些抵抗点遍布于权力关系的网络之中，它们是权力关系不可消除同时也不可或缺的对立面，构成为权力关系的另一极。在此，我们又一次看到了福柯思想中的结构主义倾向。正是权力与抵抗这种两极相关的依赖关系，使得福柯并不相信马克思主义宣传的无产阶级的彻底革命，因为，"对于权力来说，不存在一个大拒绝的地点——造反的精神、所有反叛的中心、纯粹的革命法则"②。然而，福柯对革命的怀疑，并不意味着他认为不存在真正的反抗或反抗只是对权力关系的反弹和虚以应对，也不意味着反抗只是一个总是被动的和注定失败的反面。恰恰相反，福柯在强调权力的多样性、无中心性、细微性的同时，也十分强调反抗是多形态的、不规则的、局部的。"存在着各种抵抗，它们在不同的情况下是可能的、必要的、不可能的、自发的、野蛮的、孤立的、协调的、低调的、粗暴的、不可妥协的、善于交易的、有利害关系的或是奋不顾身的。"③ 事实上，这不是一种诉诸总体性的革命，而是反对日常权力的局部斗争，确切地说是拒绝权力的斗争，它并不以获取权力为目标。这种斗争的目标一方面在于揭露权力的各种"匿名策略"，从而"确定每种力所占据的位置，它运行时的行为模式，确立每一面抵抗和反攻的可能性"④；另一方面，它是以成功为目的的。福柯指出，革命运动事实上并不希望成功，因为根据马克思主义的战术观点，不满的人越多，革命的力量也就越大，然而，一旦要求被接受，或者说获得成功，这就意味着革命的潜在力量消弱了，因此，如果要维持革命自身的存在，"一切都是为了永不成功"。与革命不同，反对日常权力的斗争则完全以成功为目的，斗争者针对的是日常某一具体的不公正或不合理的事物与现象，总是斗争到底，直到发生改变，也即取得成功为止。例如，反对在某处建立机场或核电站，人

---

① 包亚明主编：《权力的眼睛——福柯访谈录》，严锋译，上海人民出版社1997年版，第28页。
② [法] 米歇尔·福柯：《性经验史》，佘碧平译，上海人民出版社2009年版，第62页。
③ [法] 米歇尔·福柯：《性经验史》，佘碧平译，上海人民出版社2009年版，第62页。
④ Michel Foucault, *Power/Knowledge*, New York: Pantheon Books, 1980, pp. 163–164.

们起来阻止，而且会阻止到底，直到获得一个自己满意的结果。在 1972 年福柯与德勒兹的一次对话中，德勒兹曾说过这样一段话，堪为福柯的反抗策略的最好注脚："面对权力的整体策略，人们作局部的反抗、反击和积极的、有时是预先的防御工作。我们不必整合只能从权力角度整合的东西，也不必整合只有在等级制和中心主义的代表形式恢复时才能整合的东西。相反，我们要做的是争取从基层重建侧面关系和整个网络系统。"①

福柯进一步指出，在反对日常权力的斗争中，知识分子承担着重大的责任。因为在今天，权力机制不再以一种暴力式的强盗面目出现，"它需要一个庞大的知识网，这不仅为了自身的运转，而且为了掩盖自己"②。例如在医院，治疗方法随着医学的进步有了显著的改善，这对患者无疑是巨大的福音，但是医疗权力也同时得到了明显的增强，其专断性更是有增无减，而专断性增强的医疗权力无疑会有滥用的危险。知识分子要抵制这些权力，就不能忽视医学或医疗方法本身的知识。因此，福柯强调的知识分子并不是传统意义上代表普遍价值的所谓"普遍型知识分子"，而是身在某一专业化领域，却能自觉抵制与知识紧密相关的权力，并能为阻止行使这些权力做出贡献的所谓"特殊型知识分子"。"在反对日常权力的现实斗争中，知识分子能够扮演某种角色，能够有所作为，这种可能性存在于他们的专业化而不是普遍意识之中。"③ 知识分子的工作不再是以"普遍的""示范的""适用于一切的正义与真实"的形式来进行，他们已经习惯于在特定的领域、从事明确的专业工作。他们与一般大众或无产阶级生活、工作在同一区域，更加熟悉于自己生活和工作的场所及周边环境，这无疑使他们更加直接和具体地察觉到斗争的存在，而且也使得"他们所对抗的对手（虽然采取不同的形式），与无产阶级是相同的，那就是跨国企业、司法与警察机构、资产投机者等等"④。这些"特殊型知识分子"，不仅能够自觉抵抗与知识技能和资格联系在一起的权力效果，而且还能抵抗知识特权，质疑、拷问知识流通、运作的方式，揭露知识与权力的共谋关系。

---

① [法] 福柯：《福柯集》，杜小真编选，上海远东出版社 1998 年版，第 209 页。
② [英] 阿兰·谢里登：《求真意志——米歇尔·福柯的心路历程》，尚志英、许林译，上海人民出版社 1997 年版，第 46 页。
③ 包亚明主编：《权力的眼睛——福柯访谈录》，严锋译，上海人民出版社 1997 年版，第 28 页。
④ Michel Foucault, *Power/Knowledge*, New York: Pantheon Books, 1980, p.162.

二 "市民社会—权力"研究框架的推出

作为"微型权力专家",福柯对于权力的分析与理解极富创见也颇具启发,尤其是对于理解和发展市民社会理论而言。

通过前文的介绍我们知道,黑格尔将市民社会理解为独立的个体为了满足自己的特殊需要,通过劳动而形成的人与人之间相互依赖、相互关联的"需要的体系",强调市民社会的经济维度。同时,他又十分注重市民社会独立于国家的特征,将市民社会视为一个与国家相对的比较性概念,一如加拿大学者查尔斯·泰勒所指出的:"此一意义上的市民社会与国家相对,并部分独立于国家。它包括了那些不能与国家相混淆或者不能为国家所淹没的社会生活领域。"[①] 黑格尔市民社会理论的推出,无疑是对其所处时代资产阶级革命带来的资本主义经济迅猛发展以及社会(尤其是经济方面)脱离国家成为一独立领域,这一历史巨变的哲学回应。然而,他所看重的与其说是早期资本主义经济的大发展,不如说看重的是资本主义经济打破国家权力一统天下局面,并且发展成为一个具有自身规律的独立领域,这一"分裂"的意义。因为,在黑格尔之前的传统社会,经济和政治权力高度集中统一,社会并没有取得独立于国家的地位;社会(尤其是经济方面)脱离国家成为一个独立的领域,是"现代世界"的伟大特征,这一历史巨变客观上起到分解、限制国家权力的作用。诚如英国哲学家马克·尼奥克里尔斯所言,18世纪后期发展出来的国家与市民社会之间的理论对立,"目的是帮助自由经济学家限制国家活动的领域"[②],或者说,是为了限制国家权力的扩张与滥用。

黑格尔所确立的"市民社会与国家相分离"的研究模式成为后来学者自觉遵循的市民社会理论研究的基本线索。然而,学者们虽然谨守着"市民社会与国家相分离"这一基本线索,但是,却对从经济维度界定市民社会产生了质疑,人们开始普遍怀疑经济是否能够真正独立于国家权力。因为经济作为独立于国家的自主领域仅仅存在于黑格尔所处的早期自由资本主义时期,这一时期十分

[①] 邓正来、[美]杰弗里·亚历山大编:《国家与市民社会——一种社会理论的研究途径》,上海世纪出版集团、上海人民出版社2006年版,第25页。

[②] [英]马克·尼奥克里尔斯:《管理市民社会》,陈小文译,商务印书馆2008年版,第83页。

第三章 微观权力视域下的市民社会研究转型

短暂。甚至有些学者认为,即使在自由资本主义的制度下,市场也没独立承担起社会整合的功能,因此,经济领域从来就不是一个完全独立于国家权力的领域。到了晚期资本主义社会,国家对市场的干预日益明显也逐渐增多,国家机器重新履行起许多经济系统的职责,经济与政治权力重新结合在一起。由此使得黑格尔对市民社会的理解更加让人难以信服,伴随着国家力量的不断渗透,市民社会也日益丧失了自己的活力。正是在这样的状况下,哈贝马斯试图在经济活动领域之外,重新探索一片独立于国家权力的领域。他开始发掘市民社会的社会文化内涵,指出它是一个既独立于政治体系(国家)又独立于经济体系的、由话语交往织构的社会文化体系。与此同时,哈贝马斯又将经济与政治(国家)归入由工具理性主宰的系统之下,将二者视为系统的两大子系统。由于哈贝马斯的系统概念的提出,是基于晚期资本主义社会国家对经济的干预日益加强、政治与经济重新走向结合这一历史背景,因此我们可以说,"系统"概念实际上仍指的是一种广义的"国家"概念,哈贝马斯发掘出市民社会的文化维度从而开启了市民社会的当代研究模式,但是他并未突破黑格尔所确立的"国家与市民社会相分离"这一基本线索。我们甚至可以进一步断言,国家或国家权力作为市民社会的比较概念,尤其是作为市民社会所力图分解、解构的对象,一直是理解市民社会的一个不可或缺的维度。诚如福柯指出的:"从19世纪起,在哲学话语中,在政治话语中也一样,市民社会总是作为对抗、反对、摆脱政府或国家机器和制度的一种实在。"[①]

然而,一旦我们将福柯的权力理论引入对市民社会的分析与研究,我们就会发现,人们对于市民社会的最重要对手——国家的理解并不全面,或者更准确地说,人们并未完全了解国家权力在现代社会所表现出的新形式,对于国家权力的理解流于表面且比较单一,这也造成了我们对于市民社会理解的不全面。具体而言,无论是黑格尔还是哈贝马斯,对于国家的理解均以传统的权力观为基础,他们将权力的所有现象都描写成依赖于国家机构,认为国家占据了权力关系的整个领域。然而,此种理解并未看到权力是多元的、多形态的力量关系,而国家只是诸多形态的权力关系的一种,只是权力的"终极形式"。诚如前文指

[①] [法] 米歇尔·福柯:《生命政治的诞生》,莫伟民、赵伟译,上海人民出版社2011年版,第262页。

出的那样，在福柯看来，现实的权力关系并不囿于国家这一有限领域，在其下方弥漫着难以计数的权力关系，愈到社会下层，这些权力关系愈复杂也愈丰富。尤其在资本主义制度确立之后，权力的多元化特征表现得更为突出：权力不再表现为封建君主（国家的代表）仪式性、戏剧性的君主权力，而是表现为渗透到社会各个角落，成为一种地区性、局域性的微观权力。因此，如果说黑格尔在"现代世界"看到的是市民社会的诞生，那么，福柯则在"现代世界"发现了权力形式表现的深刻变化。

在《真理与权力》一文中，福柯利用马克思主义的基础与上层建筑的比喻来描绘一般权力与国家的关系，他将国家称之为"上层—权力"（meta-power），将其视为整个权力网络的"上层结构"（superstructural）。指出"国家是整系列权力网络的上层结构（superstuctural），而那些网络则直接穿透进身体、性、家庭、家族、知识、技术等等。的确，这些网络，与'上层—权力（meta-power）'之间，处于一种调整—被调整（conditioning-conditioned）的关系；而'上层权力'则基本上是围绕着某些巨大的禁令功能而建构出来的。但这'上层权力'与其禁令，唯有根源在于一整套的、多样且非特定的权力关系之中，才能掌握并确保其立足点；也就是这些权力关系，给权力的巨大消极形式，提供了必要的基础"①。国家，作为权力网络的"上层结构"，只能在其他的、已存在的权力关系的基础上运作，这些作为国家之基础的、多形态的权力关系使得国家的运作成为可能，并扩大了国家权力的效应与效果。国家权力凭借这些权力如规训权力、生命权力实现了自己无限扩张的目的，将自身的效应与效果迅速扩散开来，施之于社会的各个细微角落——工厂、监狱、学校、医院、家庭、人的身体乃至性关系，无一遗漏；而这些多样且非特定的权力关系，又以国家权力为导向，它们总是趋向于某种"国家化"的问题，这样，我们就可以透过这些遍布社会底层的权力关系，窥视到整个权力网络尤其是国家权力的运行策略、运转走向等等。国家权力与其他权力关系处于同一个权力网络之中，它们之间相互依存、难以割舍。因此，在以国家为对手的市民社会分析中，对其他形式的权力关系加以细致的考察是十分必要的。市民社会现在面对的不仅仅是以国家为表现的

---

① Michel Foucault, *Power/Knowledge*, New York: Pantheon Books, 1980, p. 151.

第三章 微观权力视域下的市民社会研究转型

政治权力，同时还需面对渗透于社会各领域并与政治权力相交织、相配合的权力（如规训权力、生命权力、牧领权力等）。我们应该在福柯为我们指出的这一更宽广的冲突场域中，对市民社会予以进一步的重新思考。

既然在探讨市民社会这一问题上，国家作为市民社会的对手总是不可或缺的，而理解国家又不能脱离其他权力形式，由此就会产生这样一个问题：是否可以直接以权力关系概念置换国家概念，并作为理解市民社会的比较性概念？在笔者看来，答案是肯定的。事实上，按照福柯的理解，不仅国家主权是权力的"终极形式"，而且权力也内在于经济关系之中。他指出，自从资本主义制度确立以来，市场或者经济一直是权力的治理实践的优先对象，商业一直是体现国家力量的重要手段之一。经济甚至也为国家带来了正当性，换言之，国家的正当性在于确保经济的自由运转。因此，在现实的权力运作中确保经济上有利、在政治上有用，也即"在经济上较少花费，后果也较少风险，对出口与抵抗也较不开放"①，一直是权力运作的重要目标之一。这样，在探讨市民社会的时候，我们完全可以将国家与经济纳入"权力"这一概念之下。如此，我们就会得出一个有别于黑格尔的"市民社会—国家"模式，也不同于哈贝马斯的"市民社会—系统"模式的全新的分析框架——"市民社会—权力"分析模式。

当我们将权力维度引入对市民社会的探讨，并以"市民社会—权力"作为分析框架时，一个问题摆在了我们面前，即这是否意味着市民社会是一个外在于权力的领域呢？自黑格尔以来，学者们一直试图为权力（主要是国家权力）的实施划定一个边界，权力的触手可以触碰所有东西，然而有一个领域它不应该染指，那就是"市民社会"。例如哈贝马斯对系统与生活世界的区分，从某种意义而言，"建构了一个二元概念：即一边是权力支配下的社会，另一边则是远离权力的交往行为领域"②。这实际上源于一种福柯所谓的"国家恐惧症"或"国家忧郁症"。带着对国家权力的种种担忧，人们为了限制国家的行动范围，苦苦寻找一个远离权力漩涡的领域，这一领域要么被认为是黑格尔所强调的市场，或者说是社会的经济领域；要么被认为是哈贝马斯所强调的社会文化领域，它们成为人们思考和建构市民社会概念的现实原型。由此所产生的"'市民社

---

① Michel Foucault, *Power/Knowledge*, New York: Pantheon Books, 1980, p. 9.
② Michael D. Daniels, "Theory Versus Analytics of Power", *Takata and Individaul Authors*, 2002, p. 6.

会'的概念表述了自下而上地创建独立的而不是受国家督导的社会生活方式的纲领"[1]。然而，福柯却向人们大声宣布，并不存在这样一方远离权力的净土，权力无所不在，无处不在，权力没有外部，一切均在权力的旋涡之中。前文已经指出，人类活动的政治领域、经济领域无法摆脱权力的渗透，我们甚至可以说，经济或政治领域的正常运转有赖于权力运作的支持。因为根据福柯的观点，权力与其说是禁止的、压抑性的，毋宁说它是建设性、生产性的。权力生产出无数驯顺而有用的身体，一方面保证了资本主义经济对劳动力的需要；另一方面也维护了政治的平稳与国家的稳定。不仅经济与政治无法与权力相脱离，甚至连人们普遍认为的社会的文化领域也无法摆脱权力的侵扰。事实上，哈贝马斯已经充分意识到权力对社会文化领域的渗透与侵扰，将之称为"系统对生活世界的殖民化"，然而，他依然怀着乐观的心情，坚持不懈地试图恢复"生活世界"这一独立自主的社会文化领域，坚信自己的努力终会成功，"生活世界"迟早会摆脱系统对它的殖民化窘境，重新成为一个远离权力强制的对话空间。福柯并不像哈贝马斯那样乐观，在其看来，人类的社会文化领域也处处弥漫着权力关系，为了强调知识、真理与权力不可分割的关系，福柯提出了"知识—权力"这一概念。

在知识与权力的关系问题上，一般流行着三种看法：凭借知识可以获取权力，或换言之，知识是获取权力的一种手段；权力阻碍或者扭曲知识的获取；知识是破除权力的压制，实现解放的前提。[2] 在所有这些互动关系中，权力与知识仍然是彼此外在、相互独立的。知识由于其独立于权力运作的中立性而获得知识论的地位。福柯对"知识—权力"关系的独到分析打破了这种已被人们普遍接受的知识或真理与权力无关的观念，以及与权力无关的中立化的知识观。在福柯看来，知识并不外在于权力，或是在权力中缺席，毋宁说它总是不断地被权力征用，积极地参与到权力的运作之中，"权力制造知识，……权力和知识是直接相互连带的"[3]。例如在"规训权力"对人身体的规训实践中，权力关系

---

[1] 邓正来、[美]杰弗里·亚历山大编：《国家与市民社会——一种社会理论的研究途径》，上海世纪出版集团、上海人民出版社2006年版，第25页。
[2] [美]约瑟夫·劳斯：《知识与权力——走向科学的政治哲学》，盛晓明、邱慧、孟强译，北京大学出版社2004年版，第12页。
[3] [法]米歇尔·福柯：《规训与惩罚》，刘北成、杨远婴译，生活·读书·新知三联书店1999年版，第29页。

第三章　微观权力视域下的市民社会研究转型

为了可以有效地计算身体，并且控制它、构建它、改造它、驾驭它，总是不断地吸取人口学、生理学、医学、心理学甚至是光学、建筑学的知识。权力根据这些知识不断调整着自己的策略，改善着自己的技术，并因此得以渗透进人的身体、灵魂，甚至流入人身体的每一角落、各个器官。而在生命权力对人口的调节治理实践中，借助统计学与政治经济学的知识成果，权力得以详细入微地了解人口的数量、出生率、死亡率、健康状况以及与生命相关的环境状况、资源情况等，从而可以更加积极有效地对人口在数量和质量等方面施以调节、干预和管理。"各种各样的专家（教师、精神医生、各类教育者，等等）都被动员来行使传统上只属于警察的职能。"① 因此，"如果不通过建构一种知识和话语体系，权力关系就不可能以微观的形式运作和传播；如果不预设和建构权力关系，知识也不会在一定的空间中建构自身"②。由此我们可以说，并不存在一个外在于权力关系并且有助于反抗权力的理性主体及其知识体系，也不存在一个先验的、远离权力的空间，或者像在《疯癫与文明》中所保留的沉默的、神秘的领域。权力与知识结成亲密的同盟，互相扶持、互相促进，权力操控、诱导着知识的生产；知识反过来又报答权力的知遇之恩，帮助权力维持、扩张社会控制。权力和知识是直接相互连带的，不相应地建构一种知识领域也就不可能有权力关系，一切都可划归为权力—知识关系所制造的效应和效果。这样，哈贝马斯所推崇的由话语交往织构的社会文化体系，事实上也像经济领域那样，无法摆脱权力的渗透，无法明确将自己与权力分割开来。因此，"不管我们谈论的是以经济为目标的生产，还是以社会调控为宗旨的制度，抑或是各种沟通技术，我们已经可以发现各式各样的技术传递了多种多样的权力关系形式：比如针对集体和个人的规训，以国家的权力、社会或聚居区域的需求为名行使的规范化程序"③。我们甚至可以进一步说，市民社会并不与权力截然分割开来，权力内在于市民社会之中，在权力之外探寻市民社会终将会是一件没有结果的差事。

---

① 陆炜：《知识分子和权力：法国哲学家 M. 福柯和 G. 德勒泽的一次对话》，《哲学译丛》1991 年第 6 期。
② 汪民安主编：《文化研究关键词》，江苏人民出版社 2007 年版，第 254 页。
③ Paul Rabinow, *The Foucault Reader*, Pantheon Books, 1984, p. 48.

三 市民社会存在的意义：对权力的消解与抵抗

分析至此，我们突然发现，曾经被人们津津乐道的、独立于国家的市民社会，居然也难以逃脱权力的渗透，并不外在于权力。那么，人们不禁要问：市民社会存在的意义何在？事实上，市民社会的真正意义并不在于它远离权力的特征，而在于它虽然深陷权力网络之中，却能对权力进行自觉地抵抗，在于它为拒绝权力而展开的不懈斗争，因为"只有在斗争本身中，并通过斗争，积极的状况才会出现"[1]。正是此种对"斗争"本身的崇尚，才使得市民社会充满生命力与意义。需要指出的是，市民社会针对权力的斗争，目的并不在于获取权力，如此也就避免了使自己在与权力的斗争过程中发展为某种新的权力形象这样的尴尬境地。市民社会是对现实处境中不可忍受的状况做出反应，以期逐步实现社会的民主化与合理化。它从不以权威自居，在斗争之前也并没有为自己规划出一个理想的社会蓝图，更不想提供一种可供直接仿效的典型，这些在其看来更像是一种乌托邦的理论想象，与现实相去甚远。市民社会是在现实的局部斗争中、在对权力的抵抗实践中，使社会逐渐趋向某种合理的方向，使社会生活趋于某种合理的节奏。由此，我们可以将市民社会理解为一股试图冲破权力关系的行动着的力量，查尔斯·泰勒曾言："市民社会在很大意义上并非一种外在于政治权力的领域；而毋宁是深深地穿透于这种权力的一种力量，使权力处于分立、分散的状态。"[2] 一如泰勒所言，一种试图穿透、分立、消解权力的性质构成了市民社会的基本精神。然而，市民社会所力图消解、抵抗的权力并不仅仅是作为权力"上层建筑"或"终极形式"的政治权力（或国家权力），且包括更广泛的渗透于人类社会各个角落、作用于人身体的言说行动并贯穿于人的生命始终的更为微妙的福柯所谓的"生命权力"。或者可以说，市民社会抵抗和力图消解的是潜存于人类社会的一切不平等关系，使人与人的关系趋于一种真正的和谐与平等。

市民社会针对权力的斗争，首先表现在个体对权力强加于自己身上的印记

---

[1] 包亚明主编：《权力的眼睛——福柯访谈录》，严锋译，上海人民出版社 1997 年版，第 72 页。
[2] 邓正来、[美] 杰弗里·亚历山大编：《国家与市民社会——一种社会理论的研究途径》，上海世纪出版集团、上海人民出版社 2006 年版，第 31 页。

的抵抗实践中。福柯已向我们指出，在17、18世纪，西方世界经历了一次权力机制的深刻变化，"'让'人死或'让'人活的古老权力已经被'让'人活或'不让'人死的权力取代了"①。体现在封建君主身上的对人生杀予夺的暴虐性权力日渐退居历史的幕后，而一种积极地管理、抬高、增加、具体控制和整体调节生命的权力日益凸显出来，此种新型权力机制正是以生命为专横干预的对象。这一崭新的生命权力主要通过一种规范化的技术展开，它通过对人加以区分、监督、调控，将人的身体塑造得既有用又驯顺。而个人为了获得某种承认、获得某种被社会接受的"身份"（被承认为是"健康的人"或获得"正常人"的身份）也日益趋向于按"知识—权力"的规定进行自我实践或自我改造，人们心甘情愿地放弃自由，开始变得乐于服从。

美国人本主义心理学家弗洛姆曾指出："自由给人带来了独立和理性，但同时又使人陷于孤独、充满忧虑、软弱无力。"② 这种孤独让人难以忍受，许多人选择了逃避自由带来的不堪忍受的负担，重新去依赖、顺从他人。"对自由的逃避"也即朱迪丝·巴特勒所言的"对服从的依恋"，实际上正是康德所谓人类的"不成熟状态"的重要表现。人类的"不成熟"一方面源于潜存于自身之中的"服从心理"；另一方面源于权力技术在人身上产生的深层效应与结果。按照朱迪丝·巴特勒的研究，事实上"对服从的依恋是通过权力的运作生产出来的"③，权力在我们身心之上深深地烙上了它的印记，希望我们永远处于依赖、顺从的"不成熟状态"。因此，对于权力的抵抗，首要任务在于唤起人们对自我的真实关切，重拾运用自己的理智的勇气与决心，摆脱权力在我们身上的印记，而成长为一个真正"成熟的人"。

只要我们稍微回顾一下黑格尔与哈贝马斯的市民社会理论，我们就会发现：在黑格尔那里，家庭过渡到市民社会的一个显著特征就是家庭中的子女经过教育而成为自由的人格并被承认为"成年人"，这些独立的"成年人"是市民社会的构成成员。颇为巧合的是，哈贝马斯也十分看重关心公共事务且具有批判意识的公众对于市民社会形成的意义，将具备理性的判断和讨论能力的所谓

---

① [法]米歇尔·福柯：《性经验史》，余碧平译，上海人民出版社2009年版，第89页。
② [美]埃里希·弗罗姆：《逃避自由》，陈学明译，周洪林校，工人出版社1987年版，第11页。
③ [美]朱迪斯·巴特勒：《权力的精神生活》，张生译，江苏人民出版社2009年版，第6页。

"具有责任能力的行为者"视为生活世界（市民社会）的三大构成要素之一。事实上，正如黑格尔所言，市民社会产生于"现代世界"。观之西方的历史，我们发现，在现代世界中不仅形成了独立于国家的经济领域（市民社会的思考原型），更是出现了大批现代意义上的知识分子。这些与独立的经济领域相伴出现的知识分子既不同于向往"静观的人生"的古希腊哲学家，也区别于匍匐于上帝"启示"之下的中世纪知识分子，他们崇尚理性，具有高度自觉的独立人格，同时也十分重视"改变世界"的现实"行动"与"实践"。如果说，"现代世界"形成的独立于国家的经济领域是理解市民社会的现实原型，在此意义上，它构成了市民社会之"形"的话，那么，现代意义上的知识分子则是市民社会的构成要素——"成年人"或"具有责任能力的行为者"的思考原型，他们的存在为市民社会注入了"生命力"与"灵魂"。由此我们甚至可以进一步说，"成熟的人"，即一个康德所谓的有勇气、有决心承担起运用自己的批判性思考的责任的人，也即我们通常所说的具有理性且充满忧患与批判意识的"知识分子"，堪称市民社会精神的承载者，是市民社会得以产生的真正基础，他们肩负着建设与维持市民社会的历史重责。

其次，市民社会对权力的抵抗已经不是纯粹直接针对国家这一权力的终极形式，它并不诉诸总体性的革命，而是反对无时无刻不对人们施以影响的、多形态的日常权力的局部斗争，或者确切地说是拒绝日常权力的斗争。现实的权力关系并不局限于国家权力这一有限领域，它们以多种多样的形态深深扎根于社会的每一个关节之中——学校、兵营、医院、工厂、监狱，处处都飘荡着权力的魅影。换言之，权力以多形态的关系形式内在于我们日常生活领域的一切关系之中，在经济领域它们表现在雇主与工人、生产商与消费者、企业管理者与被管理者等关系中；在教育领域则渗透于教师与学生、班长与同学、教师与其领导等关系之中；在医院的医生与病人、医学与大众之关系中，权力也炫耀着自己的力量；甚至在男人与女人、父母与子女这些最一般、最普通的家庭关系之中，也难以逃脱权力的影响。权力已经渗透到我们最熟悉的日常生活、工作领域之中，因此，对于权力的反抗也应该从这些与我们的生活、与我们的利益最密切相关的领域出发，从抵抗这些领域中最不可忍受的现象开始。

而作为市民社会精神的承载者——知识分子——也应该抛却自己的高贵与

矜持，放弃自己一直遵守的"我的王国不在世间"（My kingdom is not of this-world）这一耶稣的信条，走出自己狭小的思想世界，积极寻求民众的支持与合作，共同用行动抵抗日常生活中的权力。因为知识分子已经不再是垄断教化权力的特殊阶级（如欧洲中古的僧侣），他们来自各种不同的社会阶级，和普通群众共同生活、工作在同一区域，他们都是权力关系中的一环，感受到的是相同的权力压力。在这些有关自己切身利益的领域，每个人都具有自己的认识与感受，在这方面，知识分子并不比一般群众懂得更多、感受到的更多。"人们批判最接近自己并在个体身上施加作用的权力机构，因而，这些斗争是无政府主义的直接的斗争。"[1] 马克思曾说："哲学家们只是用不同的方式解释世界，而问题在于改变世界。"[2] 的确，面对新的权力形式，知识分子不应该再以所谓的"精神贵族"自居，而应该走出自己狭隘的书斋，与普通民众一道投身于反对日常权力的实践斗争之中。需要指出的是，在对日常权力的抵抗斗争中，知识分子还承载着另外一项别人难以替代的使命，那就是揭露那些存在于日常工作生活中的"最难发现和最为阴险的权力"，使权力持有的策略与战略、权力运行的方式与借助的手段暴露于大众面前。知识分子作为某一特殊领域的专家，他们可以在一种普遍化的关照下，向普通大众客观地揭露、分析权力的来源、权力运行的种种策略与方式。从而依靠一种类似于哈贝马斯所谓的"更好理由"的语言力量，唤起大众对自己所处的权力环境的清醒认识，唤起深藏于每一个人心目中的反抗意识和对美好生活的向往。诚如福柯指出的："如果说指出这些权力来源构成反对权力斗争的一部分（谴责和大肆张扬）的话，这并不是因为人们以前不知道它们，而是因为，谈论这个话题，迫使制度化的信息网倾听，指出名字，揭发罪状，找准目标，仍是颠覆权力和展开对现存权力形式新斗争的第一步。"[3] 这既是一种理论活动，更是一种意义深远的实践行为。

最后，注重与多形态的权力形式进行局部的斗争，并不意味着国家权力这一市民社会长期试图规范的对象已经被排除在市民社会的规范、约束之外。一

---

[1] 莫伟民：《莫伟民讲福柯》，北京大学出版社2005年版，第218页。
[2] 《马克思恩格斯文集》第一卷，人民出版社2009年版，第506页。
[3] 陆炜：《知识分子和权力：法国哲学家 M. 福柯和 G. 德勒泽的一次对话》，《哲学译丛》1991年第6期。

方面，国家权力作为权力网络的"上层结构"，其效应的施展必然依靠那些深深扎根于社会各个角落的微观权力，因此，对这些微观权力的抵抗必然会影响到国家权力整体效果的发挥，从而以一种间接的方式抑制国家权力的无节制扩张；另一方面，这些施展于百姓日用之上的日常权力体现着国家权力的运行策略，反映着国家权力的战略意图，因此，对于它们的直接抵抗，会间接地迫使国家调整自己的策略与战略，规范权力的运作方式，使权力的运行趋于合理与规范。不难发现，以上体现的是一种对国家权力的间接抵抗，事实上，市民社会也并未放弃对国家权力施以直接的影响。例如哈贝马斯就为我们指出：通过生活世界的非强制沟通给法律条文提供一种超越于纯粹合乎法律的合法性，从而将生活世界中未被系统扭曲的平等沟通传播到现实国家的规章当中。然而，一旦我们发现，哈贝马斯所谓的没有权力介入的"非强制沟通"实际上也难以摆脱权力的渗透时，我们则应该以一种更加直接的方式——社会运动和公民倡议行动（环境主义、和平主义、家庭主义或者其他运动）——对国家法律的制定与执行施以影响。这是一种积极的、注重行动的沟通，它并不是为了获取权力，使体制的运行服从自己的逻辑，而是希望对法律施以直接的影响，使其与市民社会形成一种以人的全面发展与幸福为导向的良性的互动关系。诚如英国当代著名的马克思主义史学家佩里·安德森所言："直接民主的冲动能够以舆论的形式间接影响资本世界和政府，纵使舆论永远不会占领金钱和权力的堡垒，至少也可以围攻它们。"①

四 小结

由以上的分析我们发现，将福柯的微观权力理论引入市民社会的理论研究，极大地扩展了我们对市民社会的理解：市民社会已经不再试图通过自己单纯的纯洁性来维持自己的活力，也不再试图通过所谓的"话语交往"来保障自身的活力，而是以一种更为积极的批判的实践力量来展现自己抵抗权力、消解权力的精神，从而将自己的活力实实在在地展现出来。市民社会对于权力的规范与抵抗，并不仅仅局限于国家权力的范围之内，而是进一步扩展到一种福柯意义

---

① ［英］佩里·安德森：《思想的谱系：西方思潮左与右》，袁银传、曹荣湘译，社会科学文献出版社 2010 年版，第 147 页。

上的更为广泛的日常权力的使用。我们可以发现，西方近代市民社会的兴起，不仅源于经济本身的因素，更有一层文化的背景作为其基础，我们可将其称为"市民社会的精神"。此种精神可以看作对包含国家权力在内的福柯所谓的日常权力的消解与抵抗，这一精神是在西方市民社会理论自我批判的进程中逐渐形成的，是市民社会生命力的真正源泉，也是市民社会得以在近代西方兴起的最重要原因。明乎此，我们不禁要问，在中国传统文化中，尤其是在儒家文化中，是否存在某些与"市民社会的精神"相契合的文化资源？另外，西方市民社会的精神强调对于日常权力的规范与抵抗，其理论表现是解构有余而建构不足，换言之，他们只看到权力（差异）的消极方面，却忽视了权力（差异）存在的必要性或积极一面，这样就使得在现实中，过分强调市民社会的抵抗精神终将导致一种缺乏必要规范的"无政府状态"。正是由于西方市民社会精神所表现出的诸多问题，我们还需要进一步追问，中国传统儒家文化资源对于我们批判性地反思"市民社会的精神"又具有哪些意义？

第四章 一种东方式的反思视角：儒家社会思想中的公共精神

第一节 儒家"士"的传统

一 士之"智"

市民社会无论是作为一种社会实在，还是作为一种哲学话语，都是近代欧洲或西方资产阶级文明的产物。它之所以能够出现在近代欧洲，主要基于两方面的原因：其一，"市民社会是资本主义商品经济对社会结构的改造过程的历史产物"[①]。资本主义经济在近代西方的出现与蓬勃发展，造就了一个独立于国家或政治社会的、受自身规律调整的自由经济领域，这一摆脱国家干预的独立自主的经济领域构成了市民社会得以产生的现实基础。其二，一如资本主义在西方的兴起与韦伯所说的以"新教伦理"为主要来源的"资本主义精神"密切相关那样，市民社会也有其赖以滋生的"市民社会的精神"，此一精神也即启蒙运动激发出的冲破权力、追求自由、投身世俗公共事业的独立自主的实践精神。西方近代市民社会的兴起必须在此二者之间的交互影响、相互作用中求之，虽然本书主要限于对后者的分析。历史证明，社会与国家权力相分离这样的形势是十分短暂的，随着经济日益受到管制以及有组织的压力集团介入行政机关，曾经一度短暂分离的国家与社会开始相互渗透，并重新走向结合。然而这一历史形势的变化，并未使市民社会在西方世界走向消亡；相反，市民社会在西方的发展甚至表现出日益壮大的趋势。由此，我们可以说，社会与国家相分离虽

[①] 袁祖社：《权力与自由：市民社会的人学考察》，中国社会科学出版社2003年版，第50页。

第四章 一种东方式的反思视角：儒家社会思想中的公共精神

是市民社会得以产生的基础之一，但并不是关系其存亡的根本基础。进而言之，在当今世界，完全独立于国家权力的实体性市民社会已经不复存在（事实上，其在历史上的存在也已经受到人们的普遍质疑），市民社会若要保持自身的活力，更需要传播和发扬自己所代表的那种不懈地抵抗权力、规范权力的精神，并由此维持自己相对独立于权力的地位。

既然市民社会是西方文明的产物，那么，在遥远的东方古国——中国——是否有过一个类似于西方的市民社会？这个问题深深困扰着当代中西方的学者。学者们就此问题进行了多次讨论。例如，1991年4月在美国新奥尔良举行的亚洲学会年会期间，曾组织了一次题为"市民社会在人民中国"的专题讨论会；同年11月，在华盛顿的威尔逊中心又召开了一次专门讨论"中国是否有过市民社会？"的小规模会议；而在1992年5—6月，上海复旦大学与美国加州大学伯克利分校联合主办的有关中国现代化问题的研讨会上，"中国是否有过市民社会？"成为学者们热烈讨论的主题。关于这一问题的讨论在中西学界层出不穷，经过细致的研究与讨论，学者们基本接受这样的认识，即在中国历史上社会一直没有形成独立的、自治的结构性领域。造成这一现象的原因主要是"在传统中国，国家与家庭之间是同构关系，国不过是家的放大，对家长权威的认同，隐喻着对国家权威的维护"[1]。由此可见，黑格尔所强调的那种介于家庭与国家之间，并且独立于国家的、作为社会存在的市民社会并未在中国漫长的历史中真正产生。

然而，学者们又试图论证在中国晚清和中华民国时期就已经存在所谓的"市民社会因素"，并将存在于这一时期的法人社团和自愿结社等同于前现代的市民社会。"某种具有明显特征的前现代市民社会往往表现为法人社团和自愿结社的形式：行会、同乡会、家族和门第、同姓社团、邻里社团和诸如庙宇社、拜神社、寺院和秘密团体等宗教团体。也许，所有这些组织所共有的最重要的特征就是，它们都是在国家领域之外或独立于国家领域而建立的。"[2] 同时他们注意到在20世纪80年代的经济改革大潮中，市民社会作为非国家经济团体活动领域具有某种再现的痕迹。"在经济改革的促动下而繁荣发达起来的中国企业

---

[1] 何中华：《市民社会结构的现代性特点刍议》，《苏州大学学报》2011年第2期。
[2] 邓正来、［美］杰弗里·亚历山大编：《国家与市民社会——一种社会理论的研究途径》，上海世纪出版集团、上海人民出版社2006年版，第337页。

正越来越多地谋求解脱它们只为国家服务的社会功能、解脱与国家的行政联系。由于它们获得了相对于国家而言的自主性,经济经营组织越来越多地在没有官僚行政渠道的垂直性居间调停下进行相互间的交换往来。这样,市民社会层面的整合在经济领域得到了促进而且市民社会开始与国家相分离。"①

的确,诚如学者们指出的那样,在中国晚清和中华民国时期已经存在一些实体性的"市民社会因素",然而,由于某些历史原因,这些本就难得的"市民社会因素"在当时中国社会出现不久就随即消失。新中国成立以后,随着改革开放与社会主义市场经济在我国的确立,市民社会又重新迎来某种适合自己出现与发展的有利环境。然而,我们不禁要问,这样是否就意味着市民社会在中国的出现已经成为水到渠成的事情?许多人已经开始乐观地准备迎接市民社会在中国大地的降临。可是,在笔者看来,如果没有启蒙带来的"市民社会的精神",市民社会在西方的出现也许只会是一种泡影,至少市民社会不会拥有足够维持自己的存在与壮大的强大生命力,其最终还会走向与国家权力相互渗透、相互勾连的消亡道路;同样,如果在中国缺乏一种"市民社会精神"的支持,市民社会在中国的出现也只会是一种奢谈,至少很难出现一种健康的、充满活力与持久生命力的市民社会。

不可否认,西方意义上的"启蒙运动"并未在中国历史上真正出现。虽然人们通常把"五四运动"看作类似西方的启蒙运动,甚至就把它叫作中国的启蒙运动,可是它和西方的启蒙是有明显区别的。② 然而,这并不意味着"市民社会精神"只是西方文化的特有资源。作为一种试图冲破权力网罗而走向民主、平等的精神,作为一种与权力不懈抗争的力量,市民社会无疑代表了一种更具普遍意义的精神价值。在中国深厚的传统文化资源中,尤其是在坚持"内圣外王"、积极入世的儒家文化传统中,我们可以发现诸多与"市民社会精神"相契合的资源,依托这些资源可以为我们进一步批判性地反思"市民社会的精神"提供一种具有东方特色的视角。

---

① 邓正来、[美]杰弗里·亚历山大编:《国家与市民社会——一种社会理论的研究途径》,上海世纪出版集团、上海人民出版社2006年版,第374页。

② 关于"五四运动"与西方启蒙运动的区别可参见杜维明与黄万盛两位先生之间题为"启蒙的反思"的对话,也可参见余英时先生《文艺复兴乎?启蒙运动乎?——一个史学家对五四运动的反思》等文献。

第四章 一种东方式的反思视角：儒家社会思想中的公共精神

通过前文的考察我们发现，市民社会首先建立在个体自觉这一基础之上：个体意识到自己真实的权益、需求与价值，逐渐摆脱"不成熟状态"而成长为具有明确判断能力与责任能力的"成熟的人"。"成熟的人"在黑格尔那里表现为具有自由人格并被承认为"成年人"的人，他们是构成市民社会的成员；而在哈贝马斯那里，"成熟的人"也即具备理性的判断和讨论能力的所谓"具有责任能力的行为者"，他们是生活世界（市民社会）的三大构成要素之一。从某种意义而言，这些"成熟的人"是市民社会精神的承载者，是市民社会得以产生的真正基础。因为只有这些具有明确判断能力和责任能力的人，才能自觉肩负起反抗权力的重任而不致沦为受他人煽动的大众，他们的存在可以为市民社会注入不息的生命活力。

德国哲学家康德在《答复这个问题："什么是启蒙运动"》一文中，曾给所谓的"成熟状态"下了一个简明扼要的界说，即"有勇气在一切公共事务上运用理性"。这句话恰好可以代表西方近代知识分子的精神，它有别于古希腊哲学家"静观冥想"以追求永恒真理的精神，也不同于中世纪基督教教士力图以"信仰"而不是"知识"来"救世"的传统。较之古希腊哲学家，近代知识分子注重的是"改变世界"的"行动的人生"；而较之基督教的教士，近代知识分子则更注重理性与知识。诚如余英时先生所言："启蒙运动以来的西方'知识分子'则显然代表着一种崭新的现代精神。和基督教的传统不同，他们的理想世界在人间不在天上；和古希腊的哲学传统也不同，他们所关怀的不但是如何'解释世界'，而且更是如何'改变世界'。"[①]

与西方的传统相对照，我们可以发现，儒家"士"的传统与西方近代知识分子的精神多有相契之处。一方面，与西方近代知识分子相同，儒家的"士"在中国历史上一直以"读书明理"的形象见闻于世，"知识"与"理性"乃"士"的必要支撑。众所周知，孔子揭开了中国传统思想史的真正序幕，也为儒家学说奠定了基础，事实上，他也代表了儒家"士"的最初原型。在孔子的时代，夫子就以博学著称于世，被人们看作几乎无所不知的"圣人"。对于孔夫子的学识，其弟子颜回曾十分叹服地感慨道："仰之弥高，钻之弥坚。瞻之在前，

[①] 余英时：《中国知识人之史的考察》，广西师范大学出版社2004年版，第118页。

忽焉在后。"(《论语·子罕》)而与孔子同时的一位"达巷党人"对他的评论则说:"大哉孔子!博学而无所成名。"(《论语·子罕》)那么,孔夫子又是如何评价自己的呢?夫子言道:"默而识之,学而不厌,诲人不倦,何有于我哉?"又言:"十室之邑,必有忠信如丘者焉,不如丘之好学也。"(《论语·公冶长》)而当孔子最为得意之弟子颜回去世后,孔子不无悲伤地叹息道:"今也则亡,未闻好学者也。"(《论语·雍也》)可见,"好学",也即对于知识、理性的不懈追求,才是孔子自己最为津津乐道的品格,同时也是夫子有别于普通乡人最为显著的特征。自孔子以降,知识与理性就成为我国传统之"士"最重要的凭借。例如孟子就将"智"与"仁""义""礼"并举,视为人之"四德",并指出"君子所性,仁义礼智根于心"(《孟子·尽心上》),君子就是兼具此"四德"之人;而荀子更有《劝学》一篇,明白言道:"学不可以已……君子博学而日参省乎己,则知明而行无过矣。"(《荀子·劝学》)君子乃是"道法之总要",对于他们而言,学习是没有止境的,他们唯有通过广泛地学习和积极地自我反省,才会变得聪明并且行为上少犯错误。

注重学问与知识的修养自先秦以来就是儒家知识分子的普遍共识。然而,如果说先秦之际儒家传统所注重的知识尚以实践、实用、生活为目的,而与"仁""义""礼""信"等伦理价值相互涵摄,故可名之为一种"价值知识论"的话,那么,到了宋明时期,"宋明儒学不但发挥了先秦儒家涵摄的价值知识论,同时也明白肯定了知识的重要性,而视之为达到价值目的的根本途径"[1]。

在"关学"创始人张载的学说中,就可以看到其对"见闻之知"与"德性所知"的明确区分。"见闻之知,乃物交而知,非德性所知;德性所知,不萌于见闻。"[2]"世人之心,止于闻见之狭;圣人尽性,不以见闻梏其心,其视天下,无一物非我。"[3]牟宗三先生指出,"见闻之知是属于'知识意义'者,即所谓经验知识"[4],它已属于"纯粹知识"或"理论知识"。然而,知识虽有"见闻之知"与"德性所知"之别,但是知识分子须以理性、知识为凭借这一传统并

---

[1] [美]成中英:《从中西互释中挺立》,中国人民大学出版社2005年版,第85页。
[2] (宋)张载:《张载集》,中华书局2008年版,第24页。
[3] (宋)张载:《张载集》,中华书局2008年版,第24页。
[4] 牟宗三:《心体与性体》上册,上海古籍出版社1999年版,第466页。

未改变，故在张载心目中，圣人应该"周知万物"，并具有统会"见闻之知"与"德性所知"之"大德"。余英时先生曾指出"知"区分为"见闻之知"与"德性之知"两类是宋代儒家的新贡献，"大略地说，这一划分始于张载，定于程颐，胜于王阳明，而泯于明清之际"①。可见对知识的区分以及由此衍生的有关知识的进一步探讨是张载以来儒家知识分子普遍关注的问题。

与"见闻之知"和"德性所知"之争论相应，宋儒亦发展出了有关"尊德性"与"道问学"这一对后世颇具影响的公案。"尊德性而道问学"一语出自《中庸》，原本不可分。但自朱陆鹅湖之会（1175年）以后，便逐渐发展出朱子重"道问学"、象山重"尊德性"的分别。朱子在《答项平父书》中写道："大抵子思以来，教人之法，惟以尊德性、道问学两事为用力之要。今子静所说专是尊德性事，而熹平日所论却是问学上多了。"② 陆象山闻之后，则反驳道："元晦欲去两短合两长，然吾以为不可，既不知尊德性，焉有所谓道问学？"③ 自此之后，朱熹与陆象山在"道问学"与"尊德性"问题上多有阐述，足见他们对学问功夫的重视。朱陆鹅湖之会明确了"尊德性"与"道问学"之分别，同时也开启了后儒对这一公案的争论。元代吴澄曾说："朱子道问学功夫多，陆子静却以尊德性为主。问学不本于德性，则其弊偏于言语训释之末，果如陆子静所言矣。今学者当以尊德性为本，庶几得之。"④ 明末大儒黄宗羲也曾言道："况考二先生之生平自治，先生（指陆象山）之尊德性，何尝不加工于学古笃行？紫阳（即朱熹）之道问学，何尝不致力于反身修德？特以示学者之入门，各有先后，曰：此其所以异耳。"⑤ 而被梁启超称为"前清学者第一人"的戴震亦阐述了自己的观点："宋之陆，明之陈（献章）、王，废讲习讨论之学，假所谓尊德性以美其名，然舍夫道问学则恶可命之尊德性乎？"⑥ 一如"闻见"与"德性"之争，"尊德性"与"道问学"这一公案亦泯于明清之际。由此我们不难看出儒家知识分子对于知识与理性的认真与执着。古人曾以"通古今，决然

---

① 余英时：《中国知识人之史的考察》，广西师范大学出版社2004年版，第457页。
② （宋）朱熹：《朱子全书》第二十三册，上海古籍出版社、安徽教育出版社2002年版，第2541页。
③ （宋）陆九渊：《陆九渊集》，中华书局1980年版，第400页。
④ 余英时：《中国知识人之史的考察》，广西师范大学出版社2004年版，第437页。
⑤ （清）黄宗羲：《宋元学案》第三册，中华书局1982年版，第1886页。
⑥ （清）戴震：《戴震全书》第六册，黄山书社1994年版，第371—372页。

否"六个字表示"士"的特性,"尊德性"与"道问学"不仅是获取"通古今,决然否"之知识与能力的重要途径,也是古代之士识道、知道并最终以身载道、以身行道的重要功夫。一如西方知识分子一贯执着于理性知识那样,中国传统知识分子"以道自居",亦将知识与理性视为自己最重要的凭借。然而,毋庸讳言,中国知识人虽然明确区分了"见闻之知"与"德性所知",然而,在他们内心深处仍是比较偏好"出于人情好恶"、偏于主观的"情理"而非"存于事物"、偏于客观的"物理"。①

二 士之"仁"

杜维明先生在论及孔子"志于学"时曾指出:"对孔子来说,'学'不只是取得经验的知识,也不只是在社会中使适当的行为方式内向化的方法,而是使自己成为自觉的人。所谓学就是意味着不断深化着如何成人的个人知识,通过这样的学,他把自己的生命转化成为一个有意义的存在物。"② 可见,在孔子那里,"学"不仅在于追求理论性的知识、经验,更在于获得一种能够指导自己生命伦理实践的价值性知识。此种理论与价值并重的知识虽经宋明儒者进一步知识化,但并未产生西方意义上的那种所谓"知识之知识"的纯粹知识。梁启超先生说:"中国先哲虽不看轻知识,但不求知识为出发点,亦不求知识为归宿点。中国哲学以研究人类为出发点,最主要的是人之所以为人之道。"③ 张再林先生也曾指出:"在古人看来,圣人之成为圣人并不在于其像西方智者那样其更多地以思想的明晰了悟宇宙的真谛,而在于其更多地以一体之仁关怀人间的苦难。而这种对社会难以自己的忧患意识,使其像基督、释迦那样身披救世的神圣光环,其自身的生命已民吾同胞地与整个人类的幸福、命运血肉相连和休戚相关。"④ 的确,儒家知识分子"以道自居",对于知识与理性的坚持一直以来都是他们的重要特征。然而他们所坚持的"道"是"人之所以为人之道",也

---

① 对于"情理"与"物理"以及与之相应的"理性"与"理智"的区分,可参见梁漱溟先生《乡村建设理论》一书"士人即代表理性以维持社会者"一节。
② 杜维明:《人性与自我修养》,中国和平出版社1988年版,第42页。
③ 梁启超:《梁启超哲学思想论文选》,葛懋春、蒋俊编选北京大学出版社1984年版,第488页。
④ 张再林:《爱智之学与成人之教——中西哲学观的歧异与会通》,《西安交通大学学报》(哲学社会科学版)2003年第2期。

第四章 一种东方式的反思视角：儒家社会思想中的公共精神

即"成人之道"，"其旨在追求的不是外在的物理的识知，而是之于内在的人性的体认"。① 由此我们可以说，儒家凭借的理性既是一种类似于西方传统的"理论理性"或"思辨理性"，更是一种以生命实践为指向的徐复观先生所说的"具体生命理性"。这是一种以实践、实用、生活为目的的理性，由此自然生发出儒家"即知即行""即动即静"的注重社会践行的性格。

因此，如果说西方俗世知识分子从启蒙运动以后才开始注重"改变世界"的行动与实践的话，那么近乎宗教性的"明道救世"的使命感与践行精神则自古不变地深深镌刻在儒家知识分子的性格之上。

孔子言："笃信好学，守死善道。危邦不入，乱邦不居。天下有道则现，无道则隐。邦有道，贫且贱焉，耻也；邦无道，富且贵焉，耻也。"（《论语·泰伯》）又言："士志于道，而耻恶衣恶食者，未足与议也。"（《论语·里仁》）钱穆先生解释曰："孔子之教，在使学者由明道而行道，不在使学者求仕而得仕。若学者由此得仕，亦将藉仕以行道，非为谋个人生活之安富尊荣而求仕。"② 由此可知，早在中国知识阶层刚刚出现在历史舞台上的时候，孔子便给他灌注了一种近乎宗教信仰的精神——"士志于道"，"士"应该能超越自己个体和群体的得失利害，而发展对整个社会（"天下"）的深厚关怀，不仅要"好学"以"明道"，更要"守死善道"，乐于"行道"。余英时先生指出"仁义为儒家之道，故志于仁义即志于道"③，进而言之，所谓"行道"，即在于践行"仁义之道"，在于"博施济众""泽及于民"。由此我们就不难理解对于管仲这一颇具争议的人物，孔子为何极为称颂。"子贡曰：'管仲非仁者与？桓公杀公子纠，不能死，又相之'子曰：'管仲相桓公，霸诸侯，一匡天下，民到于今受其赐。微管仲，吾其被发左衽矣'。"（《论语·宪问》）管仲一匡天下，泽及当世及身后万民，所行乃"仁道之大"，与此相较，追随故主而死，在孔子看来只是匹夫匹妇之"小信"、小节，夫子"不责其死而称其功"，由之可见实践、事功在孔子心目中的分量。也正是由于怀揣着"志于道""行于道"的信念，当孔子遭遇到不

---

① 张再林：《爱智之学与成人之教——中西哲学观的歧异与会通》，《西安交通大学学报》（哲学社会科学版）2003 年第 2 期。
② 钱穆：《论语新解》，九州出版社 2011 年版，第 85 页。
③ 余英时：《中国知识人之史的考察》，广西师范大学出版社 2004 年版，第 49 页。

得不去父母之邦并斥于齐、逐于宋卫、困于陈蔡等不见容于世之打击时，他仍然"造次必于是，颠沛必于是"，一如既往地以推行"仁道"为己任。

孔子的弟子曾参发挥师教，对"士志于道"的精神加以进一步阐释，他说："士不可以不弘毅，任重而道远。仁以为己任，不亦重乎？死而后已，不亦远乎？"（《论语·泰伯》）像管仲那样可以身居显位而力行仁道的境遇实为难得，大多数儒者如其先师孔子一样，终其一生也难以获得施展自己以仁道救世之抱负的机会。然而曾子却教人以"仁道"为己任，不畏"任重道远"，即使不见行于世，也要坚持、坚持，直至"死而后已"。此种慷慨凛然的行道济世情怀，激励着之后无数的知识分子。故孟子"周游列国"屡屡奔波于齐、宋、鲁、魏等国以推行其"仁政"理想，然而终不见用于当世，虽如此，他却仍发出"士穷不失义，达不离道。穷不失义，故士得己焉；达不离道，故民不失望焉。古之人，得志，泽加于民；不得志，修身见于世。穷则独善其身，达则兼济天下"（《孟子·尽心上》）之陈词。荀子亦赞叹大儒之德行"通则一天下，穷则独立贵名，天不能死，地不能埋，桀跖之世不能污，非大儒莫之能立，仲尼、子弓是也"（《荀子·儒效》）。而他自己也曾三为齐"稷下学宫"之"祭酒"，又曾西游入秦，议兵于赵。而在汉末党锢之祸愈演愈烈之非常时期，"士志于道"之传统亦未中断，诸如"高自标持，欲以天下风教是非为己任"之李膺，"有澄清天下之志"之陈蕃、范滂，这些心忧时局之"善士"层出不穷，他们用自己的行为甚至不惜用自己宝贵的生命书写并坚守着儒家"士志于道"的传统。到了宋代，儒家更是倡导"以天下为己任"和"先天下之忧而忧，后天下之乐而乐"之儒者风范。余英时先生指出："'以天下为己任'可以视为宋代'士'的一种集体意识，并不是极少数理想特别高远的士大夫所独有；它也表现在不同层次与方式上面，更非动辄便提升到秩序全面重建的高度。"① 由此我们可以看到理学宗师张载虽"有意三代之治"，却又可以将其秉持之"道""验之一乡"，以"礼"化"俗"；可以看到范仲淹首创"义庄"而"验之一族"；同时也可看到当王安石主持"熙宁变法"时，当时之士大夫或以支持的态度或以反对的态度，纷纷积极参与到变法之中。宋代是知识分子"以天下为己任"之大自觉时

---

① 余英时：《朱熹的历史世界》，生活·读书·新知三联书店2011年版，第218页。

期，较之以往，宋代士阶层不但在知识文化方面更为积极、成熟，他们在政治上所表现出的主动性也超过了以前的汉、唐和之后的元、明、清。宋儒承继先秦儒家"士志于道"之传统，其所进一步发展开创的"先天下之忧而忧，后天下之乐而乐"之新风范，一直被后世自觉地坚守、秉持。

三 士之"勇"

孔子曰："君子之道者三……仁者不忧，智者不惑，勇者不惧。"（《论语·宪问》）《中庸》亦言："知、仁、勇，三者天下之达德也。""仁""智""勇"是孔子心目中"君子"所应该具备的三种品德，也是中国知识人一直十分重视的品德。如果说"好学""明道"对知识理性的不懈追求近于"智"，以道自任、立志行道近于"仁"，那么"勇"作为实行"仁义之道"的条件之一，其首先内在于"士志于道""士以天下为己任"之仁者使命与抱负之中。因为"仁者必有勇"，"士"不论穷通否泰、不畏重压强势仍能坚守"仁义之道"，仍能不改行道之坚持，这需要莫大的勇气。故当孔子深感己道难行，发出"道不行，乘桴浮于海"（《论语·公冶长》）之慨叹时，在其脑海中浮现出的唯一能够和他同行的弟子就是子路。而他对这个弟子的评价则是"由也，好勇过我，无所取材"。在孔子看来，在道难行于世之艰难境遇，子路仍能始终不渝地"志于道"，随夫子"乘桴浮于海"，这本身就是"勇"的一种表现。无论何种境遇，子路总能不改初衷始终追随孔子，表现出的不仅是一种勇气，更是一种侠者义气，故古人经常"勇""义"并称，"儒""侠"并重。

而据近代一些学者的考证，"士"虽有所谓"儒士"与"侠士"或"武士"与"文士"之分，但是最初"儒"与"侠"或"文"与"武"是不分的，儒家之"士"亦然。顾颉刚先生在《武士与文士之蜕化》一文中就曾指出："儒家以孔子为宗主，今试就孔子家庭及其弟子言之……足见其时士皆有勇，国有戎事则奋身而起，不避危难，文武人才初未尝界而为二也。"[1] 正是由于这一原因，中国古代知识人既有儒者之"文"与"雅"，又不乏侠者之"勇"与"义"，而圣贤与豪杰精神并重也成为中国文化之一大特色。

---

[1] 顾颉刚：《史林杂识初编》，中华书局1963年版，第86—87页。

"勇"更直接地表现于儒家以"道"抗"势"的传统中。儒家知识分子自其出现始,便以理性为依凭,他们"好学"以"求道"、识道,道明于心,故"志于道",以宣扬、推行自己所秉持的道为己任。由之可见,"士"与"道"须臾不可分离,一如余英时先生所言"在中国史上,知识人一开始便和'道'是分不开的"①。"道"的观念在孔子以前大体上指的是"天道",即以"天道"变化来说明人事的祸福吉凶。此种具体的、主管人间吉凶祸福的"天道"尚未完全脱离原始宗教的神秘,它只是少数具有特殊能力的人的专有物,如商代的卜人,周代的巫、瞽或史。但是卜人、巫、瞽或史只是"士"的一小部分,其余的"士"则和天道并没有直接关系。到了孔子的时代,"天道"的信仰发生了动摇,"道"的重心从"天"转向"人","天道"和"人道"日趋结合。这样一方面成就了中国哲学所谓"天人合一"的倾向和"内向的超越"特色;另一方面也使得"士"与"道"的普遍相依成为可能,由此也开启了中国古代"士志于道"的传统。而儒家所言之"道",即是他们所大力宣扬的所谓"即世间"又"超世间"之"仁义之道",他们立志行道,就是希望用"仁义之道"来改变世界,也即"以超世间的精神来过问世间的事"。②

　　以道自任,行道以济世是儒家一贯之性格,他们自始便试图用超世间的精神("道")来过问世间的事。然而就其身份地位而言,"士"在先秦时期多为"游士","士、农、工、商",他们虽贵为"四民"之首却多"无恒产",因此只得如孔、孟般周游于列国之间以推销自己的治国主张。进入秦、汉之后,"士"经过"士族化"与"恒产化"或"地主化"而摆脱漂游无根的状况,转而变之为具有深厚社会经济基础的"士大夫",然而他们仍属"四民"之列。作为"四民"之一的"士"并无过多客观的凭借可资利用以推行自己的治国主张,因此,他们若想以超世间的精神来管理人间帝王的事务,就必须以俗世帝王之"势"为凭借,必须和政治权力发生面对面的关系。故荀子区分了"圣人之不得势者"与"圣人之得势者",指出:"若夫总方略,齐言行,壹统类,而群天下之英杰而告之以大古,教之以至顺;奥窔之间,簟席之上,敛然圣王之文章具焉,佛然平世之俗起焉;六说者不能入也,十二子者不能亲也;无置锥

---

① 余英时:《中国知识人之史的考察》,广西师范大学出版社2004年版,第4页。
② 余英时:《中国知识人之史的考察》,广西师范大学出版社2004年版,第11页。

第四章 一种东方式的反思视角：儒家社会思想中的公共精神

之地而王公不能与之争名；在一大夫之位，则一君不能独畜，一国不能独容；成名况乎诸侯，莫不愿以为臣。是圣人之不得势者也，仲尼、子弓是也。一天下，财万物，长养人民，兼利天下，通达之属，莫不从服，六说者立息，十二子者迁化，则圣人之得势者，舜、禹是也。"（《荀子·非十二子》）圣人若想推行自己之主张，行道以济世，从而能"一天下，财万物，长养人民，兼利天下"，就必须"得势"，其或者如舜、禹那样拥有帝王之权势，成为人世间的"哲学王"，或者借助俗世帝王之"势"，得君以行道。就前者而言，只能发生在儒家所设想的理想社会时期，而在现实的社会中几无可能，因此，唯有后者，即以俗世帝王之政治权势（"势"）为凭借才有可能使儒家之"道"行乎于世，而这也正是自孔子以来儒家一贯采取的策略。

一旦儒家之士与俗世政治权威发生面对面之关系，"道"与"势"就处于一种不可避免的紧张关系之中。在此种形势下，真正的儒家知识分子总是义无反顾地以道自任，在他们心目中"道"是明显尊于"势"的。孔子言"邦有道，谷。邦无道，谷，耻也"（《论语·宪问》），朱熹集注解释曰："谷，禄也。邦有道不能有为，邦无道不能独善，而但知食禄，皆可耻也。"[1] 在孔夫子看来，出仕食禄完全取决于国家是否"有道"，国家有道，固当出仕食禄；国家无道若仍是出仕食禄，则是十分可耻的事情。如若出仕为臣，则必须以道事君，不应以君王的好恶为取舍，如果自己秉持的"道"难以实行，那就应该离开了。由此可知，孔子鼓励"士"应该保持一种自由、独立的人格尊严，应该"以身行道"，与道同进、同退。孔子甚至还曾言道："志士仁人，无求生以害仁，有杀身以成仁。""道"（即"仁道"）较之自己的生命且更为可贵，那么，君王的权势（"势"）与"道"相较则更为次之了。故孔子"危邦不入，乱邦不居"，"忧道不忧贫"，绝不枉道以从势，绝不使"道"受得半点委屈。因为对于儒家而言，身、道本是一体，道不离身，身亦须臾不可离道，"道"是知识分子身份与尊严的保证，"道"的委屈也就是"士"自己的委屈，知识分子唯有尊显其"道"，才会尊显其身；而"道"的庄严性也只有透过个别知识分子的自尊自重始能显现出来。由此，我们才会明白儒家为何如此重视"修身"，因为"修身"

---

[1] （宋）朱熹：《四书章句集注》，中华书局1983年版，第148—149页。

即是"修道""行道",也是明白"显道"。换言之,知识分子通过个人的修养保证了"道"的真实性与庄严性,同时也通过自己的行为举止将"道"鲜明地表现出来,从而坚定了一般人对于"道"的敬仰,坚定了一般人对于"道"的信念,正是献身于道的不懈坚持,使得"士"总是可以保持着某种相对于"势"的独立性,并赢得了与俗世帝王之"势"相争议、相抗衡的力量与尊严。

儒家尊显其"道"以期与"势"分庭抗礼的观念在孟子那里表现得最为突出。如果说在孔子那里,"道"与"势"的关系问题只是初具其形,尚未明确表现出来的话,那么孟子则正式提出了"道"与"势"的关系问题,而且明确地把"道"置于"势"之上。孟子说:"古之贤王好善而忘势,古之贤士何独不然?乐其道而忘人之势。故王公不致敬尽礼,则不得亟见之。见且由不得亟,而况得而臣之乎?"(《孟子·尽心上》)在孟子看来,所谓贤君必定尊德乐道、屈己以礼贤,而贤士一定不枉道而求利,总是能坚守着自己所奉行的"道"。"乐道忘势"成为评价君与士是否贤明的重要标准。孟子进而强调,君臣之间要"去利,怀仁义以相接"(《孟子·告子下》)。在其看来,有大作为的君主一定有他的"不召之臣",若有什么事相商,也应亲自到臣子那里去商量。君主应该"尊德乐道",如果不这样,便不足和他有所作为。在孟子那里,"道尊于势"不仅仅是一种信念,更是一条自己时时不忘以身践行的行为准则。故当孟子准备去朝见齐王,齐王以有寒疾不能受风为借口派人告诉孟子不能亲自去看他时,夫子亦托言自己身体有恙,不能去朝廷朝见齐王;而当齐王派人问病且再次相召时,他甚至不惜在景丑的家中歇宿以躲避齐王的召唤。孟子一生周游列国,期望寻得明主施展自己的"仁政"理想,然而面对齐王的召唤,他又数次躲避之,此种行为实在让人颇难理解。事实上,在此,孟子完全以道自居,在其看来,自己与道休戚相关,如果自己屈己以从势,那不仅仅是自己的委屈,更是道的委屈。明乎此,我们就会了解孟子近乎执拗地不愿朝见齐王的真正原因。由此观之孟子之言行,"道"尊于"势"可谓明矣。"道"尊于"势"是孟子心中坚不可破的信仰,而当"道"与"势"发生激烈冲突时,孟子甚至赞成"以有道伐无道"之"汤武革命"以诛杀所谓的"独夫"。"齐宣王问曰:'汤放桀,武王伐纣,有诸?'孟子对曰:'于传有之。'曰:'臣弑其君,可乎?'曰:'贼仁者谓之'贼',贼义者谓之'残'。残贼之人谓之'一夫'。闻诛一夫纣矣,

第四章 一种东方式的反思视角：儒家社会思想中的公共精神

未闻弑君也。"(《孟子·梁惠王上》)

"道"与"势"之关系在荀子那里主要以圣、王并列的形式表现出来。荀子认为"圣也者，尽伦者也；王也者，尽制者也。两尽者，足以为天下极矣。"(《荀子·解蔽》)又言"圣王在上，决德而定次，量能而授官，皆使民载其事而各得其宜；不能以义制利，不能以伪饰性，则兼以为民"(《荀子·正论》)，"论德使能而官施之者，圣王之道也，儒之所谨守也"(《荀子·王霸》)。王先谦解"圣王"曰："圣王，制礼者。"[1] 圣人"备道全美"是承载着自然与社会之"道"的所谓"道之极也"；而所谓"王"则是精通治国制度的人。"圣王"是"圣"与"王"、"仁义之道"与治国制度的完美结合，在荀子心目中，"圣王"既是天下人的最高标准，又是人类理想的统治者。圣王既具圣人之德，又有治国之才，其治理之道在于"论德定次"与"量能授官"，而目的在于使老百姓都担任起适合各自特长的事务。在此，我们不仅看到了儒家一贯坚持的"内圣外王"之"王道"理想，也俨然看到了古希腊哲学家柏拉图所谓的"政治权力与聪明才智合而为一"的"哲学王"的形象。荀子将圣、王并列，一方面表达了自己对理想"圣王"的向往；另一方面也为评判现实"势"的合法性提供了一理想标准，换言之，帝王君主之统治（"势"）需要"道"加以精神的支持，"势"是否合法也取决于它是否符合"道"的规定，这样，拥有政治权势的人也不得不在"道"的面前低下自己高傲的头颅。

从儒家创始人孔子一直到孟子及荀子，儒家知识人一直守护着他们的"道"而不舍不弃，他们用自己的行为、用自己的生命维护着"道"的尊严，同时也不忘用自己所志之"道"与"势"分庭抗礼。先秦儒家行道济世的理想虽从未真正实现，他们以"道"抗"势"的努力虽不能彻底驯服"势"，但是他们的行为与观念却深深地感动和激励着后世无数知识分子，"道"尊于"势"也被后世的知识分子所自觉接受，成为他们心目中颠扑不灭的真理。如汉代儒生尊孔子为"素王"，"素王者，太素上皇，其道质素，故称素王"[2]，"孔子不王，素王之业在于春秋"[3]，"素王"不仅指其道为天下所归而没有爵位的人，更是

---

[1] （清）王先谦撰：《荀子集解》上册，沈啸寰、王星贤点校，中华书局1988年版，第79页。
[2] （汉）司马迁撰：《史记》第一册，中华书局1959年版，第94页。
[3] （东汉）王充：《论衡》，上海人民出版社1974年版，第423页。

指"太素时期真真正正之纯正无私的王"①,而诸侯王则"起于匹夫,以利合,非有素王之行也"②,"道"较"势"更为尊贵之观念已被汉儒自觉尊奉,由此可见一斑。而到了宋明时期,理学大兴,尊"道"抑"势"的观念又以"理"尊于"势"的面目出现,当时诸多学者对此予以论述与发挥,其中明末理学大家吕坤则说得最为痛快直接:"故天地间惟理与势为最尊。虽然,理又尊之尊也。庙堂之上言理,则天子不得以势相夺。即夺焉,而理则常伸于天下万世。故势者,帝王之权也;理者,圣人之权也。帝王无圣人之理则其权有时而屈。然则理也者,又势之所以恃以为存亡者也。以莫大之权,无僭窃之禁,此儒者之所不辞,而敢于任斯道之南面也。"③

可见自春秋时期儒家知识分子义无反顾地承担起"道"的重任开始,"道"尊于"势"的观念就一直被儒家自觉遵守和信奉。儒家努力尊显自己秉持的"道",将"道"置于"势之所以恃以为存亡"之地位,这不仅使得"士"在世俗权势面前总能保持着自己的尊严,而且也为知识分子持"道"抗礼帝王之"势"提供了必要的保证。故而,余英时先生在对中国古代知识分子传统作细致考察后指出,"中国古代知识分子以道自重和抗礼帝王的意识确是发展的最普遍,也最强烈"④。事实上,他们不仅具有最强烈、最普遍的以"道"抗"势"的意识,而且也为反抗"势"做出过客观化、形式化的不懈努力。

儒家以"道"抗"势"的努力,首先表现在他们自觉抵抗世间权势之诱惑的工夫修为中。孔子曰:"富与贵,是人之所欲也。"(《论语·里仁》)知识人最大的弱点在于难以抵挡住世间权势与利益的诱惑,使自身经常堕落到"贪利""嗜欲"的地步。为了抵抗权势的诱惑,儒家祭出了"修身"这一工夫。"自天子以至于庶人,一是皆以修身为本。"(《大学》)"修身"的一个重要方面即不为世俗利益、权势所动,"富贵不能淫,贫贱不能移,威武不能屈"(《孟子·滕文公下》),保持一颗孟子所谓的不畏不惧、"内有所定"之"不动心"。"公孙丑问曰:'夫子加齐之卿相,得行道焉,虽由此霸王不异矣。如此,则动心否

---

① 曾德雄:《谶纬中的孔子》,《人文杂志》2006年第1期。
② (汉)司马迁撰:《史记》第一册,中华书局1959年版,第277页。
③ (明)吕坤撰:《吕坤全集》中册,中华书局2008年版,第82页。
④ 余英时:《中国知识人之史的考察》,广西师范大学出版社2004年版,第106页。

第四章 一种东方式的反思视角：儒家社会思想中的公共精神

乎？孟子曰：否。我四十不动心。"（《孟子·公孙丑上》）面对让世人心动不已、难以抗拒的显势高位，孟子却能时时保持"不动心"。而在之后谈及如何获得"不动心"时，孟子论及北宫黝、孟施舍之养勇，并旁及子夏之笃信和曾子之反求诸己，无论是养勇、笃信还是反求诸己，皆属修身功夫，可见，孟子的修养正是他能对"卿相"重位"不动心"的根据。

事实上，早在孟子之前，儒家创始人孔子已经十分重视"修身"的工夫。孔子曰"修己以敬""修己以安人""修己以安百姓"，而不迷失于世俗富贵与权力的诱惑，正是"修己"的一项重要内容。故夫子教人要"食无求饱，居无求安，敏于事而慎于言，就有道而正焉"，要"贫而乐，富而好礼"（《论语·学而篇》），而最为其称道的弟子颜回的突出品格正是在于"一箪食，一瓢饮，在陋巷。人不堪其忧，回也不改其乐"（《论语·雍也》）。荀子亦教育"士君子""志意修则骄富贵，道义重则轻王公，内省而外物轻矣。……士君子不为贫穷怠忽道"（《荀子·修身篇》）。由之可见，面对世间权力与利益的重重诱惑，儒家一直不忘保持着应有的警惕，因为在他们看来，迷失于种种诱惑之中，则很容易丧失自己独立自主的人格，而堕于孟子所谓以顺从为根本原则的"妾妇之道"。需要指出的是，儒家从来都不是采取一种"禁欲主义"的立场而完全否定利益与权势，而是"富而可求也，虽执鞭之士，吾亦为之。如不可求，从吾所好"（《论语·述而》），在追求"可求"之富贵的同时，时时提醒自己要坚持"从吾所好"之"真己""真道"，避免沦为一种受世俗权势支配和利用的器物或工具。诚如杜维明先生所言，儒家"修身"的目的是"为己"，"但他不把自己看作是'器'，因为他存在的模式是要成为一目的，而不是成为任何一个外在意图的工具"。①

儒家知识分子持"道"与"势"相抗，所以他们在面对俗世君主时，总是试图守住自己的尊严，与君主保持一种相对平等的和谐关系。尤其在先秦时期，知识人甚至希望与王侯之间保持一种师友的而非君臣的关系，儒家之"士"也不例外。《孟子》一书中曾记载："缪公亟见于子思，曰：'古千乘之国友士，何如？'子思不悦，曰：'古之人有言曰，事之云乎，岂曰友之云乎？'子思之不

---

① 杜维明：《人性与自我修养》，中国和平出版社1988年版，第34页。

悦也,岂不曰,'以位,则子,君也;我,臣也;何敢与君友也?以德,则子事我者也,奚可以与我友?'"(《孟子·万章下》)鲁缪公欲礼贤下士,不视子思为臣,而欲与之友,却引起子思的不悦。子思欲以师自居,换言之,希望与缪公保持一种师弟之谊。孟子出于子思学派,故孟子记载的子思言论亦可代表他自己的主张,由之可见,在孟子心目中,知识人与君主的理想关系应该是师弟关系,至少也应该是一种师友关系。因为士"通古今,决然否",以其"多闻""博学""品德高洁"而为世人称道,而士的知识、道德是君主所不可及的,以此论之,君王也应该向"士"学习、以"士"为师,与士保持一种师弟关系。事实上,孟子心目中的此种理想关系在战国时期一度已经部分地实现。《孟子》中记载:"费惠公曰:'吾于子思,则师之矣;吾于颜般,则友之矣;王顺、长息,则事我者也。'"(《孟子·万章下》)《史记》中也记载:"驺子……如燕,昭王拥慧先驱,请列弟子之座而受业。筑碣石宫,身亲往师之。"在战国为了争霸诸侯之需要,各诸侯国积极延揽人才,君主礼贤下士成为一时之风气。同时,由于战国之士又多为"无恒产"的"游士",他们从封建关系中游离出来,与各王侯并无固定的隶属关系,故他们周游列国,可以比较自由地寻求、选择推行己"道"的机会。正是由于此种情势,一方面虽然增加了战国知识人施展自己抱负的难度;另一方面却使得他们不用受固定身份的束缚,保持自身思想的独立性与自由性,由此也成就了在中国历史上知识人与王侯之间保持一种相对平等的师友关系的短暂历史。

　　秦朝一统天下之后,一切都被纳入新的政治秩序的控制之下。"在大一统的君主专制之形态下,皇帝在权与位上是一个超越的无限体"[1],儒家知识人为了实现自己"外王"之抱负,为了"行道于天下",不得不立身帝王之朝,成为委身于官僚系统中的"吏",这样,与君主保持一种师友关系几无可能。然而,即使食君之俸禄,儒家知识人也耻于以"求禄之心"谄媚君王,他们从未放弃自己的尊严,践行着孔子"君使臣以礼,臣事君以忠"的教诲,主张君臣之间应该互相尊重。故唐人魏征在上太宗皇帝疏中直言道:"夫君能尽礼,臣能竭忠,必在于内外无私,上下相信。上不信则无以使下,下不信则无以事上,信

---

[1] 牟宗三:《政道与治道》,广西师范大学出版社2006年版,第26页。

第四章 一种东方式的反思视角：儒家社会思想中的公共精神

之为义大矣哉。"[1] 君臣之间和谐关系的维系不仅在于相互之间以礼相待、互相敬重，同时也在于建立一种诚信关系，而所谓"信"实际上也是相互尊重的一种表现。到了两宋时期，儒家知识人对"君礼臣忠"原则进一步发挥，在"诚"的基础上强调所谓"君臣以道合"或"君臣以义合"。程子曰："古之君子，必待上至敬尽礼而后往者，非欲崇己以为大也，盖尊德乐道之诚心，不如是不足与有为耳。"[2] 又言："择才而用，虽在君；以身许国，则在己。道合而后进，得正则吉矣。孜孜以求遇者，终必自失，非君子自重之道也。故伊尹、武侯救世之心非不切，必待礼而后出者以此。"[3] 显然，二程也是主张君臣之间应该互相敬重，这是君臣相"合"的基础。进一步解释说："必待上至敬尽礼而后往"，并不是为了尊显知识人自己，而是出于"尊德乐道之诚心。"在此，二程完全将知识人（"君子"）与"道"视为同一，认为对"君子"的尊重也即对"道"的尊重。正是基于君臣之间相同的"尊德乐道之诚心"，他们才能走在一起，共同作为。值得一提的是，在二程看来，即使"道合而后进"，也是"以身许国"，而不是以身许"君"。他们对"君"与"国"的明确区分，无疑是对孟子"民为贵，社稷次之，君为轻"思想的进一步发展。而以更为贴近人民世俗生活的"国（家）"取代具有超越宗教性质的"社稷"，更是一种认识上的进步，由此，可以使儒家知识人在面对权势的"进"与"退"之间更加自如。

不可否认，儒家知识人也曾提出"君尊臣卑""君为臣纲"的思想，然而总体来说，儒家知识人是自尊自重的，他们本着"君子有为于天下，惟义而已，不可则止，无苟为，亦无必为"[4]（程颐语）的原则，在渴求"得君行道"施展自己之抱负的同时，也不忘在权力面前保持自己的独立性与尊严。即使不能和君王形成一种师友关系，而只能以君臣关系相交，也要在此种君臣关系上加入儒家自己所持的"道"或"礼"的合作条款。

如果说儒家通过"修身"来抵抗权势的诱惑，在处理与君主的关系时强调要相互尊重，只是"道"与"势"的间接交锋的话，那么他们以"道"为凭借

---

[1] （后晋）刘昫等撰：《旧唐书》第八册，中华书局1975年版，第2557页。
[2] （宋）程颢、程颐：《二程集》下册，中华书局2004年版，第1246页。
[3] （宋）程颢、程颐：《二程集》下册，中华书局2004年版，第1246页。
[4] （宋）程颢、程颐：《二程集》下册，中华书局2004年版，第1243页。

对"无道"的社会现象加以批判则是"道"对"势"的直接冲撞。孔子曾说:"天下有道,则庶人不议。"(《论语·季氏》)朱熹集注解之曰:"上无失政,则下无私议",可见,在孔子看来,如果上失其政,出现种种无道的举措与行为,那么"议"不仅不可避免而且理所应当。而所谓"议"指的正是根据最高的理想原则——"道"——进行的社会批判(social criticism)。史书记载孔子七十作《春秋》,实际上也正是以一种"一字褒贬""微言大义"的笔法,根据自己的理想标准——"道"——"笔则笔,削则削"地对现实社会中的无道行为予以坚决地批判与揭露。在《史记·太史公自序》中,司马迁引董仲舒的话说:"孔子知言之不用,道之不行也,是非二百四十二年之中,以为天下仪表,贬天子,退诸侯,讨大夫,以达王事而已矣。"[1] 而他自己也说:"夫《春秋》,上明三王之道,下辨人事之纪,别嫌疑,明是非,定犹豫,善善恶恶,贤贤贱不肖,存亡国,继绝世,补敝起废,王道之大者也。"[2] "拨乱世反之正,莫近于春秋。"而孔子据"礼义之大宗"以"采善贬恶",作《春秋》褒扬社会中符合"道"的行为,"刺""讥"无道之行为,也确乎对现实之权势起到了威慑之作用。故孟子曰"孔子成春秋而乱臣贼子惧"(《孟子·滕文公下》),《史记》亦言:"春秋之义行,则天下乱臣贼子惧焉。"[3]

关于孔子作《春秋》以褒贬世道,汉代知识人多有论者,除了前面提到的董仲舒、司马迁外,尚有刘向等人。刘向在《说苑·至公篇》言道:"夫子行说七十诸侯,无定处,意欲使天下之民各得其所,而道不行。退而修《春秋》,采毫毛之善,贬纤介之恶,人事浃,王道备,精和圣制,上通于天而麟至,此天之知夫子也。"王充《论衡·超奇篇》也认为:"孔子得史记以作《春秋》,及其立义创意,褒贬赏诛,不复因史记者,妙思自出于胸中也。"姑且不论《春秋》是否真为孔子所作[4],但是从上引太史公、刘向等人论述孔子作《春秋》的话中,我们可以发现,在汉代知识人心目中,孔子实为一个伟大的文化、社

---

[1] (汉) 司马迁撰:《史记》第十册,中华书局1959年版,第3288页。
[2] (汉) 司马迁撰:《史记》第十册,中华书局1959年版,第3288页。
[3] (汉) 司马迁撰:《史记》第六册,中华书局1959年版,第1918页。
[4] 关于孔子作《春秋》主要存在两种截然对立的观点,一为自战国时期便已流行的"孔子作《春秋》"说,如本书提到的孟子,以及汉代的刘向、董仲舒、王充等人皆持此种观点;另一种观点认为"孔子未作《春秋》",此种观点盛行于20世纪20年代,主要以顾颉刚、钱玄同为首的疑古派为代表。

第四章 一种东方式的反思视角：儒家社会思想中的公共精神

会批判者，同时也把《春秋》视为中国第一部最有系统的文化、社会批判的著作。汉代知识人对孔子作《春秋》如此感兴趣，由此也表明了他们自身具有的高度的社会批判意识。刘向《说苑》谓："辨然否，通古今之道，谓之士。"余英时先生解释道："'辨然否'即是明是非，判断是非的根据则在'道'。这足以说明中国知识人是文化价值的维护者。"[①] 的确，汉代知识人自觉地维护着社会文化价值并担当着社会批判者的角色，他们一旦见到不符合"道"的行为，总能发出直言批判的声音。《后汉书·党锢列传》记载："逮桓、灵之间，主荒政缪，国命委于阉寺，士子羞与为伍，故匹夫抗愤，处士横议，遂乃激扬名声，互相题拂，品核公卿，裁量执政，婞直之风，于斯行矣。"[②]《后汉书·隗嚣公孙述列传》中功曹李熊为公孙述分析当时的形势道"方今四海波荡，匹夫横议"。由之可见，汉代知识人议论之风可谓盛行矣。他们不仅相互间品头论足，而且还品评三公九卿，褒贬朝廷政策，其中诸如渤海人公族进阶、扶风人魏齐卿，都能"危言深论，不隐豪强"，以致"自公卿以下，莫不畏其贬议，屦履到门"。而东汉末期盛行一时的"清议"之风可谓汉代知识人所具有的社会批判意识的集中显现。"东汉后期的清议尽管不可避免地带有书生夸夸其谈的浮华，但它决不同于魏晋时期空谈才性、脱离现实、逃避政治、散漫无根之清谈，而是一大批崇尚名节、疾恶如仇而又热情洋溢的知识分子表达政见、抨击时弊、激浊扬清、积极参与政治的一种方式，清议带有明显的政治意义、批判色彩和参与意识，因而可视为士群体自觉的标志。"[③] 汉代知识人的社会批判意识之深刻、透彻，甚至达到了"贬天子"的高度，如黄琼在上桓帝疏中，直言桓帝"即位以来，未有胜政。竖宦充朝，重封累职，倾动朝廷，卿校牧守之选，皆出其门。……忠臣惧死而杜口，万夫怖祸而木舌，塞陛下耳目明，而更为聋聩之主"[④]。如此，他们不仅日益遭到达官显宦的嫉恨，甚至也引来了"天子"的不满，屡屡遭受陷害已经不可避免，而东汉末期的两次"党锢之祸"正是知识人因"清议"、评论遭祸的最突出表现。《后汉书》专辟《党锢列传》一章，实际

---

① 余英时：《中国知识人之史的考察》，广西师范大学出版社2004年版，第13页。
② （南朝宋）范晔撰：《后汉书》第八册，中华书局1965年版，第2185页。
③ 聂济冬：《游学与汉末政治》，《山东大学学报》（哲学社会科学版）2007年第6期。
④ （南朝宋）范晔撰：《后汉书》第七册，中华书局1965年版，第2037—2038页。

上记载的正是知识人因言获罪的悲壮历史。

"党锢之祸"对于东汉士人无疑是一次沉重的打击，然而，他们自觉的批判意识以及不畏强权的精神则受到后人由衷的赞叹与钦佩，同时也激励、鼓舞着无数的后继者。司马光在《资治通鉴》说："有布衣之士郭泰、范滂、许劭之流，立私论以救其败，是以政治虽浊，而风俗不衰"，顾炎武在《日知录·两汉风俗》中也曾言道，"朝政昏浊，国事日非，而党锢之流，独行之辈，依仁蹈义，舍命不渝，风雨如晦，鸡鸣不已。三代以下风俗之美，无尚于东京者。""三代以下风俗之美，无尚于东京"，这是何等的评价！由之我们不仅看到后代知识人以汉代议论之风为美，更是可以看到他们发乎内心地心向往之，并自觉地担任起社会批判的重任。

需要指出的是，"中国知识人的批判传统还有另一特色，即经过制度化而成为政治秩序的一部分"①。批判传统的制度化事实上早在战国中期就已初露端倪，此时齐国创立稷下学宫，尊礼当时各个学派著名的知识人，号称"稷下先生"，诸如三为祭酒的荀子以及淳于髡、慎到等等。"稷下先生"最大的特色就是"不治而议论"或"不任职而论国事"，换言之，他们并未在官僚系统内任职，依然保持着自由知识人（游士）的身份，而他们的最主要活动就是"著书言治乱之事，以干世主"，也即进行社会政治批判，提出治国策略与见解。然而，"稷下先生"虽然不属于官僚系统之内，但是他们领取着王侯的资助或俸禄，而且稷下学宫也颇具组织性，形成了一定的聘任、俸禄制度。由此，我们可以说它已经具备明显制度化色彩。自秦始皇统一天下后，"游士"逐渐退出历史舞台，稷下学宫的形式也逐渐演变为秦代的博士制度。②《汉书·百官公卿表》言："博士，秦官，掌通古今。"《续志》："博士，掌教弟子，国有疑事，掌承问对。"钱穆先生指出："'通古今'，'承问对'，此即'不治而议论'也。"③可见，博士主要承担着解答国之"疑事"以及进行社会政治批判的重任。然而，博士是"吏"，稷下先生则是君主的"师"或"友"，其地位明显降低了，因此，他们在议政时所面临的危险与考验无疑会大大提高。令人钦佩的是，即使困难重重、

---

① 余英时：《中国知识人之史的考察》，广西师范大学出版社2004年版，第14页。
② 钱穆先生在《两汉博士家法考》一文中详细考证了博士制度的渊源，指出在战国时"'博士'与'稷下先生'异名同实"，而"秦之博士即本战国，亦居可知"，强调秦博士制度与战国"稷下先生"存在不可割舍之深厚渊源。
③ 钱穆：《两汉经学今古文平议》，商务印书馆2001年版，第185页。

危险种种，他们仍然不改直言进谏、抨击时弊的传统，终于在始皇三十四年（公元前213年），博士"以古非今"，反对"废封建，立郡县"，引起轩然大波，发生了中国历史上著名的"焚书"事件。

中国传统政治制度中还有御史和谏官，也可称之为制度化的社会政治批判者。"御史监察百官，谏官则纠正皇帝，两者都是所谓'言官'。"① 谏官在秦汉的正式名称是"谏议大夫"或"谏大夫"，顾名思义，"议"便是批评。"谏议制度为中国知识人在担任官职以后开辟了一条合法的'言路'，使他们可以理直气壮地批评朝政。"② 然而，批评朝政是要承担风险的，甚至还要付出一定的代价，因为这是与权力的最直接冲撞，往往会由于"触怒龙颜"而招来被贬逐甚至被处死的命运。面对这些可能的危险，传统的中国知识人并没有表现出任何退缩，他们秉持"文死谏，武死战"的原则，将诤谏视为自己的"天职"，屡屡直言不讳，甚至以死相谏。如唐代大儒韩愈两次遭贬，几受"极法"，均因"狷直"言事：初为上疏力陈"宫市之弊"，再为上《论佛骨表》谏阻宪宗迎奉佛骨。再如，心忧天下之范仲淹三次因谏议而遭贬黜，官阶虽降，自己却毫不后悔，当时的士人也视此为无上光荣，故有"前后三光"之说。可见，中国传统知识人即使立身帝王之朝，却从不"屈己以从势"，艰难地保持着自己"以道自任"的独立性，更为可贵的是，他们谨守"明道救世"的原则，抱着"宁鸣而死，不默而生"（范仲淹语）的决心，自觉地根据"道"来进行政治批判，借"道"而与世俗的"势"相抗礼。

余英时先生曾指出："儒家知识人从孔子到明代的泰州学派和清代的黄宗羲、戴震，都曾同时在'明道'之外担任过社会批判者的角色。"③ 的确，无论"在位"抑或"不在位"，无论是身在体制之中还是悠然于体制之外，总有一股倔强的力量牵扯着儒家知识分子去密切关注人心、世道。这一力量并非源于外在的强制，而是内在于儒家知识人的生命个性中。因此，真正的儒者，他们在谨守"明道救世"原则的同时，不忘以"道"议世，而饱含忧患与批判意识的不屈儒者即使在中国历史最黑暗的时期也未尝完全绝迹。由此我们可以说，社

---

① 余英时：《中国知识人之史的考察》，广西师范大学出版社2004年版，第14页。
② 余英时：《中国知识人之史的考察》，广西师范大学出版社2004年版，第14—15页。
③ 余英时：《中国知识人之史的考察》，广西师范大学出版社2004年版，第12页。

会批判之意识一直以来都内在于儒家知识人的性格之中，它是儒家知识人性格构成不可或缺的重要方面，也是儒家"外王"理想的重要表现。

四 儒家"士"传统的当代启示

在儒家知识人性格的构成中，"智""仁""勇"三个方面同等重要，缺一不可。儒家宣扬"成人之教"、提倡"为己之学"，其指向便在于使自己成长为"智""仁""勇"三方面全面发展，拥有自己独立人格的堂堂正正之"成人""真己"，而康德对所谓"成熟状态的人"的界定堪为儒家之"成人"的最好注脚。可见，在中国传统的儒家文化中，一贯重视对于个体自觉意识的培养与发展，而正是这些具有高度自觉意识的"成人"，堪称"市民社会精神"的最佳承载者。需要指出的是，儒家之"士"能够作为"市民社会精神"的承载者，但是他们明显不同于构成西方市民社会的"市民"。在西方语境下，"市民"一般指"具有同普遍东西对立的特殊利益的人"①，其独立性一般建立在私人财产所有权上，从某种意义而言，他们本质上是一群自由追求自己私利之满足的原子式的个体。儒家之"士"则不同，他们追求的是一种精神上的独立自主，而在现实中，他们从来都不是孤零零的原子式存在，而是生活在以家庭血缘为基础的关系场域之中。换言之，儒家知识分子总是坚守着与自己生命实践须臾不可相离的"道"，由此也成就了一个有血有肉、即凡即圣的真实、独立的自己。这一"真己"并非外在于自己生命的权力塑造的产物，而是通过自己永不停歇的生命实践，通过自己对人生、社会、政治的深切体认自主选择而成。

遗憾的是，当今中国的知识分子却与古代"士"的传统产生了强烈的"断裂感"，而与践行"成人之道"的"真己"渐行渐远。英国学者阿兰·谢里登在《求真意志——密歇尔·福柯的心路历程》一书的中文版序言中曾如此评论中国的知识分子："中国知识分子几乎总是一股保守力量，一种神圣文本的诠释者（共产主义革命并没有改变中国知识分子的人格，而只是改变了被诠释的文本）。"② 不可否认，谢里登的评论不免轻率与武断，尤其是他将从古至今的中国知识分子

---

① 《马克思恩格斯全集》第三卷，人民出版社2002年版，第54页。
② ［英］阿兰·谢里登：《求真意志——米歇尔·福柯的心路历程》，尚志英、许林译，上海人民出版社1997年版，第3页。

几乎都视为是"一股保守力量",更与中国传统知识人充满忧患意识、积极投身社会实践的历史相悖。如果说,对于中国传统知识人的误解是由于谢里登对中国历史文化不了解的话,那么,他在与我们当代的知识人进行现实的交往之后,却仍是持有中国知识分子为"保守力量""神圣文本的诠释者"这样的印象,这就不得不引起我们每一位知识分子的反思与扪心自问。在笔者看来,相形于我国传统的"士",现代知识分子不乏以"道"自居之自负,却匮乏于"以道自任"之"恒心",而以"道"抗"势"之勇气在知识人之性格中更是难得一见。因此,现代的知识分子首先应该勇于承担起"市民社会精神"承载者的重任,这就需要知识分子在学习西方的同时,践行传统"为己之学",用心在"智""仁""勇"三方面下功夫。

第二节 儒家的"教化"传统

一 "化民成俗"与"先富后教"

市民社会实质上是一个文明社会。从词源学上来看,中文世界所使用的"市民社会"一词,大体是由英文"civil society"转译而来,而"civil"一词,在英文中就兼有"市民的"与"文明的"两层含义。如果一直上溯"civil society"一词的最早含义,我们甚至可以追溯到古希腊先哲亚里士多德和古罗马西塞罗的著作。亚里士多德在《政治学》中使用了"civil society"一词,系指"城邦",即"Polis",其原型正是古希腊的城邦社会,这既是古希腊的政治中心,又是文化中心。西塞罗于公元1世纪将其转译成拉丁文"civilis societas",不仅意指"单个国家,而且也指业已发达到出现城市的文明政治共同体的生活状况。这些共同体有自己的法典(民法),有一定程度的礼仪和都市特性(野蛮人和前城市文化不属于市民社会)、市民合作并依据民法生活并受其调整,以及'城市生活'和'商业艺术'的优雅情致"[①]。由之可见,市民社会不仅是社会物质文明高度发展的产物,更有赖于社会精神文明的发展。

[①] [英]戴维·米勒、韦农·波格丹诺编:《布莱克威尔政治学百科全书》,中国政法大学出版社1992年版,第125页。

需要指出的是，作为一个文明社会，现代意义上的市民社会并不是拥有少数几位社会文化精英即可形成，它是社会的精神文明达到一定程度的产物。或换言之，市民社会的产生、维系与壮大，不仅需要知识分子发挥自己的理性与力量，更有赖于整个社会的文明化程度。然而，一如康德所言："公众只能是很缓慢地获得启蒙。通过一场革命或许很可以实现推翻个人专制以及贪婪心和权势欲的压迫，但却绝不能实现思想方式的真正改革；而新的偏见也正如旧的一样，将会成为驾驭缺少思想的广大人群的圈套。"① 因此，作为所谓文化"先觉"的知识分子，不能仅仅拘泥于对世界意义的阐释与守护，更应该积极地肩负起意义传播、启蒙大众的重任，这正与儒家"以此道觉此民"而"自任以天下之重"（孟子语）的弘道精神不谋而合。

《穀梁传》"成公元年"条云："上古者有四民：有士民、有商民、有农民、有工民"，"士"居于"四民"之首，并处于贵族与庶人之间，是上下流动的汇合之所。据学者考证，从春秋末叶开始，较之上层贵族的下降，下层"庶人的上升对传统的'士'阶层所造成的激荡更为严重"。② 换言之，一如杜维明先生所言"从阶级出身的角度看，儒家知识分子只是平民百姓"③，他们与农夫、工匠和商人同属"四民"之列，和平民百姓存在着难以割舍的有机联系。儒家知识分子也深深地意识到自己与普通百姓的联系，因此，对于普通百姓儒家知识分子总是怀着深深的关切与尊敬，并未与之划分出明确的等级与界限，故孟子相信"人皆可以为尧舜"（《孟子·告子下》），荀子亦认为"涂之人可以为禹"（《荀子·性恶篇》）。儒家知识人不仅认为在成德的起点上自己与普通百姓并无二致，更是将自己所志之"道"与普通百姓的"人伦日用"紧密联系在一起，指出"百姓日用即是道"（王艮语），"君子之道，造端乎夫妇"（《中庸》）。由之可见，儒家知识人明显不同于古希腊哲人、犹太先知、印度教宗、佛教僧侣和基督教的教士，他们并不试图割舍与普通百姓的有机联系，也并未将自己立志追求的超越世界的"道"与世俗百姓的"人伦日用"割裂开来，而是密切关注着百姓的寻常日用、真情实感与理性良知。

---

① ［德］康德：《历史理性批判文集》，何兆武译，商务印书馆1996年版，第24页。
② 余英时：《中国知识人之史的考察》，广西师范大学出版社2004年版，第35页。
③ 杜维明：《杜维明文集》第四卷，武汉出版社2002年版，第646页。

第四章　一种东方式的反思视角：儒家社会思想中的公共精神

在儒家的心目中，人与人之间在成德的起点上虽然是平等的，但是"闻道有先后"，成德总是有前后之别，他们坚信自己就是"道"（文化）的先觉者，并自觉地承担起师表的责任，积极履行起"觉后觉"的义务。儒家对社会教化的巨大贡献也赢得了世人无比的尊重，因此，孔子虽然颠沛于列国之间，一生都在执着地推行其政治主张，但是，让他深入中国历史不同朝代、不同阶层人们心目中的真正原因，却在于其对"有教无类"教育主张的积极践行，世人将其尊奉为"至圣先师"而不是其他即是明证。"有教无类"教育理念的问世无疑对中国文化的发展具有里程碑式的重要意义：一方面，它不因贫富、贵贱、智愚、善恶等原因把一些人排除在教育对象之外，由此打破了古代贵族对诗书礼乐等文化资源的垄断与独占，使其得以传播到民间；另一方面，也一举奠定了儒家颇具民主化色彩的教育传统。基于此种传统，从孔、孟、荀开始，儒家知识人一直将对民众的教育与启蒙视为是自己的一项当仁不让的特殊历史使命。

两千年来，儒家一直践行着对人民施以潜移默化的"移风易俗"的影响，其最终指向则在于"化民成俗"，重建道德、文化的德治或礼治秩序。余英时先生曾为我们指出，儒家礼治秩序的建立，其中有两个相关但完全不同的程序，"第一个程序是从'反求诸己'开始，由修身逐步推展到齐家、治国、平天下。第二个程序则从奠定经济基础开始，是'先富后教'"[①]。修、齐、治、平是儒家知识人为自己而设的程序，他们谨遵先师"躬自厚而薄责于人"的教诲，并不强行将这一程序施用于"后知""后觉"的普通百姓。对于普通庶人百姓，儒家依循的则是孔子"先富之而后教之"的程序。《论语·子路》中有：

　　子适卫，冉有仆。子曰："庶矣哉！"冉有曰："既庶矣，又何加焉？"曰："富之。"曰："既富矣，又何加焉？"曰："教之。"

孔子"先富后教"说被后儒自觉地承继，并成为儒家之通义。孟子在谈及尧时的理想政治的时候，就曾进一步发挥"先富后教"，孟子说道：

[①] 余英时：《儒家伦理与商人精神》，广西师范大学出版社2004年版，第56页。

西方市民社会精神的批判性研究

> 后稷教民稼穑，树艺五谷。五谷熟而民人育。人之有道也，饱食暖衣，逸居而无教，则近于禽兽。圣人有忧之，使契为司徒，教以人伦：父子有亲，君臣有义，夫妇有别，长幼有序，朋友有信。（《孟子·滕文公上》）

由之可见，儒家总是从百姓的群体生活着眼，将礼治秩序首先建立在百姓物质生活的"饱""暖"基础上，在人民有一定"恒产"并且"仰足以事父母，俯足以畜妻子，乐岁终身饱，凶年免于死亡"（《孟子·梁惠王上》）的基础上，"驱而之善"，以道德教化感化之，使其逐渐具备所谓的"恒心"，知晓荣辱礼节。

二 "循吏"的教化实践

孔子道："我欲载之空言，不如见之行事之深切著明。"① 故孔子以"有教无类"为宗旨，首创私人讲学之风，以求道德教化之实现。据史书记载，孔子弟子多达三千人，其中"身通六艺"之贤人七十有二，而这七十二贤人虽不乏家累千金的贵族子弟，但更多的则是普通"庶人"子弟，如穷居陋巷、箪食瓢饮的颜渊，"鄙家"子弟之子张以及身为"贱人"之子的仲弓等等。由之可见，在"移风易俗"、重建道德、文化秩序方面，孔子并不流于空谈，而是积极地付诸实行：兴办教育、广收弟子，努力践行着自己"有教无类"的诺言。孔子这种注重实践的精神也融入后儒的精神血液之中，历代儒家知识分子在"富民""教民"问题上从不仅仅停留于言语的空谈，他们以先师孔子为榜样，谨守亚圣孟子"君子所过者化"的教诲，将对百姓的教化实实在在地付之于自己的行动中：关学创始人张载隐居关中，却抱着"纵不能行之天下，犹可验之一乡"的态度，积极筹划井田实验，广储蓄、兴学校、成礼俗、救灾恤患、敦本抑末，以期造福百姓，美化一方风俗；力倡"实学"新学风的颜元，在六十二岁高龄仍亲自主持漳南书院建设，以"宁粗而实，勿妄而虚"为办学宗旨，"兵、农、钱谷、水、火、工虞、天文、地理，无不学也"；② 而被誉为"最后一个儒家"的梁漱溟先生，即使在国家风雨动荡、军阀战乱频繁之纷扰乱世，也不忘开展旨在以文艺教育救"愚"，以生计教育救"贫"，以卫生教育救"弱"，以公民

---

① （汉）司马迁撰：《史记》第十册，中华书局1959年版，第3289页。
② （清）颜元：《颜元集》上册，中华书局1987年版，第190页。

第四章 一种东方式的反思视角：儒家社会思想中的公共精神

教育救"私"的"乡村建设运动"。这些无不是儒家"富民""教民"主张"践之于行"的生动体现。

也许有人会说，儒者本来就是一些精于诗、书、礼、乐，具备高度文化素养的知识分子，他们在不担任任何官职的情形下以教书为业，从而对一方风俗带来些影响，这并无特别，如果他们在官僚系统内任职，是否还会一如既往地以文明教化为己任？对于这种疑问与顾虑，我们在了解中国历史上的循吏传统后，可以趋于消除。

"循吏"之名最早见之于《史记·循吏列传》，后为班固《汉书》与范晔《后汉书》所承袭。从此"循吏"便成为中国正史列传的一个典型，直至中华民国初年赵尔巽等编纂的《清史稿》中仍然沿用不变。《史记·太史公自序》中言道："奉法循理之吏，不伐功矜能，百姓无称，亦无过行。作循吏列传。"同书《循吏列传》又说："法令所以导民也，刑罚所以禁奸也。文武不备，良民惧然身修者，官未曾乱也。奉职循理，亦可以为治，何必威严哉？""不伐功矜能""百姓无称""无过行"，唯一正面的描述也只是"奉职循理"，这些均未突出循吏的积极作为，由之不难看出，司马迁完全是以一种否定的、消极的方式阐述了自己的循吏观。余英时先生也由此推断"司马迁心中的循吏是汉初文、景之世黄老无为式的治民之官"[①]。余先生的推断虽不无道理，然而观之《史记·循吏列传》中所记载的循吏的言行：孙叔敖，"施教导民，上下和合，世俗盛美"；子产，"为相一年，竖子不戏狎，斑白不提挈，僮子不犁畔"，不正是儒家使民富，使民知礼节，"富民""教民"主张之真实体现吗？再如石奢"纵父而死"，李离"过杀而伏剑"不也是儒家"己正"方可"正人"之教义最为彻底的践行吗？由之可见，司马迁心中的循吏，虽以黄老消极无为之方式，成就的却是儒家敦民化俗、"上下和合，世俗盛美"之理想，由此可以说，余英时先生所推断的司马迁心目中的"循吏"是黄老无为式的人物，这一观点颇值得商榷。

如果说司马迁注重从消极方面描绘"循吏"，所记之"循吏"多为"不教而民从其化"之"奉职循理"型循吏的话，那么，自班固《汉书·循吏传》开始，积极从事于教化工作的循吏则日渐成为普遍的典型。《汉书·循吏传·龚

---

① 余英时：《儒家伦理与商人精神》，广西师范大学出版社2004年版，第60页。

遂》记载：

> 龚遂字少卿，山阳南平阳人也。以明经为官……宣帝即位，不久，渤海左右郡岁饥，盗贼并起，二千石不能禽制。上选能治者，丞相、御史举遂可用，上以为渤海太守。时，遂年七十余……遂见齐俗奢侈，好末技，不田作，乃躬率以俭约，劝民务农桑，令口种一树榆，百本薤、五十本葱、一畦韭，家二母彘、五鸡。民有带持刀剑者，使卖剑买牛，卖刀买犊，曰："何为带牛佩犊！"春夏不得不趋田亩，秋冬课收敛，益蓄果实菱芡。劳来循行，郡中皆有蓄积，吏民皆富实。狱讼止息。

龚遂以"明经为官"。所谓"明经"即是明习儒家经学，汉代设置"明经"一科，为儒生进入仕途提供了渠道。由此观之，龚遂的儒学背景可谓明矣。在为渤海太守时，龚遂"劝民务农桑""使卖剑买牛""卖刀买犊"，致力于当地百姓之物质生活的改善，并取得"郡中皆有蓄积，吏民皆富实"的骄人成绩。人民生活既以富足，那么龚遂是否践行儒家"仁爱"化民的教化主张呢？《龚遂传》并无明确记载，然而，其中却记载了他治理渤海郡的最终效果是"狱讼止息"。这不正是孔子"道之以德，齐之以礼，（民）有耻且格"达至"必也无讼乎"理想的一种表现吗？而且，龚遂治齐主要针对"齐俗奢侈，好末技，不田作"的民风，更是凸显出其治理实践所具有的明显的"移风易俗"的教化目的。

如果说我们在龚遂的事迹中，难以明确看到循吏在教化民俗方面的直接举措的话，那么在《后汉书·列循吏传》中记载的任延的事迹，我们不仅可以看到任延的"富民"举措，更可以看到他在转化民俗方面的贡献：

> 任延，字长孙，南阳宛人也。年十二，为诸生，学于长安，明《诗》、《易》、《春秋》，显名太学，学中号为"任圣童"……建武初，……诏征为九真太守……九真俗以射猎为业，不知牛耕，民常告籴交阯，每致困乏。延乃令铸作田器，教之垦辟。田畴岁岁开广，百姓充给。又骆越之民无嫁娶礼法，各因淫好，无适对匹，不识父子之性，夫妇之道。延乃移书属县，各使男年二十至五十，女年十五至四十，皆以年齿相配。其贫无礼娉，令长

吏以下各省奉禄以赈助之。同时相娶者二千余人。是岁风雨顺节，谷稼丰衍。其产子者，始知种姓。咸曰："使我有是子者，任君也。"多名子为"任"。

任延在十二岁时便因通晓儒家《诗》《易》《春秋》等经典而被誉为"任圣童"。在初为九真太守时，任延首先了解百姓疾苦，观察当地民俗，并不急于颁布"教令"以显自己的权势，他是怀揣着儒家一贯的"泽加于民"的抱负而上任的。在充分了解当地民情之后，任延"令铸作田器，教之垦辟"，结果是耕地日渐增多，百姓自给富足，富民之策可谓成效显著。从现代的眼光看，任延让一个极端贫困的地区走向富庶，已经是难得的好官了。然而，他并不以此为满足，又以儒家"夫子之道""夫妇之道"教化民众，民风日渐改变。可见，"教化"才是任延心目中的第一要务，也是历代所有循吏一贯致力的中心任务。

三 教化：启蒙还是规训

儒家知识分子无论是否身居官位，都自觉地将对民众的教化与启蒙视为自己当仁不让的任务。他们希望用自己心目中理想的伦理道德去感化人，从而启发人的理性，唤醒人们生而有之的道德意识，并由此达至一种儒家心目中理想的道德、文化秩序。马克斯·韦伯曾为人们揭示出新教禁欲主义伦理在资本主义兴起时所发挥的重要作用。然而，福柯却进一步为我们揭露，"资产阶级热衷于关心、保护、培养身体，预防它遭受任何危险，避免任何接触，为了让它保持自身特殊的价值，还把它与其他东西隔离开来"①，因此，相对于其他阶级，资产阶级更热衷于限制自己的快感，在福柯看来，这又突出地表现在对性快感的限制上。然而，当资产阶级日渐取得领导地位的时候，他们"努力给出一种性经验，并且从中塑造出一种特殊的身体"②。同时，通过"身体的'教化'"（以"性经验"的传递为主要方式），也即历史上的"让贫穷阶级道德化"的运动，试图赋予自己的思想以普遍性的形式，实现对无产阶级的全面规训，将他们的身体与建立和增强资产阶级的霸权联系起来。由此，我们可以说，资产阶级的教化是打着深深的规训烙印的实践活动。观之福柯的论述，我们不禁会问，

---

① [法] 米歇尔·福柯：《性经验史》，佘碧平译，上海人民出版社2009年版，第80—81页。
② [法] 米歇尔·福柯：《性经验史》，佘碧平译，上海人民出版社2009年版，第81页。

儒家执着于"化民成俗"的社会教化实践，是否也带有明显的规训色彩？是否会成为一种抹杀弱势阶层话语权的霸道的"话语"统治？或者就中国历史而言，是否会沦为维护一家一姓的帝王权力统治的意识形态控制的工具？

对于以上的疑问，我们首先应该考察儒家热衷于礼乐教化的目的，是出于以师自任的自觉的文化担当，还是为了讨好帝王、君主，志在以诗礼发家，换取加官进爵的赏赐？仍以循吏为例，余英时先生指出"教化型的循吏辈出确在宣帝之世"①。汉宣帝虽"受《诗》于东海澓中翁"，但是从史书记载来看，他其实并不很欣赏"纯任德教"的儒家"王道"。《汉书·元帝纪》明言"宣帝所用多文法吏，以刑名绳下"②；《汉书·萧望之传》也说他"不甚从儒术，任用法律"③。宣帝赏识"明察好法"的"文法吏"也见之于他的言行。《汉书·宣帝纪》记载了一段他对吏事的看法："狱者，万民之命，所以禁暴止邪，养育群生也。能使生者不怨，死者不恨，则可谓文吏矣。"④ 注重讼狱刑罚，与孔夫子"必也使无讼"之理想恰成对比；而且，当有人向宣帝谏说道："陛下持刑太深，宜用儒生"时，宣帝面露愠色而言道："汉家自有制度，本以霸王道杂之，奈何纯任德教，用周政乎！且俗儒不达时宜，好是古非今，使人眩于名实，不知所守，何足委任？"⑤ 所以，较之儒家的"王道"，以"刑名""法律"为特征的"霸道"更合宣帝心意。因此，如果说循吏力行教化是为了博得帝王的青睐，那么，他们选择了一条实在是最难讨好帝王的方式。

另外，"吏道以法令为师"，据学者考证，"汉代的吏职仍然限于执行'法令'，与秦制是一脉相承的。礼乐教化根本不在吏的法定的权限之内"⑥。因此，如果说"汉家自有制度"的话，那么教化导民却并不在汉家制度的规定之内。事实上，一如许多学者指出的那样，自汉以降，中国历代之政治实为外儒内法之政治，或者说阳儒阴法之政治，儒家的教化主张并未真正成为朝廷制度的规定。换言之，循吏谨守不变的教化措施多是别出心裁、自作主张，未必出于朝

---

① 余英时：《儒家伦理与商人精神》，广西师范大学出版社2004年版，第62页。
② 施丁编：《汉书新注》一，三秦出版社1994年版，第143页。
③ 施丁编：《汉书新注》四，三秦出版社1994年版，第2245页。
④ 施丁编：《汉书新注》一，三秦出版社1994年版，第132页。
⑤ 施丁编：《汉书新注》一，三秦出版社1994年版，第143页。
⑥ 余英时：《儒家伦理与商人精神》，广西师范大学出版社2004年版，第80页。

第四章 一种东方式的反思视角：儒家社会思想中的公共精神

廷政令的指示。可以说，具有明显儒学背景之循吏，他们虽身为朝廷官吏，却总是将"化民成俗"之"师道"视为自己的第一要务；他们的教化主张并非源自与权力的共同谋划，而完全出自儒家一贯之文化担当，出于儒家"士以天下为己任"之文化使命感。它完全排除了个人的利己之心，更不会引导至对"权力"的膜拜与追求。

前已指出，儒家在"正己"与"正人"两方面遵循着不同的原则与程序，在实践中并不加以混淆。关于这一点，西汉大儒董仲舒曾予以透彻的分析。《春秋繁露·仁义法二十九》言道：

> 《春秋》之所治，人与我也。所以治人与我者，仁与义也。以仁安人，以义正我。……仁之于人，义之于我者，不可不察也。众人不察，乃反以仁自裕，而以义设人，诡其处而逆其理，鲜不乱矣。是故人莫欲乱，而大抵常乱，凡以闇于人我之分，而不省仁义之所在也。是故《春秋》为仁义法：仁之法在爱人，不在爱我；义之法在正我，不在正人。我不自正，虽能正人，弗予为义；人不被其爱，虽厚自爱，不予为仁。

"仁义法"作为治人与治我的根本原则，在实践中绝不可混淆，如若"不省仁义之所在"、"闇于人我之分"，混乱不可避免。那么，在实践中又该如何区别"仁义法"呢？董仲舒进一步指出：

> 君子求仁义之别，以纪人我之间，然后辨乎内外之分，而著于顺逆之处也。是故内治反理以正身，据礼以劝福，外治推恩以广施，宽制以容众。孔子谓冉子曰：治民者，先富之而后加教。语樊迟曰：治身者，先难后获。以此之谓治身之与治民所先后者不同焉矣。诗曰："饮之食之，教之诲之。"先饮食而后教诲，谓治人也；又曰："坎坎伐辐，彼君子兮，不素餐兮！"先其事，后其食，谓治身也。……以仁治人，义治我；躬自厚而薄责于外，此之谓也。

我们今天讲"严于律己，宽以待人"，实可看作董仲舒"仁义法"的一种概括。对待自己贵在"严",以"克己"为法;对待他人贵在"宽",以"爱人"为法。因此,就教化民众的方法而言,儒家坚持以"推恩以广施,宽制以容众"这一"仁爱法"为原则,总是以自身德性的修养为基础,认为"其身正,不令而行。其身不正,虽令不从"(《论语·子路》)。"在身为德,施行为化"[1],教化的真谛就在于将自己体悟并充实起来的固有善性施诸日常的言行实践,闪耀自身的德性光辉于人我之间,从而对他人形成某种感召作用。自身之德性越充实,其闪耀的光辉就越能感召人,因此,儒者总是以一种在今人看来近乎宗教苦修式的态度严格要求自己,而对于受教之民众,则是以"宽""劝""导""诱"为主。需要指出的是,儒者对己之"严",虽近于苦修,但决非西方中世纪基督教苦行者那样不近情理,或者可以说,儒者的"修身"虽"严"却并不"苦",甚至可以说,是一种"乐"。因为,儒家讲"知之者不如好之者,好之者不如乐之者"(《论语·雍也》),讲"乐循理",一"乐"字将儒者"修身"带来的愉悦之感表露无疑。儒者闪耀着德性光辉的言行完全是自己生命的自然表现,符合自己生命的韵律节奏,全无有心为之、勉强而行的虚伪痕迹。古人讲"自得其乐",顺乎生命之自然,即不致情志系于外、无所谓得失的自得之乐,这是一种无待于外的绝对的乐。"独乐乐"不若"与人乐乐""与众乐乐",他们相信,在自身行为实践的影响下、在自己人格魅力的感化下,百姓向善的本性自会被唤起,也能体会到"循理"之乐,从而逐渐在自身善性的召唤下快乐生活。

儒家极其重视自己的言行实践的感召作用,他们认为,"身教"重于"言教"。而所谓"身教"即是将"礼""仁""孝""信"等伦理观念自觉地在日常生活中践行,并通过与他人交往的举手投足唤起集体之自觉,使乡里形成良好的民风。《论语·乡党》记载"孔子于乡党,恂恂如也,似不能言者",孔子深知自己的言行会影响到与己交往的普通百姓,故不以贤知而轻慢乡里百姓,较之在庙堂朝廷甚至更为谦卑逊顺;《汉书·循吏传》明确记载循吏"如河南守吴公、蜀守文翁之属,皆谨身帅先,居以廉平,不至于严,而民从化";而一般儒者如精于《京氏易》《古文尚书》之孙期,"家贫,事母至孝,牧豕于大泽中,以奉

---

[1] (汉)毛亨传、(汉)郑玄笺、(唐)孔颖达疏:《毛诗正义》下册,北京大学出版社1999年版,第1156页。

养焉……里落化其仁让"，甚至黄巾军都感动于他的孝行，"过期里陌，相约不犯孙先生舍"①。我们可以说，儒家的教化是在与百姓的交往互动中，将那些自己真切体认、真心"欲立"的伦理道德观念，通过日常的容色言动展现给普通民众，供其自由选择，毫无勉强。梁启超先生在谈及儒家之教育时指出："儒家教育，专以人格的活动为源泉……我之人格，为宇宙全人格之一部，与一切人之人格相依相荡。我苟能扩大我所自觉之人格使如其量，（能尽其性）而以全人格作自强不息的活动，则凡与我同类之人未有不与我同其动者。"②的确，儒家相信仁义礼智等德性，非由外铄，乃人所先天固有。他人是与我同类之具有道德需求的存在物，"子欲善，而民善矣"（孔子语），在君子"德风"的熏熏感召之下，百姓自会与之产生"相依相荡"之感应，感动、钦慕于君子的善言善行，如风吹草偃般趋向于善。故中国古人亦称有德君子为"大人"，因为他们的德性光辉时时闪现，"能照耀，能把人世间的黑暗也化为光明"。③

由之可见，就教化方法而言，儒家并不像西方资产阶级那样，利用掌握在自己手中的金钱与权力资源，依靠自己在知识话语方面的强势地位，颇为霸道也极为隐蔽地将具有明显自身阶级属性的伦理道德规范传递到各个阶层之中。事实上，我们可以将西方资产阶级的教化看作一种类似于商品推销的活动，在这一活动中，民众毫无选择的自由，甚至可以说是在毫不知情的情况下，就被迫接受资产阶级兜售给他们的伦理观念。换言之，资产阶级更希望人们在毫无道德判断能力的情形下，或者说，在一种"不成熟的状态"下，无条件地盲目接受自己提供的道德观念"商品"。儒家的教化与此相反，"民之秉彝，好是懿德"，其真正基础在于对人性的信赖——相信人与人之间在"成德"上的平等，相信人民的道德判断，相信人民的道德选择。或者说正是在人民道德判断与道德选择能力普遍提升的基础上，儒家的社会教化才成为可能，故孟子说："中道而立，能者从之"，只有"能者"才会真心向善，乐于向善。因此，如果说西方资产阶级的教化活动充斥着权力的策略与谋划的话，那么，儒家理想的教化则带有明确拒绝权力的倾向。孔夫子曾以"众星拱辰"来比喻教化，"北辰居其

---

① （南朝宋）范晔撰：《后汉书》第九册，中华书局1965年版，第2554页。
② 梁启超：《先秦政治思想史》，天津古籍出版社2004年版，第196页。
③ 钱穆：《中国思想通俗讲话》，生活·读书·新知三联书店2002年版，第53页。

所，而众星拱之"，钱穆先生解之曰："北辰动在微处，其动不可见。"① 儒者以己之德性为本，对民所施的教化以感召为主，动在微处，几不可见，但绝非无动、无为，而是一种近乎无为，实乃有为的教化活动。在儒家看来，干预太多只会妨碍教化，真正的教化展现出的是一种最为自然的、如风吹草偃般的力量，在几无觉察的情况下达到"移风易俗"的目的。

通过前面的介绍我们知道，在福柯看来规训权力总是试图塑造更多的、可以满足资本主义发展需求的既驯顺又有用的身体，他通过对学校、医院、工厂等的调查研究发现，"知识/权力"的教化活动正是让人丧失反抗能力，变得驯顺盲从的重要方式。由此可见，此种规训式的教化活动塑造了满足资本主义发展需求的规范的、可以相互置换的、无差别的驯顺个体，而个体的全面发展、全面成熟则不再其考虑之内。那么，儒家式的教化活动是否也是以加强对人民的控制为目的？是否也会成为一种精神专制？成为一种将人民导向乐于服从、甘受奴役的愚民策略？

事实上，早在清代，乾嘉学派"皖派宗师"戴震就已表达出类似的担忧，他说道："其所谓理者，同于酷吏之所谓法。酷吏以法杀人，后儒以理杀人。"② 而当吾国陷于内忧外患之生死困境时，对传统文化，尤其是对儒家的批判则更为激烈——谭嗣同尖锐地批判道："名之所在，不惟关其口，使不敢昌言，乃并锢其心，使不敢涉想。"③ 鲁迅先生更是直言"仁义道德"就是"吃人"，并将造成国民"奴性""麻木"等劣根性的根源通通算在传统文化特别是儒家教化身上，他甚至试图从根源上抹杀儒家在中国历史上的作用，认为"孔夫子之在中国，是权势者们捧起来的，是那些权势者或想做权势者们的圣人，和一般的民众并无什么关系"④。鲁迅先生的言论虽不无偏激，却也道出了一些符合历史的真实。的确，在中国历史上有一个权势者们捧起来的孔夫子，或者说有一个权势者们捧起来的儒家，他们与权力亲密合谋，对人施以锢心灭念式的规训教化。然而，这只是沦为权力指使的刀笔吏工具的儒家，只是一些成为"意识形

---

① 钱穆：《论语新解》，九州出版社2011年版，第21页。
② （清）戴震：《戴震全书》第六册，黄山书社1994年版，第496页。
③ （清）谭嗣同：《谭嗣同全集》，蔡尚思、方行编，中华书局1981年版，第348页。
④ 鲁迅：《鲁迅批孔反儒文辑》，人民文学出版社1974年版，第74页。

态专家"之儒家。真正的儒家从来都鄙视那些"阉然媚于世"之"乡愿",而自己沦为仰仗权力之鼻息并与权力同流合污的官方意识形态代表则是万万不可接受;真正的儒家更是对坠入"以顺为正"的"妾妇之道"报以时刻的警惕,此种"妾妇之道"与他们向往的"君子之道""丈夫之道"截然相悖,"己所不欲,勿施于人",因此,他们的教化实践也不会以锢心灭念、使人顺从为目的。

张再林先生曾为我们区分出"两个儒家"[1]:一是"代表了'以天下为己任'的'士'的呼声的儒家";另一是"自由争鸣之风已告正寝、中国已进入思想专制时代的作为官方意识形态的儒家"。张先生以时间为线索,将前者视为是以孔、孟为代表的早期儒家;而将后者视为是晚出的儒家,以董仲舒和业已被官方化的程、朱为人物代表。对中国历史上的两个儒家加以理论的区分,无疑可以使人们进一步深化对儒学的两重性问题的认识,然而,将儒家区分为"早期儒家"与"晚出儒家",此种带有鲜明时间色彩的区分却值得商榷。因为,自孔子创立儒学以来,在中国历史发展之各个不同时期,我们都既可以看到以道自任、不息于化民美俗事业的"民本主义的'道统'的儒家",亦可以发现奔走于权势、利禄之间,趋炎附势的"官本主义的'君统的'儒家",二者此消彼长,总是处于一种紧张的关系中,却又不得不共存于中国历朝历代的历史之中。

我们可以将那些"营营于富贵身家"(吕坤语)、谄媚迎合权力的儒家称为伪儒,而将那些"志于道"、负天下重任于己身并热心于真正教化事业的儒家称为真儒。真正的儒者不会迎合权力的控制欲望,而致力于以塑造顺从、盲目的规训个体为目的的教化活动,他们的教化实践是以个体的全面发展为指向的。前已指出,儒家的教化活动采用的是一种身行互动的方式,即作为教化者之儒家将自己信奉的伦理观念真实地践行在自己日常的身行言动之中,并展现给与其交往的普通百姓,使他们产生一种对文明、礼义的深深向往。在此种钦慕心的推动下,百姓自会同趋于善。梁漱溟先生在《人心与人生》一书中说道:"'礼乐不可斯须去身'(语出《礼记》)者,不从言教启迪理性,而直接作用于身体血气之间,便自然地举动安和,清明在躬——不离理性自觉。"[2] 由此观之,儒家的礼乐教化活动实际上一直试图践行孔夫子"为仁由己"的教诲,在他们

---

[1] 张再林:《中西哲学比较论》,西北大学出版社1997年版,第294页。
[2] 梁漱溟:《人心与人生》,上海人民出版社2005年版,第214页。

看来，道德的修养、改善完全是自己的事业，他人很难插手。因此，所谓的"先觉者"对于"后觉者"之教化更多的也只是一种身体示范的展示，目的在于唤起人的"理性自觉"，不应干涉太多，更不应该无视受教者判断、选择的能力与权利。这与规训式教化活动无视甚至是有意抹杀人民的判断选择能力的教化形成了鲜明对比。

韦伯在《儒教与道教》一书中曾说："就教育的目的而言，历史上有两种极端对立的类型：一种是要唤起神性（亦即唤起英雄品质或神话天赋）；另一种是传授专门化的技术知识。……在这极端对立的两者之间存在着各种教育类型。"[①]儒家礼乐教化的目的显然更接近于前者，但是由于中国文化的"内向超越"的特征，外在超越的神性由于对世俗的关注而大大降低，并内敛于人的"一己之身"。诚如徐复观先生所言"儒家思想，是以人类自身之力来解决人类自身问题为其起点的"[②]，正是基于对"人类自身之力"的信心、信仰，儒家的教育也成为对人自身本具、自身本有的神性、善性的涵养与扶持。《孟子》曾引尧的教民经验道"劳之，来之，匡之，直之，辅之，翼之，使自得之"，使民"自得"正是儒家教化的最终指向。朱熹《集注》解"自得"曰："使自得其性也。"再联系中国古书训诂"德，得也"，我们可以发现，使民"自得"也即让人发扬、充实自己固有的善性，从而成为一有德之人。故后汉朱穆说："得其天性谓之德。"[③]郭象也说："德者，得其性者也。"唐韩愈《原道篇》里说："足乎己，无待于外之谓德"，"无待于外"是成德最重要的标志。

儒家对百姓的教化以"自得其性"之成德之人为目的，实际上正是在于培养具有独立人格、具有自己独立之判断的自信自立、"无待于外"的个体。明乎此，我们就会发现司马迁用"不伐矜能""百姓无称""无过行""不教而民从其化"等具有明显否定意味的词汇定义循吏与儒家的教化理想并无相悖，事实上，他以一种消极的方式道出了循吏教化的真谛与理想：一方面，教化应以最少干预的方式（"身教"），唤起人们的道德自觉，孔子曰："无为而治者，其舜也与？夫何为哉，恭己正南面而已矣。"（《论语·卫灵公》）以己之"盛德"而感化民众，此

---

① ［德］马克斯·韦伯：《儒教与道教》，洪天富译，江苏人民出版社2010年版，第128页。
② 徐复观：《徐复观文集》第一卷，湖北人民出版社2002年版，第110页。
③ （南朝宋）范晔撰：《后汉书》第六册，中华书局1965年版，第1464页。

种方式近乎无为，实则有为。另一方面，百姓在"身教"的感召下，"自得其性"而行乎"人道之正"，至此，无论是作为治民之"吏"还是教民之"师"，已无过多作为的必要，只要一任百姓"得其所便"的生活、成长即可。由此可见，司马迁心中的循吏并非如余英时先生所言是汉初文、景之世黄老无为式的治民之官，而是如之后史书记载的那样，是具有儒学背景的循吏，他们遵循的是儒家式的"无为而治"。换言之，《史记》之后的正史如《汉书》《后汉书》等对循吏的看法，仍是源于司马迁，强调的都是儒家型的循吏观念。

通过以上的分析我们发现，儒家的教化并不像许多批判者所说的那样，是"以理杀人"，是在与权力的合谋下，使人变得驯顺、服从。与之相反，儒家的教化恰恰在于用最少的干预使民"自得"，唤起人民的理性自觉，并且成长为可以自作主宰的独立人格。梁启超先生曾言："儒家之言政治，其唯一目的与唯一手段，不外将国民人格提高。以目的言，则政治即道德，道德即政治。以手段言，即政治即教育，教育即政治。道德之归宿，在以同情心组成社会；教育之次第，则就各人同情心之最切近最易发动者而浚启之。"① 的确，儒家深信健全之政治，在于有"健全之人民"。明乎此义，我们才会知道"儒家所谓人治主义者，绝非仅恃一二圣贤在位以为治，而实欲将政治植基于'全民'之上"②，也即将政治植基于"全民"之教化上，植基于"健全之人民"的培养上。"健全之人民"即凡事依凭理性的自觉，具有鲜明个性、独立人格、独立价值的成熟的人民，也即康德所谓"有勇气""有决心""公开运用自己理性"的人民。他们凡事都以自己理性的公开运用为指导，此种性格与权力的意图格格不入。权力总希望将一切纳入自己的网罗之下，希望人们驯服、听话，在自己的安排下生活，换言之，权力希望人们按照自己划定的轨迹生活，而不是按照人自身生命的轨迹生活。而健全、成熟的人，他们虽然乐于"循理"，此种"理"却是他们生命"自得"之理，是不待于外、符合自己生命节律之理，也即孔子所谓"从心所欲不逾矩"之规矩生命之理。换言之，他们用自己生命体悟到的"理"来约束自己的行为、举止，这完全是一种自律，其他一切来自外部的约束，诸如权力的控制或权力规定的秩序，对其来说则是一种外在的强制，必须予以坚

---

① 梁启超：《先秦政治思想史》，天津古籍出版社2004年版，第101页。
② 梁启超：《先秦政治思想史》，天津古籍出版社2004年版，第101页。

决地抵抗与反对。

需要指出的是,此种追求"自得"的健全人格虽然与权力格格不入,却并不会将他人视如"我之地狱"、我之妨碍而排斥他人,与他人格格不入。与之相反,儒家极其重视与他人之交往、互动。一如儒家"仁"(人)的规定展示的那样,一方面,"'仁'基本上是与个人的自我更新、自我完善及自我完成的过程相联系"①,"仁"与己密切相关,故孔子曰"为仁由己",孟子亦言"仁者,人也",而古"仁"字更是写作"息",这样,"仁"实可看作达乎身心一体之自我的表现;另一方面,"仁,相人偶也"②,"仁"又蕴含着与他人的交流与交往,故孔子曰"仁者爱人",由之可见"依赖于对自我、自身的感受和关心而表现出的对他人的'同情心'、'怜悯'和'慈爱',是儒家'身心之仁'的最基本属性"③。由此观之,一个真正健全、"自得"的人,不仅在于自我的完善、完成,同时,人际间的交流、交往也是其内在的规定。因此,儒家并不会囿于一己之私而离群索居,他们重视交往,也重视人与人之间的联合、协同行动,这样,一种类似于西方"市民社会"之人与人的结合也就成了可能。然而,一如孔子"君子矜而不争,群而不党"(《论语·卫灵公》)之教诲所显示的那样,君子之间以道相处,以和相聚。儒家所希望的人与人之间的联合,并不像黑格尔那样,将其基础建立在个体"特殊性"之满足的需要上,而是建立在志同道合的基础上。如此不仅避免了因为利益互惠而联合在一起的不稳定性,也因共"志于道",而多出一份联合起来共同"弘道"的实践精神。

四 "教化"传统的当代意义

综上所述,自孔孟以来,儒家思想的重心就落实在对人文社会的关注上。他们致力于社会的整体文明,提倡诉诸人的理性自觉的教化,希望在与民众的深深互动中,鼓舞人民自觉地"公开运用自己的理性",使人民在运用自己理性的实践中逐渐提升自身的文明化程度,并最终使整个社会成为一个人人"自得

---

① 杜维明:《人性与自我修养》,中国和平出版社1988年版,第15页。
② (汉)郑玄注、(唐)孔颖达疏:《礼记正义》,北京大学出版社2000年版,第1684页。
③ 王中江:《"身心合一"之"仁"与儒家德性伦理——郭店竹简"息"字及儒家仁爱的构成》,《中国哲学史》2006年第1期。

其宜""自得其乐"的"礼宜乐和"的文明社会。此种"礼宜乐和"的文明社会将会是市民社会成长的温床。我们知道,市民社会是一个对权力时时保持警惕与反抗的共同体,也是一植基于全民自觉的文明社会。市民社会对权力的警惕与反抗,依赖于人的理性自觉与"公开运用自己理性"的勇气。人民文明化的程度、自觉运用理性之能力的提高,必将会让总是试图隐遁自身的权力逐渐暴露于世,权力日益精微的策略也会由于人的道德与理性判断能力的提升而不再像从前那样屡试屡灵。

儒家一以贯之的教化主张与实践,一方面,由于教化的普及与深入,促进了个体的全面发展与成熟,加深了社会的文明化程度,从而培养了更多可以承载"市民社会之精神"的个体;另一方面,儒家的教化也加深了所谓"先觉者"与"后觉者"之间的交往互动,二者因为志同道合,因为对共同善的追求而相互联结在一起,这也为市民社会的团结开辟了一种更为稳定也更具实践性的形式。事实上,生活在现代世界的中国人,尤其是中国现代的知识分子,可以从儒家的教化实践中学到更多。儒家虽将教化看作一项"先觉觉后觉"的事业,但是他们从不认为"先觉"与"后觉"之间存在着等级或认识上的鸿沟。而我们今天的所谓专家、学者却总是高高在上,无论在心理上还是在行为中,都将自己与普通百姓隔绝开来。他们仅仅喜欢对百姓的生活指手画脚,却并不试图在认识与能力上对人民施以启蒙的帮助与指导。更有甚者,他们有些竟站在了人民的反面,与权力、利益集团相勾结,成为它们的辩护者与宣传家,对人民施以精神上的控制与规训。儒家对于普通百姓既谦逊又充满信心,他们总是关注于百姓日用,关注于"化民成俗",积极地致力于与百姓的互动与合作,这是我们当今知识人需要努力学习和改善的,也是营建具有中国自身特点的社会共同体必须予以注意的重要方面。

第三节 "同治天下"与"共定国是"

一 儒家的政治参与意识——"同治天下"

市民社会是一个民众日渐趋于成熟的文明社会,其文明化程度不仅表现在民众的认识水平、判断能力、选择能力等之上,更表现在他们"公开地运用自己的理性"参与处理社会公共事务的实践上。我们甚至可以说,市民社会的活力正是源于每个公民对社会公共事务的自觉参与:一个充满活力的市民社会不仅有赖于"健全""成熟"的民众,更需要民众具有积极的参与意识,积极地参与到那些与自己息息相关的社会事务和政治事务的实践中去。古希腊先哲亚里士多德曾言:"人是天生的政治动物",近人徐复观先生也指出:"人一生下来,就糊里糊涂地被投入在政治关系之中。"① 不管人们是否愿意,政治总是与人有着难解之缘。只有在公共的政治生活中,个人才能最大限度地实现自己的德性,达到自己的幸福。因此,每一个人都应该关心、关注社会公共事务,积极投身于那些关系到自己生活幸福的政治活动中去,唯有这样的人,才能够将幸福真正掌握在自己手中;唯有这样的人,才真正算是一个富有责任心的合格公民。戴维·赫尔德指出:"当公民享有一系列允许他们要求民主参与并把民主参与视为一种权利的时候,民主才是名副其实的民主。"② 美国学者马克·彼特拉克也曾言道:"公民参与是民主的希望。"③ 的确,一个真正的民主社会,不仅需要有健全的法律来规范人们的言行,更需要鼓励公民积极地参与政治过程和政治决策,并为公民参与政治活动提供民主和法制程序的保障。

马克斯·韦伯曾指出,政治的事务被具有"官僚心态"的人把持,必将造成大家无心公开论政而没有人愿为政治决定负责的后果。因为官僚或公务员的最高美德乃是对于机关的服从义务,抑己以任事,他们在政治上并无独立信仰,也并不试图公开表明自己的立场。如果说,"官僚心态"带来的只是在形式上参与政治,"唯唯诺诺"而缺乏政治主体意识的公务员的话,那么,"生活世界的殖民化"带来的则是民众对于现实政治的普遍冷漠:由于系统对生活世界的殖民化或者个体规训化的加剧,人们日益满足于成为政治管理和服务的被动消费者,而对关系自身利益的政治事务越来越缺乏热情。据人们的调查,最近几十年来,在西方社会,公民的政治参与意识和政治参与热情呈现出一种明显减退的趋势。这不仅影响到西方社会的民主化进程,也大大销弱了市民社会的活力。

---

① 徐复观:《徐复观文集》第一卷,湖北人民出版社2002年版,第123页。
② [英]戴维·赫尔德:《民主的模式》,燕继荣等译,中央编译出版社1998年版,第398页。
③ [美]马克·彼特拉克:《当代西方对民主的探索:希望、危险与前景》,《国外政治学》1989年第1期。

第四章　一种东方式的反思视角：儒家社会思想中的公共精神

因为市民社会作为一个文明社会，政治文明是其重要表现。事实上，一如前文指出的那样，学者们在阐述市民社会的时候，将它与政治社会（国家）联系起来分析是一个十分重要的维度：如黑格尔将市民社会视为达到国家这一普遍物的必经环节，并且认为公民可以通过市民社会（"同业公会"）参加"普遍活动"，从而间接获得"参加国家普遍事务的机会"；哈贝马斯则说得更为明确，他将市民社会视为一个"预警系统"，"具有全社会敏感性的传感器"，可以不断地向公共权力（国家）传达形成于社会的呼声以影响公共政策的制定。可见，当人们日益失去政治参与的热情，对政治表现的日渐冷漠，市民社会也将失去其敏感性，丧失掉自己的"传感器"功能，市民社会的活力也终将会因此大打折扣。景海峰先生曾指出："一个健康的市民社会，不仅是一个凸显公民价值与权利的民主社会，而且还应是一个倡导公民参与意识、责任意识的社会。"[①] 由此我们可以说，鼓励和激发公民更多的政治责任意识和参与热情，已经是一个关系到市民社会的健康与活力的重要课题。

人们对政治表现出普遍的冷漠既是当代西方民主国家的问题，更是发展中国家普遍存在的问题。在多数发展中国家，由于政治法律制度的不完善，人们普遍地生存于强权政治的压力之下，深深感受到自己在强大的专制政体面前的无能，故而逐渐放弃了宪法赋予自己的权利。而在我国，由于传统官本位思想的影响，以及长期处于计划体制的安排之下，"形成了个人对单位组织和社会对国家的高度依附……在这样的格局下，群众的政治参与在多数情况下是非自愿的，而是在政府压力之下的迫不得已的行为。这样的政治参与更多体现的是自上而下的政府意志，而不是自下而上的公民意愿与诉求"[②]。人们已经习惯于听凭国家的安排、计划，无心参与任何社会公共事务或政治事务，对于政治参与的冷漠与逃避已经深入人们的心里：对于普通民众而言，参与政治似乎只是"大人物""大领导"的事情，而与自己毫无干涉；知识分子则将参与政治视为是一件有损自己学术纯粹性的事情，对其避之犹恐不及。由之可见，在我国当代"公民政治参与的主动性和自觉性很低，真正出于自主意识自愿参加国家政

[①] 蔡德麒、景海峰主编：《全球化时代的儒家伦理》，清华大学出版社2007年版，第327页。
[②] 杨明佳、陈波：《市场化与政治参与的变迁》，《武汉理工大学学报》（社会科学版）2001年第1期。

治生活的公民所占比例仍然不高，绝大多数公民缺乏政治主体意识，往往把自己当作国家和政府的附属物"①。

儒家自其创始之日起，便表现出对社会政治的深切执着，这与当代我国大多数人的表现形成鲜明对比。例如儒家创始人孔子，虽生逢"礼崩乐坏"、诸侯并立之乱世，而且一生中绝大多数时间只是"布衣"身份，却从没有放弃自己的政治参与热情，周历诸侯，历时十余年。每到一国，"必闻其政"，同时，竭力宣传、推行自己的政治主张。就此而论，"我们不如孔子，孔子更像是现代市民社会的公民，而我们则更像只会服从的臣民"②。

孔子的这种积极的政治参与意识深深地影响着他的弟子以及他身后的儒家传统。孟子言："君子之守，修其身而天下平"（《孟子·尽心下》），又说士大夫"行天下之大道"（《孟子·滕文公下》），荀子亦言："君子审后王之道，而论于百王之前，若端拱而议。推礼义之统，分是非之分，总天下之要，治海内之众，若使一人。"（《荀子·不苟》）在他们看来，修身与治国、平天下总是交织在一起、难以割舍的，或换而言之，虽然儒家也有"穷则独善其身""穷则独立贵名"的妥协、无奈时刻，但是，在他们心目中，修身最终还是希望表现在治国、平天下等"外王"能力的获得与事功表现上。故儒家极重视在修身活动中"审后王之道，而论于百王之前"，学习为政、治国之道成为儒者的必须科目。

孔子曾言："周监于二代，郁郁乎文哉！吾从周"（《论语·八佾》），又言："道之以政，齐之以刑，民免而无耻；道之以德，齐之以礼，有耻且格。"（《论语·为政》）由此可知，孔子最大的向往是周代"礼宜乐和""（民）有耻且格"的礼乐文化秩序。而孟子心目中的"仁政"则是：

> 明君制民之产，必使仰足以事父母，俯足以畜妻子，乐岁终身饱，凶年免于死亡；然后驱而之善，故民治从也轻。今也制民之产，仰不足以事父母，俯不足以畜妻子，乐岁终身苦，凶年不免于死亡，此惟救死而恐不赡，奚暇治礼义哉？（《孟子·梁惠王上》）

---

① 马振清：《中国公民政治社会化问题研究》，黑龙江人民出版社2001年版，第148页。
② 龚群：《市民社会与孔孟精神》，《中国思想史研究通讯》2005年第7期。

第四章 一种东方式的反思视角：儒家社会思想中的公共精神

也将诱导百姓走上善的道路，从而达乎"父子有亲，君臣有义，夫妇有别，长幼有叙，朋友有信"的礼治秩序视为自己的理想。

由之可见，在先秦时期，儒者主要以文化的"先觉者"自任，是价值世界的承担者。他们虽怀着满腔入世、"济民"的宏伟抱负，但是主要是以"仁"（亦即"道"）为"己任"，而"'仁以为己任'在实践中的具体化，依然限于精神领域之内"①。因此，他们虽主张"修其身而天下平"，但是，与超越的、精神性的"道"相较，以国家和社会事务为表现的"天下"则并不完全在他们的肩上，并不是他们所要承担的第一要务，所以孔子才会有"天下有道则见，无道则隐"（《论语·泰伯》）的说教。换言之，此时儒家表现出的是鲜明的文化主体意识，而政治主体意识在儒家身上并未明确表现出来。

然而，此种"以道自任""仁以为己任"的文化主体意识却与政治主体意识的后来显现关系密切。牟宗三先生曾希望由儒家的"良知""坎陷"出近现代中国人趋之若鹜的西方式的科学与民主，在其看来，科学与民主本已内含在"良知"之内，故"良知"通过自我实现与自我展开，自然会生发出科学与民主。与"良知"概念相似，在儒家的"仁"（或"道"）中，本就内含着对国家和社会事务（"天下"）的关注。《礼记·礼运》篇以"大道之行"与"大道既隐"作为区分"天下为公"之"大同"社会与"天下为家"的"小康"社会的标准；孟子也指出"三代之得天下也，以仁；其失天下也，以不仁"（《孟子·离娄上》）。可见，"道"或"仁"实与"天下"概念密切相关，"道"作为一个具有超越性的普遍价值概念，其落实在人间，必将表现为对天下事务的关注与"平天下"的践履。因此，到了北宋时期，当范仲淹发出"先天下之忧而忧，后天下之乐而乐"的呼声时，一石激起千层浪，终于将隐藏在士大夫群体中的"自觉精神"彻底召唤出来。"先天下之忧而忧，后天下之乐而乐"这一名言被宋代士大夫奉为自己终身履之的座右铭，而范仲淹也成为宋代士大夫的典范，乃至之后所有儒者的典范。朱熹在品论本朝时，就独以范仲淹"振作士大夫之功为多"，在《语类》中又说："且如一个范文正公，自做秀才时便以天下为己任，无一事不理会过。一旦仁宗大用之，便做出许多事业。"② 关于"士"对于范仲淹的仰慕与推崇，

---

① 余英时：《朱熹的历史世界》，生活·读书·新知三联书店2011年版，第219页。
② （宋）朱熹：《朱子语类》第八册，中华书局1986年版，第3088页。

我们亦可从《范文正公集》末所附的《诸贤赞颂论疏》中窥其一斑。正是在范仲淹"先天下之忧而忧,后天下之乐而乐"精神的普遍振奋与鼓励之下,儒家也终于从"仁以为己任"的文化担当中开出了"以天下为己任"的社会责任感,"承当天下事"在儒者的价值取向中开始占据了主导性的地位。

余英时先生指出:"'以天下为己任'蕴含着'士'对于国家和社会事务的处理有直接参与的资格,因此它相当于一种'公民'意识。"① 一如余英时先生所言,"以天下为己任"是"士"对于自己具有直接参与国家和社会事务的资格和权利的明确宣言,也是"士"对于参与国家和社会事务之责任的自觉承担。如果说"以天下为己任"一语由于仍带有文化价值承担者的色彩(如"以天下风教是非为己任"一语显示的那样),并未完全明确凸显出士大夫的政治主体意识的话,那么,由此生发出的另一个重要观念——"同治天下",显露出的士大夫的政治主体意识可谓明矣。

"同治天下"一语出自程颐。程颐在解《尧典》"克明俊德"时云:"帝王之道也,以择任贤俊为本,得人而后与之同治天下。"② 探其源头,我们可以上溯至文彦博与神宗、王安石的一次对话。《续资治通鉴长编》记载:

> 彦博又言:"祖宗法制具在,不须更张以失人心。"上曰:"更改法制,于士大夫诚多不悦,然于百姓何所不便?"彦博曰:"为与士大夫治天下,非与百姓治天下也。"上曰:"士大夫岂尽以更张为非,亦自有以为当更张者。"安石曰:"法制具在,则财用宜先,中国宜强。今皆不然,未可谓之法制具在也。"彦博曰:"务要人推行尔。"③

这是宋神宗召"二府"(宰相、枢密使)在资政殿共同讨论变法的一个片断。在变法问题上,文彦博主张"以静重为先",认为"祖宗以来法制,未必皆不可行",因此,他处于王安石和宋神宗的对立面,是变法的反对者。然而,虽然在"方今所急"的变法问题上与积极宣扬变法的神宗与王安石存在明显分歧,

---

① 余英时:《朱熹的历史世界》,生活·读书·新知三联书店 2011 年版,第 211 页。
② (宋)程颢、程颐:《二程集》下册,中华书局 2004 年版,第 1035 页。
③ (宋)李焘撰:《续资治通鉴长编》第一六册,中华书局 1995 年版,第 5370 页。

第四章 一种东方式的反思视角：儒家社会思想中的公共精神

但是，文彦博说出"为与士大夫治天下"一语，却并未引起王安石，尤其是宋神宗的诧异与反对，这在中国这样一个强调"乾纲独断"的封建君主专制国家的历史上实在罕见。"与士大夫治天下"一语受到同处士大夫阶层的王安石的赞同，对于我们应该并不意外，因为他与文彦博同受儒家"修身、齐家、治国、平天下"之理想的影响，都怀着匡济天下的抱负，然而，神宗也视之为当然，由此可以说，这是宋代君臣共同接受、共同承认的前提。"同治天下"是"士以天下为己任"的政治含义的进一步抒发，它标志着知识分子的政治主体意识的完全显现，也意味着"治天下"的重责不再垄断在皇帝一人手中，并不是皇帝一人所能单独承担得了的，而是同时落在了广大的士大夫阶层的身上。

"同治天下"观念之所以能够在宋代出现，源于占据有唐一代政治世界中心的门第制度的衰落。门第制度长期以来产生一种偏见，即认为只有"公卿子弟"才能担当国家的重任，"寒士"则无此资格。在此种境况下，出身寒微的进士逐渐生成一种严重的自卑感与边缘感，很难对垄断在门第旧族手中的王朝产生发自内心的真切认同。到了宋代，门第制度逐渐退出政治世界的中心，"寒士"可以通过科举这一相对平等的竞争途径发迹，取得进士身份，"成为'士大夫'之后，对于国家与社会所承担的责任与享有的权利都是相同的"[1]。他们不再困扰于门第制度下的严重的自卑感与边缘感，在自己内心深处逐渐对国家、朝廷产生一股真切的认同感。由此我们可以知道，政治参与并不仅仅是公民意识的问题，国家或者社会是否能够给人民带来深切的归属感、认同感也颇为重要。只有当人们对国家产生一种深深的归属感，不再觉得自己是一种游离于国家或者国家政策之外的边缘化存在，他们才会真切地关心、关注社会事务，才会充满热情地对国家事务品头论足，积极地参与到对国家的改良中去。正是由于宋代文人在境遇与心理两方面的转变，与帝王"同治天下"，积极承担国家与社会的责任，日益成为他们的集体意识。朱熹在见赵子直时说道："上可与为善，若常得贤者辅导，天下有望矣。"[2] 这在一定程度上代表了士大夫共同的心声，在他们心目中，天下不仅是皇帝的天下，更是天下人的天下，天下的治乱兴衰不是仅仅维系在皇帝一人身上，更需要广大士大夫的"辅导"、参与，如此，"天下

---

[1] 余英时：《朱熹的历史世界》，生活·读书·新知三联书店2011年版，第219页。
[2] （宋）罗大经撰：《鹤林玉露》，中华书局1983年版，第41页。

有望矣"。所以，朱熹门人、理学家曹彦约径称一切在位的士大夫为"天下之共治者"。宋代形成的与皇帝"同治天下"的政治参与意识被后代知识人进一步继承与发挥。明代东林党人徐如珂说："天下大矣，人主不能自理，分而寄之一相。相臣者，君所与共天下者也。"① 陈龙正也说："天下之大，非一人所能周，必分而治之，要使同归于大顺。"② 明末大儒顾炎武则提出："保国者，其君、其臣，肉食者谋之；保天下者，匹夫之贱与有责焉耳矣。"③ 强调"天下"不再仅仅系于君主与士大夫，而普遍地与每一普通民众系在一起，从此，"天下兴亡，匹夫有责"也成为中国社会最富感召力的口号。"同治天下"的观念，黄宗羲在《明夷待访录》中发挥得最为明白：

> 缘夫天下之大，非一人之能治，而分治之以群工。故我之出而仕也，为天下，非为君也；为万民，非为一姓也。……世之为臣者昧于此义，以谓臣为君而设者也。君分吾以天下而后治之，君授吾以人民而后牧之，视天下人民为人君囊中之私物。④

他不仅指出天下人民并不是"人君囊中之私物"，"天下之大，非一人之能治"，必须分而治之，而且将一姓之君王与天下万民明确区别开来，认为"我之出而仕"是为了天下、万民，而不是为了一姓君王。这样，当明确了"我之出而仕"是以天下万民的"兴""乐"为目的后，黄宗羲进一步指出"臣与君名异而实同"，他们都应为百姓的利益恪尽职守，由此发展出的君臣关系是一种平等的师友关系，而非主仆关系。基于此种认识，他批判、挖苦那些"出而仕于君，不以天下为事"的人为"君之仆妾也"。黄宗羲的这种"极大胆"的言论，成为刺激后世"最有力之兴奋剂"（梁启超语），并被看作"十七世纪的中国民权宣言"⑤，而他自己也被后人誉为"中国思想启蒙之父"。

---

① 张分田：《中国帝王观念——社会普遍意识中的"尊君—罪君"文化范式》，中国人民大学出版社2004年版，第462页。
② 张分田：《中国帝王观念——社会普遍意识中的"尊君—罪君"文化范式》，中国人民大学出版社2004年版，第462页。
③ （清）顾炎武：《日知录集释》，黄汝成集释，上海古籍出版社2006年版，第757页。
④ （清）黄宗羲：《黄宗羲全集》第一册，浙江古籍出版社1985年版，第4页。
⑤ 肖萐父、李锦全主编：《中国哲学史》下卷，人民出版社1983年版，第181页。

二 儒家参与政治的实践——"共定国是"

发端于宋代的"同治天下"观念不断鼓舞着后人，得到后世知识人自觉的继承和发扬。然而，他们虽怀着"以天下为事"的抱负，却从未真正获得与皇帝"共治天下"的机会。与后人相较，宋代的士大夫则是无比幸运的，余英时先生指出，宋代是"士阶层最为发舒的时代"①。的确，无论是较之前朝还是比之后代，宋代的士大夫都算是生活在一个比较宽松自由的文化政治环境下。他们不仅可以在观念中认定与帝王同治天下是士大夫当仁不让的权利与责任，更是满怀热情地积极投身于现实的政治活动之中。而当时宽松的环境也确实为士阶层一舒自己的治国抱负提供了难得的舞台与机会，由此形成了宋代政治史上一个空前绝后的新因素、新现象——与帝王"共定国是"。

"国是"作为一个观念，源于古代。早在西汉，刘向《新序》卷二《杂事二》就曾记载楚庄王与孙叔敖的一段对话：

> 楚庄王问于孙叔敖曰："寡人未得所以为国是也。"孙叔敖曰："国之有是，众非之所恶也。臣恐王之不能定也。"王曰："不定独在君乎？亦在臣乎？"孙叔敖曰："国君骄士曰：士非我无由富贵；士骄君曰：国非士无由安强。人君或失国而不悟，士或至饥寒而不进，君臣不合，国是无由定矣。夏桀、殷纣不定国是，而以合其取舍者为是，以不合其取舍者为非，故致亡而不知。"庄王曰："善哉！愿相国与诸侯、士大夫共定国是。寡人岂敢以褊国骄士民哉！"②

此段对话在《后汉书·桓谭传》等处均有记载，不难看出，它的主题正是"国是"。"国是"一词，今人多谓"是"假借作"事"，故将"国是"迳释为"国事"。然而，观之"夏桀、殷纣不定国是，而以合其取舍者为是，以不合其取舍者为非，故致亡而不知"一句，将"国是"释为"国事"，实在难以讲通。

据今人许廷桂考证："是字本义依《说文》为'直'为'正'；正、直可供

---

① 余英时：《朱熹的历史世界》，生活·读书·新知三联书店2011年版，第224页。
② （汉）刘向：《新序今注今译》，卢元骏注译，天津古籍出版社1987年版，第70页。

取法——《韩非子·忠孝》即有'皆以尧、舜之道为是而法之',故引申为'法则'。"① 事实上,《尔雅·释言》就曾解释道"是,则也",邢疏"言不非之事,乃可为人法则";清人吴昌硕《经词衍释》亦言:"是,犹则也。"可见,"国是"之"是"实应解释为"法""则"。故"'国是'即国家的法则,犹今所谓'国策'。……事关国家纲法,自然重大。故'国是'一词又得再引申为'国家大计'"②。由此可知,楚庄王希望与相国、诸侯、士大夫共同商定的乃是关系国家纲法的大计。

《新序》记载的这一君臣"共定国是"的事例,让后代士大夫钦羡不已,因为,他们都心怀着回向"三代"的政治理想,而能与国君"共定国是"无疑是士大夫实现自己政治理想的最佳途径。然而,在封建君主专制的环境下,空怀政治理想是不够的,这只能算作思想领域的原动力,若想付诸实践,使理想变为现实,必须有政治领域的原动力——皇帝——的支持。在此,皇帝在政治领域内的原动力作用是十分重要的,如果缺乏皇帝的支持,儒者只能发挥一般循吏的功用,化一方之民俗,影响一地之风气,而"兼济天下"的宏伟抱负则难以舒展。然而,遗憾的是,中国历史上的君王,多对法家情有独钟,对于儒家更多看重的是其具有的"缘饰"作用,因此,他们多采取一种"外儒内法""儒表法里"的态度,重视儒臣、重用儒臣的君王在中国历史上实在太少。因此可以说,思想领域的原动力与政治领域的原动力两方面的合流与合作可谓是千载难遇。在此,我们不得不再次说宋代士大夫是幸运的,这"千载一遇"的合流被他们有幸遇上。"中国列朝尚士之分,最著者,前有东汉,继为北宋。"③宋自太祖一统中国,便竭意提倡尊士之风,奖励儒学,太祖常谓侍臣曰:"朕欲尽令武臣读书,知为治之道。"④ 自宋太祖首开崇奖儒学的风气后,"太宗皇帝……又引缙绅诸儒,讲道兴学,炳然与三代同风矣"⑤,至仁宗皇帝时,"德化隆洽……谓本朝之治独与三代同风"⑥,直到南宋时,历任皇帝基本上都将崇

---

① 许廷桂:《"国是"正解》,《重庆师范大学学报》(哲学社会科学版) 1991 年第 2 期。
② 许廷桂:《"国是"正解》,《重庆师范大学学报》(哲学社会科学版) 1991 年第 2 期。
③ 钱穆:《国史新论》,生活·读书·新知三联书店 2005 年版,第 144 页。
④ (明) 陈邦瞻:《宋史纪事本末》第一册,中华书局 1977 年版,第 37 页。
⑤ (宋) 李焘撰:《续资治通鉴长编》第一六册,中华书局 1995 年版,第 5366 页。
⑥ (宋) 李心传:《建炎以来朝野杂记》下册,中华书局 2000 年版,第 545 页。

第四章 一种东方式的反思视角：儒家社会思想中的公共精神

奖儒学、文士视为"祖宗之家法"而自觉谨守。由此，陈亮才会颇为自豪地说出如下论断："本朝以儒立国，而儒道之振独优于前代。"① 宋代"以儒立国"，历任皇帝都普遍比较尊重、推崇儒学，重视与"士"的合作，他们不仅视"与士大夫治天下"为当然，也普遍地接受了这样一项基本原则，即"国是"不应该由皇帝"以合其取舍者"为标准而独自决定；相反地，皇帝必须"与士大夫共定国是"，共同商定国家的纲法大计。《续资治通鉴长编》记载了一则宋神宗与司马光之间就"熙宁变法"问题的一段对话：

> 上曰："今天下汹汹者，孙叔敖所谓'国之有是，众之所恶也'。"光曰："然。陛下当察其是非，然后守之。今条例司所为，独安石、韩绛、吕惠卿以为是，天下皆以为非也。陛下岂能独与三人共为天下耶？"②

在此段对话中，司马光刚直不阿的性格显露无遗。他说神宗"独与（王安石、韩绛、吕惠卿）三人共为天下"，颇有指责神宗以合己取舍者为标准单方面决定"国是"的意味。如果说司马光与之争论的是性格较温和的仁宗，这些言语可能并不会引起龙颜不悦，然而，司马光面对的可是坚持乾纲独断的宋神宗，这就颇让我们为司马光之后的遭遇担心了。出人意料的是，之后的结果仅仅是君臣话不投机、不欢而散，司马光并未因此获罪。由此可见，神宗与司马光的对话是建立在君臣"共定国是"这一共识的基础上的，因此，即使君臣的对答如此尖锐，却并未出现司马光罢官、贬职的不快局面。

正是由于宋代士大夫与君王"共治天下"的政治参与意识的集体觉醒，同时他们又将与皇帝"共定国是"视为一项基本的政治原则自觉予以坚持，使得宋代士大夫无论是较之前朝，还是比之后代，都更为积极地活跃在社会公共事务的实践中。此种积极性，我们犹可从宋朝的变法中见其一斑。

宋朝的变法，前后共有两次。一次在仁宗庆历时，范仲淹为相，史称"庆历新政"；另一次在神宗熙宁时，王安石为相，史称"熙宁变法"。仁宗朝时，正值辽夏交侵，而国内财政到达将次崩溃的境地，在此内外交困的时刻，仁宗

---

① （宋）陈亮：《陈亮集》上册，中华书局1974年版，第13页。
② （宋）李焘撰：《续资治通鉴长编》第一六册，中华书局1995年版，第5372页。

锐意革新，任用范仲淹、韩琦、富弼同时为相，筹备变法。范仲淹在仁宗的屡次催办之下，提出十项政见，即历史上著名的"十事疏"，由此也拉开了此次变法的序幕。历时一年零几个月后，"庆历新政"在保守势力的攻击与仁宗皇帝的猜忌动摇之下而夭折。然而，在这短短的时间内，却吸引了大批向往"三代"政治、"以致君自负"的士大夫投身于变法中来，如新政的推动者范仲淹、富弼、韩琦、杜衍、欧阳修、苏舜钦等，皆为进士出身。除此之外，著名的"宋初三先生"亦与庆历新政具有莫大关系。新政极重砥砺士风、培养人才，范仲淹所陈"十事疏"中即有"精贡举"的内容，希望"慎选举，敦教育"，改革科举学校制度。在此背景下，中央在原国子监基础上兴建太学，成为最高学府，并延聘孙复、石介等鸿儒为"国子监直讲"，胡瑗亦被召为诸王公教授，"三先生"由此便与变法结下深厚缘分，石介甚至专门作《庆历圣德颂》一篇，歌颂这一"旷绝盛事"。他们积极响应变法培养人才的号召，配合范仲淹一起推动了北宋历史上第一次全国性的大规模兴学运动——"庆历兴学"。遗憾的是，随着新政的夭折，石介被迫害致死，孙复亦遭诬陷被罢贬，而范仲淹等其他变法推动者也或贬，或罚，或仓皇乞身而退。

"庆历新政"无疑是宋代士与皇帝"共治天下"的初次合作的实践尝试，大批"心忧天下"的士大夫参与其中，他们与范仲淹一样，"志欲铲旧谋新，振兴时治"（范仲淹语），同心协力共同致力于新政的推广。"庆历新政"是"仁宗时期士大夫最大规模的一次联合"[①]，他们因"志同道合"而走在一起，精诚合作，因此有些学者甚至认为，庆历新政是"以范仲淹为首的改革派，是作为政治集团、政治派别或者'朋党'而出现在历史舞台之上的"[②]。姑且不论改革派是否作为"政治集团""政治派别"而出现，然而，我们却可以将此次新政视为是士大夫"以天下为己任"的政治参与意识的一次集中呈现。新政虽然仅仅历时一年零几个月便宣告夭折，却为之后士大夫投身社会政治事务的实践、与皇帝"共治天下"提供了可资借鉴的榜样，深深鼓舞着士大夫参与政治的热情。

---

① 李同乐：《北宋士大夫政治理想和实践——以北宋前中期为中心的研究》，博士学位论文，华东师范大学，2010年，第126页。
② 漆侠：《范仲淹集团与庆历新政——读欧阳修〈朋党论〉书后》，《历史研究》1992年第3期。

第四章 一种东方式的反思视角：儒家社会思想中的公共精神

范仲淹"庆历新政"失败了，但社会矛盾并未缓和，财政危机甚至更加严重，宋朝事实上变法的要求却依然存在。在这种情况下，士大夫出于对天下国家的忧患，多对变法心存向往，要求改革的呼声日益高涨。"庆历新政"失败十四年后，嘉祐四年（1059），三司度支判官王安石便向宋仁宗上《言事书》，分析当时的形势道："顾内则不能无以社稷为忧，外则不能无惧于夷狄，天下之财力日以困穷，而风俗日以衰坏，四方有志之士，諰諰然常恐天下之久不安。"①指出造成此种内忧外患困境局面的原因在于"方今之法度，多不合乎先王之政"，因此必须"稍视时势之可否，而因人情之患苦，变更天下之弊法，以趋先王之意"。②稍后，司马光、苏辙、苏轼等也多次上书，提出应该"斟酌事宜，损益变通"。可见，"庆历新政"的影响已经深入当时士大夫的心中，他们不仅关心时局、忧心国事，而且积极参与政治，在面对国贫民弱、内忧外患的局面，首先想到的便是积极争取能够"更革天下之事"的变法。南宋思想家陈亮曾指出"方庆历、嘉祐，世之名士常患法之不变也"③，在此种求变风气的影响下，"变更旧制"成为势之必然。

治平四年（1067）正月，宋神宗赵顼即位，立志革新。熙宁元年（1068）四月，距《上仁宗皇帝言事书》之后八年，王安石被召入京，任翰林学士兼侍讲，次年二月升任参知政事。中国历史上著名的"熙宁变法"也随之拉开了它的序幕。如果说，"仁宗时期是士大夫在政治上走向成熟的时期"④，那么，到了神宗时期，尤其是到了"熙宁变法"时期，士大夫团体在政治上则真正达到了成熟，他们"在将学术运用到政治领域方面，无论是在理论深度上还是在涉及领域的广度上，都比仁宗时期大为加强了"⑤。

宋代士大夫团体在政治上的成熟与参与意识，集中表现在他们以或推动或反对的态度，积极参与到变法中来。前已指出，神宗新政，国家的形势是夷狄侵扰、财力困穷、风俗日坏、社稷堪忧、人心思变。因此，当神宗召王安石入

---

① （宋）王安石：《王文公文集》上册，上海人民出版社1974年版，第1页。
② （宋）王安石：《王文公文集》上册，上海人民出版社1974年版，第1页。
③ （宋）陈亮：《陈亮集》上册，中华书局1974年版，第126页。
④ 李同乐：《北宋士大夫政治理想和实践——以北宋前中期为中心的研究》，博士学位论文，华东师范大学，2010年，第130页。
⑤ 李同乐：《北宋士大夫政治理想和实践——以北宋前中期为中心的研究》，博士学位论文，华东师范大学，2010年，第145页。

京主持变法时，士大夫们普遍以为"太平可立致，生民咸被其泽"①，一时间纷纷响应，积极投身于变法实践，王安石和他的"少年"僚属如吕惠卿、曾布②自不必说，连后来反对变法、分化为蜀党与洛党的主要分子也曾一度有过和王安石共同"经纶天下"的抱负与实践，如理学大师"洛学"创始人程颢、蜀派代表苏辙等，在熙宁二年就曾同时任职于为变法而特增的机构——三司条例司——堪称王安石变法的总部。朱熹在谈及熙宁变法时也曾指出"新法之行，诸公实共谋之，虽明道先生不以为不是，盖那时也是合变时节"③。由之可见，持不同思想认识、不同政见的士大夫如程颢、苏辙、刘彝都积极参与了变法的谋划，他们都"心怀天下"，深感变法已经刻不容缓、迫在眉睫。

然而，即使在改革如火如荼开展的初期，变法也并不是朝廷士大夫中的唯一呼声，士大夫之中便屡屡传出反对的声音。提出"与士大夫治天下"的文彦博，就表示"祖宗法未必皆不可行，但又偏而不举之弊耳"④，因此"方今之务，正在谨守祖宗之成法"⑤，而不是变法更张。王安石的朋友，同时也是他最顽固的政敌司马光，对变法的批评更为全面，他以史立论，批评不应该放青苗钱而与民争利，不该设三司条例司以"侵官"，更不该变更祖宗之法以扰乱朝政。他主张"治天下譬之居室，敝则修之，非大坏不更造"⑥，希望逐步改良，而非彻底改造。随着变法的展开，反对变法的士人日渐增多。钱穆先生曾在《国史大纲》第三十三章《新旧党争与南北人才》一文中曾以南北地域关系来区分熙宁、元祐时期的新党与旧党，指出"新党大率多南方人，反对派则大率是北方人"⑦。反对变法的北方诸君子后来分化为洛、蜀、朔三派：洛派，以程颢为领袖，朱光庭、贾易等为羽翼；蜀派则以苏轼为领袖，吕陶等为羽翼；朔以刘挚、王严叟、刘安世为领袖，羽翼尤众，多为司马光弟子，这是反对新法最激烈的一派。

---

① （宋）司马光：《司马温公文集》卷四，商务印书馆1936年版，第241页。
② 吕惠卿与曾布二者被《宋史》列入《奸臣传》。需要指出的是，虽然他们后来确被权力所侵蚀，但不可因此而抹杀他们早年曾有过的"经纶天下"的理想和热忱。
③ （宋）朱熹：《朱子语类》第八册，中华书局1986年版，第3097页。
④ （元）脱脱等：《宋史》卷三一三，中华书局2012年版，第10261页。
⑤ （宋）文彦博：《文潞公文集》卷九，嘉靖五年高陵吕氏刊本（影印）。
⑥ 钱穆：《国史大纲》下册，商务印书馆1996年版，第592页。
⑦ 钱穆：《国史大纲》下册，商务印书馆1996年版，第589页。

第四章 一种东方式的反思视角：儒家社会思想中的公共精神

由此我们可以发现，发生于宋神宗年间的"熙宁变法"，从其开始一直到结束，士大夫们都投入了极大的热情。知识分子参与的规模之大、人数之多，在中国历史上堪称罕见，当时最重要、最有影响的知识分子几乎统统参与其中。其中既有支持变法的革新派，又有身处反对变法阵营的守旧派，他们虽然政见不同，但有一种近乎宗教意识般的"以天下为己任"的责任意识、参与热情，则是被他们共同分享、共同遵守的。

需要指出的是，宋代士大夫对于变法的热情以及积极投身变法活动的实践，并不是为了做官、为了权力俸禄，而是将"道"或"义"作为出处的最高原则，这在宋代"形成一种风尚"（余英时语）。此种风尚我们犹可从王安石与司马光——两位影响变法最为深远的士大夫——身上见之。王安石在写给友人的赠序中曾表达自己的"行道"观念道："时然而然，众人也；己然而然，君子也。己然而然，非私己也，圣人之道在焉尔。夫君子有穷苦颠跌，不肯一失拙己以从时者，不以时胜道也。"[①] 正因为王安石总是以道自重，决不"拙己以从时"，"不以时胜道"，因此当神宗初即帝位，询问韩维"朕召之（指王安石）肯来乎？"韩维答道："安石盖有志经世，非甘老于山林者"，又言："安石平日每欲以道进退"，因此，陛下应该"以礼致之"，这样安石一定会来。在邵伯温《邵氏闻见录》卷十一中，也记载了司马光因为反对变法，坚决不肯奉皇帝之召的事情，邵氏的评价是"特公以新法不罢，义不可起"。王安石"以道进退"，司马光也"义不可起"，他们都坚守着自己的"道"，不让其受得半点委屈，这也代表了宋代士大夫的一种普遍风格。由之可见，"以天下为己任"已经成为宋代士大夫的集体意识，他们渴望"行道"以实现自己的理想。宋神宗的时代，对于士大夫而言是一个真正能够"行道"的时代，因此，他们对于变法的热情完全出于自己理想的伸张以及政治主体意识的觉醒。

钱穆先生曾将先秦诸子与北宋诸儒加以比较，他指出："先秦诸子，虽则异说争鸣，但他们都没有实际把握到政权，因此在学术上愈推行，愈深细，愈博大，各家完成他各家的精神面目。……北宋诸儒，不幸同时全在朝廷，他们的学术意见，没有好好发展到深细博大处，而在实际政治上，便发生起冲突。"[②]

[①] （宋）王安石：《王文公文集》下册，上海人民出版社1974年版，第433—434页。
[②] 钱穆：《国史大纲》下册，商务印书馆1996年版，第599页。

不难看出，作为一个历史学者，钱穆先生深以北宋诸儒用心多在朝廷而未能将他们的学术意见"好好发展到深细博大处"为憾。清代思想家魏源曾区分出三类儒——"治经之儒""明道之儒"与"政事之儒"。钱穆先生无疑比较推崇"治经"与"明道"之儒，"政事之儒"似乎并不看重。然而，在笔者看来，注重"经世"、事功本是儒之"一途"，不应该以"治经""明道"为优，而薄"政事"。儒家从来都既注重"坐而论道"，又注重起而行道，"得君行道"一直是儒者不变的理想。然而，在封建帝王专制制度下，儒家"行道"的抱负总是难以大范围伸张，很少有帝王真正愿意实践儒家那一套治国方案。因此，发生于宋代神宗年间的君臣际会对士大夫来说可谓"千载一时"、难能可贵。此种千载难遇的实践经历，留给后世士大夫的是无尽的羡慕和神往。程颐在变法时，虽然处于王安石的对立面，认为"安石之学不是"，然而在后来回忆"熙宁变法"时，也颇为肯定神宗与安石的君臣"相遇"。《伊川先生语录》载：

问："荆公可谓得君乎？"
曰："后世谓之得君可也，然荆公之智识，亦自能知得。"①

而朱熹对此次君臣际会更是羡慕不已，说道："王荆公遇神宗，可谓千载一时，惜乎渠学术不是，后来直坏到恁地。"② 羡慕与惋惜之情，犹然可见。而朱熹本人，也是"经济夙所尚，隐沦非素期"，时刻准备着能够"得君行道""经世济民"。

因此，我们可以说，王安石与宋神宗的君臣际会，虽然并未达到预期的目的，甚至可以说它在改变现实方面是失败的，然而它却是儒家古老的"得君行道"观念的首次真正地实践，开了知识分子以学术来影响政治、以学术来改变政治之先河。它不仅加深了士大夫与皇帝同治天下的观念，也将发挥一种现实的示范作用，以鼓励后世知识人与普通民众循着这一轨迹而积极地参与到现实的社会政治事务中去。

---

① （宋）程颢、程颐：《二程集》上册，中华书局2004年版，第198页。
② （宋）朱熹：《朱子语类》第八册，中华书局1986年版，第3095页。

三 儒家"同治天下"观念的现代意义

值得一提的是,儒家"同治天下""共定国是"的现实努力,与西方尤其是近现代西方影响政治的实践具有明显区别。一方面,儒家并不是通过在社会领域形成某种哈贝马斯所谓的"公众舆论"或罗尔斯所谓的"交叠性共识",以此来影响国家的决策或政策的实施,儒家更多的是遵循孔夫子"学而优则仕"的教诲,通过个人直接参与国家权力机构的方式,以自己秉持的"道"来影响政治。或换言之,传统中国在政治参与实践中,总是缺乏一种社会的维度或选择。梁漱溟先生曾指出:"中国人从来缺乏团体生活,处处像是化整为零的样子。"① 由于"在中国人切己的便是身家。远大的便是天下了"②,使得在中国很难发现那种与西方相似的社会生活,更别说形成西方那种以对公共事务展开协商和相互交换意见为基础的社会领域。如此,个人作用于政治一般只有通过直接参与的方式,而缺乏社会的或团体的区域作为个人与国家之间的中介与缓冲。另一方面,构成西方近现代政治参与主体的是经济上获得独立的大众,主要由学者群以及城市居民和市民阶级构成。而在传统中国,政治参与的主体主要是知识分子,也即"士"阶层,普通老百姓总是抱着谨防祸从口出的态度,谨守着"莫谈国事"的信条。即使到了近代,出现了在经济上获得一定独立地位的商人,甚至也出现了一些商会,但是他们仍然秉着"在商言商"的宗旨,只做买卖而缄默于国事的讨论,而"对于一些商会领导人来说,在商言商是要过问'商政',但不涉及与商没有直接关系的'纯'政治"③。由之可见,儒家"同治天下"的观念尚未突破"士"的阶层领域,很难扩及"农""工""商"等社会阶层。

今天,尤其是在中国,人们对于政治的淡漠呈愈演愈烈之势:人们普遍认为政治参与乃是为官者的专利,而与自己无甚干系,因此选择了对政治参与的主动放弃;而作为传统政治参与的主体——知识分子——也将参与政治视为是

---

① 梁漱溟:《乡村建设理论》,上海人民出版社2011年版,第50页。
② 梁漱溟:《乡村建设理论》,上海人民出版社2011年版,第51页。
③ 张亦工、徐思彦:《20世纪初期资本家阶级的政治文化与政治行为方式初探》,《近代史研究》1992年第2期。

一件有损自己学术纯粹性的事情，对其避而远之。殊不知政治是与每一个人的生活、幸福密切相关的事情，如果我们主动放弃政治参与，这无异于将自己的幸福交予到他人的手中。而这也不利于一个国家的民主建设与民主化进程。儒家"同治天下"的政治参与思想，虽然在传统历史中的影响比较有限，但是，作为中国传统思想中的一项重要资源，作为深藏于传统知识人心目中的坚定信念，它必将在历史发展的新阶段再次发挥其积极影响，为克服现代人普遍的政治冷漠症做出积极的贡献。另外，"道德美德和公民美德在起源上虽然是分离的，但没有理由假定他们不能互相加强。二者不是在理论中，而是在生活中统一起来的"[①]。儒家注重社会教化，注重个人道德美德培养的传统，也必将为唤起民众参与政治的热情，为加强民众政治参与的意识，发挥积极的影响。

四 小结

通过以上的分析我们不难发现，在中国深厚的传统文化资源中，尤其是在坚持"内圣外王"积极入世的儒家文化资源中，蕴藏着诸多与"市民社会的精神"相契合的文化资源。这些资源既与西方市民社会的精神遥相契合，又由于自身独特的东方特质，为我们批判性地理解西方市民社会的精神，提供了一种东方式的反思视角。

首先，在西方，人们将构成市民社会的主体理解为经济上获得独立地位的大众，他们是只关心一己私利，并且可以自由追求自己特殊利益的原子式的个体。这样就使得社会总是倾向于被理解为黑格尔所谓的"个人私利的战场"，或者如福柯那样，视为充斥着"权力关系"的存在，虽然哈贝马斯强调社会中主体间的交往对话关系，但是其理论中过多的理想色彩，使得普遍与特殊、个体与群体总是处于一种难以避免的紧张关系之中。与西方传统形成鲜明对比的是，儒家文化从其一开始就将人置于关系场域之中。在他们看来，"人"并不是孤独的生活于此世间，而是不可避免地与他人发生着联系，形成众多不同的"场域"，这些关系场域以家庭血缘为基础，进而扩展到"国"与"天下"。个人的存在与自我实现，离不开与他人的交往，离不开他所生活的关系场域。这在一定程度上

---

① Yu Yingshi, "Roundtable Discussion of the Trouble with Confucianism", *China Rewiew International*, 1994 (1).

第四章 一种东方式的反思视角：儒家社会思想中的公共精神

为走出西方普遍与特殊、个体与群体的紧张困境，提供了重要的理论参考。

其次，西方突显市民社会对权力的规范、抵抗精神，其要么强调一种抽象的同一、绝对的平等，由此指向一种理想的"交往共同体"，要么强调绝对的差异，由此导向一种互不信任、相互为敌的"无政府"状态。儒家思想则不同，它既不坚持抽象的同一，也不热衷于绝对的差异，其总是追求一种差异中的同一、一种"和而不同"。在儒家看来，人与人之间既不是绝对平等的，也不是完全对立的，他们处于一种"差等"关系之中。这样就使得儒家并不是完全执着于权力的消极方面，他们同时承认权力存在的必要性与积极意义；他们并不是试图完全取消权力（差异）关系，而是试图将其维持在某种合理的范围之中。因此，儒家从未将自己置于权力的完全对立面，也并不试图完全取消权力，他们追求的是"得君行道"、与君王"共定国是"，力求实现一种在差异基础上的平等、有序的礼乐文明社会。

最后，西方在探讨国家与社会的关系时，总是将家庭视为个性解放和普遍平等的障碍，而将其排除在论域之外。殊不知，家庭作为一切民族、一切文化以及整个社会存在的基本形式，对于它的忽视、对于其作用的贬低，都将使我们难以全面理解社会存在的真正根基。在此基础上探讨社会与国家的关系，也终将会由于家庭的缺席，而在理论上流于一种片面地抽象。与西方传统形成鲜明对比，儒家知识分子是"齐家"的君子，儒家的教化是重视"家教"的教化，而儒家所坚持的"国是"也是建立在"家"的原则之上的，可以说，儒家哲学就是一种名副其实的"重家主义"伦理学。因此，儒家传统可以在一定程度上弥补西方哲学"无家性"的不足，发挥潜存于家庭之中的价值，可以为社会注入某种方向感，也可以为国家与社会关系的探讨提供一种更符合人性的基础。

结 语

市民社会作为西方政治哲学的一个重要概念，作为与西方现代化密切相关的哲学话语，一直是中外学者争相讨论的重要问题。同时，在现实社会中，市民社会又是市场经济与民主政治的重要保障，在社会的经济、政治、文化、生态等方面发挥着积极的功能。一如西方近代资本主义的兴起，除了经济本身的因素之外，还有一层特殊、深厚的文化背景那样，市民社会在近代西方的兴起，也有其赖以滋生的"市民社会的精神"。而对"市民社会精神"的发掘与揭示必须深入西方市民社会的话语之中，厘清市民社会概念发展演变的内在逻辑。

从西方市民社会话语的演变历史来看，第一个将市民社会与国家和政治社会作出学理区分的是黑格尔，由此才真正形成了现代意义上的市民社会概念。自黑格尔以来，人们总是在"市民社会—国家"这样的研究模式下讨论市民社会理论，虽然哈贝马斯创造性地推出"市民社会（生活世界）—系统（政治+经济）"的分析框架，但是，由于哈贝马斯的研究立足于晚期资本主义社会国家与社会（尤其是社会的经济方面）重新走向结合这一现实，因此从某种意义而言，他并未真正突破黑格尔所确立的"国家与市民社会相分离"这一基本线索。此种强调"国家与市民社会相分离"的研究路径，突出了市民社会与国家相对且部分独立于国家的特征，却又因为过分强调市民社会的独立性与纯粹性，无疑将会忽视社会本身作为一个多元结构这一特征，进而忽视市民社会的多元性。同时，也会因为理论上过多的理想色彩，终将以牺牲现实的批判力与斗争力为代价。通过批判性地考察西方最重要的两位市民社会理论家黑格尔与哈贝马斯的市民社会思想，我们发现，市民社会有别于政党式的组织，它并不试图夺取国家的权力，而是力求规范国家权力的运作，防止国家权力的过分扩张与滥用，它与其说是一个与国家密切相关的概念，不如说是一个与权力相对的概念。我们可以尝试用"市民社会—权力"分析模式取代"市民社会—国家"或"市民社会—系统"的研究框架。如此，我们对于市民社会的理解将不再局限于社会的某一特殊领域（如经济领域或文化领域），而是将整个社会视为一个多元结构，市民社会则渗透于这些多元结构之中，是社会多元结构中自觉规范、抵抗权力滥用与过度扩张的部分。而一旦我们以"市民社会—权力"研究框架来分析考察市民社会理论，市民社会规范、抵抗权力的精神与意义就会自然地凸显出来。

既然市民社会是一个与权力相对的概念，那么，要全面理解市民社会的精神就必须深入地考察权力这一概念，尤其需要了解权力的技术与策略，因为只有全面了解权力的技术与策略，市民社会在规范、抵抗权力的进程中才更为主动，更有针对性。因此，本书引入了福柯的微观权力理论，它在批判西方传统权力观的基础上，详细考察了权力的策略、技术和运行机制，这为我们更为准确地把握市民社会的精神提供了重要的理论借鉴。我们发现，市民社会力图消解、抵抗的权力并不仅仅是作为权力"上层建筑"的政治权力（或国家权力），而且包括更为广泛、更加细微的福柯所谓的"微观权力"、"生命权力"。它渗透于人类日常生活的各个角落、作用于人身体的言说行动并贯穿于人的生命过程的始终。正是由于权力这种无孔不入的特性，使得我们试图寻找某种超然于权力之外的社会领域，几乎成为一种徒劳无功的无谓尝试。我们甚至可以进一步说，市民社会并不与权力截然分割开来，权力内在于市民社会之中。而市民社会的意义正在于在同权力难解难分、此消彼长的紧张关系中，抵抗和消解权力得以滋生和蔓延的基础——潜存于人类社会中的一切不平等关系，使人与人之间趋于一种真正的和谐与平等。

以往学者在探讨市民社会的产生时，多将注意力集中在市民社会产生的经济因素上，往往忽视市民社会得以建构的文化基础。本书将自己的研究重点放在探究市民社会产生的文化基础上，并以此为参照，发掘中国传统文化中与之契合的精神文化资源。在明确什么是"市民社会的精神"后，就会发现此种精神并不只是西方文化的特有资源。作为一种试图冲破权力网罗走向民主、平等的精神，作为一种与权力不懈抗争的力量，市民社会无疑代表了一种具有普遍意义的精神价值。在中国深厚的传统文化资源中，尤其是在坚持"内圣外王"

积极入世的儒家文化传统中，我们可以发现诸多与"市民社会精神"相契合的资源。诸如儒家"士"的传统、注重移风易俗的"教化"的传统以及"同治天下"、"共定国是"的观念，都是我们可以依托的珍贵资源。这些资源既与西方"市民社会的精神"颇有相似，同时，也表现出自身的独有特质。依托这些资源我们可以从一种东方式的视角反思西方市民社会精神。一方面，构成西方市民社会的主体被理解为追求自己特殊利益的原子式的个体，由这样的主体结成的市民社会不可避免的处于普遍与特殊、个体与群体的紧张困境之中，儒家文化坚持将人置于家庭、国家等关系场域之中，强调人是一种社会性的存在，这将为走出西方市民社会的理论困境提供重要思想参考。另一方面，西方市民社会对权力的规范、抵抗精神由于执着于权力的消极方面，总是试图完全取消权力（差异）关系，反观儒家，他们从"差等"关系出发，从来没有完全取消权力关系的奢望，而是试图将其维持在某种合理的范围之中，在积极抵抗权力的消极影响的同时，承认权力存在的必要性与积极意义。

总之，本书以西方最具代表性的三位市民社会理论家（黑格尔、哈贝马斯以及福柯）的市民社会理论为主要研究对象，发掘市民社会话语在其批判性地自我扬弃过程中一以贯之的"市民社会精神"。另一方面，从中国传统文化尤其是儒家文化的视角出发，对西方"市民社会的精神"作出东方式的反思。本书所做的探讨还只是一种初步的尝试，随着市民社会话语在当今世界的持续发展，对"市民社会—权力"分析模式的论证与探讨还需要在理论上进一步深化。另外，我们也需要充分汲取社会历史学的研究成果，揭示"市民社会精神"在不同历史时期的具体的现实展现。这样不仅可以进一步深化和拓展我们对市民社会理论的理解，而且也对探索某种适宜现代化发展的国家与社会"良性的互动关系"，具有重要的启示作用。

参考文献

一 古籍

（汉）司马迁撰：《史记》第一册，中华书局1959年版。

（汉）司马迁撰：《史记》第六册，中华书局1959年版。

（汉）司马迁撰：《史记》第十册，中华书局1959年版。

（东汉）王充：《论衡》，上海人民出版社1974年版。

（汉）刘向：《新序今注今译》，卢元骏注译，天津古籍出版社1987年版。

（汉）毛亨传、（汉）郑玄笺、（唐）孔颖达疏：《毛诗正义》下册，北京大学出版社1999年版。

（汉）郑玄注、（唐）孔颖达疏：《礼记正义》，北京大学出版社2000年版。

（南朝）范晔撰：《后汉书》第六册，中华书局1965年版。

（南朝）范晔撰：《后汉书》第七册，中华书局1965年版。

（南朝）范晔撰：《后汉书》第八册，中华书局1965年版。

（南朝）范晔撰：《后汉书》第九册，中华书局1965年版。

（后晋）刘昫等撰：《旧唐书》第八册，中华书局1975年版。

（宋）张载：《张载集》，中华书局2008年版。

（宋）程颢、程颐：《二程集》上册，中华书局2004年版。

（宋）程颢、程颐：《二程集》下册，中华书局2004年版。

（宋）王安石：《王文公文集》上册，上海人民出版社1974年版。

（宋）王安石：《王文公文集》下册，上海人民出版社1974年版。

（宋）司马光：《司马温公文集》卷四，商务印书馆1936年版。

（宋）罗大经撰：《鹤林玉露》，中华书局1983年版。

（宋）文彦博：《文潞公文集》卷九，嘉靖五年高陵吕氏刊本（影印）。

（宋）朱熹：《朱子全书》第二十三册，上海古籍出版社、安徽教育出版社2002年版。

（宋）朱熹：《四书章句集注》，中华书局1983年版。

（宋）朱熹：《朱子语类》第八册，中华书局1986年版。

（宋）陆九渊：《陆九渊集》，中华书局1980年版。

（宋）李焘撰：《续资治通鉴长编》第一六册，中华书局1995年版。

（宋）李心传：《建炎以来朝野杂记》下册，中华书局2000年版。

（宋）陈亮：《陈亮集》上册，中华书局1974年版。

（元）脱脱等：《宋史》卷三一三，中华书局2012年版。

（明）吕坤撰：《吕坤全集》中册，中华书局2008年版。

（明）陈邦瞻：《宋史纪事本末》第一册，中华书局1977年版。

（清）顾炎武：《日知录集释》，黄汝成集释，上海古籍出版社2006年版。

（清）黄宗羲：《黄宗羲全集》第一册，浙江古籍出版社1985年版。

（清）黄宗羲：《宋元学案》第三册，中华书局1982年版。

（清）戴震：《戴震全书》第六册，黄山书社1994年版。

（清）戴震：《戴震全书》第六册，黄山书社1994年版。

（清）王先谦撰：《荀子集解》上册，沈啸寰、王星贤点校，中华书局1988年版。

（清）颜元：《颜元集》上册，中华书局1987年版。

（清）谭嗣同：《谭嗣同全集》，蔡尚思、方行编中华书局1981年版。

二 中文著作

蔡德麒、景海峰主编：《全球化时代的儒家伦理》，清华大学出版社2007年版。

成中英：《从中西互释中挺立》，中国人民大学出版社2005年版。

邓正来、[美]杰弗里·亚历山大编：《国家与市民社会———一种社会理论的研究途径》，上海世纪出版集团、上海人民出版社2006年版。

邓正来：《市民社会理论的研究》，中国政法大学出版社2002年版。

杜维明：《杜维明文集》第四卷，武汉出版社2002年版。

杜维明：《人性与自我修养》，中国和平出版社1988年版。

高兆明：《黑格尔〈法哲学原理〉导读》，商务印书馆 2010 年版。

顾颉刚：《史林杂识初编》，中华书局 1963 年版。

贺麟：《贺麟集》，中国社会科学出版社 2006 年版。

梁启超：《梁启超哲学思想论文选》，葛懋春、蒋俊编选北京大学出版社 1984 年版。

梁启超：《先秦政治思想史》，天津古籍出版社 2004 年版。

梁漱溟：《人心与人生》，上海人民出版社 2005 年版。

梁漱溟：《乡村建设理论》，上海人民出版社 2011 年版。

鲁迅：《鲁迅批孔反儒文辑》，人民文学出版社 1974 年版。

马振清：《中国公民政治社会化问题研究》，黑龙江人民出版社 2001 年版。

莫伟民：《莫伟民讲福柯》，北京大学出版社 2005 年版。

牟宗三：《心体与性体》上册，上海古籍出版社 1999 年版。

牟宗三：《政道与治道》，广西师范大学出版社 2006 年版。

欧力同、张伟：《法兰克福学派研究》，重庆出版社 1990 年版。

钱穆：《国史大纲》下册，商务印书馆 1996 年版。

钱穆：《国史新论》，生活·读书·新知三联书店 2005 年版。

钱穆：《两汉经学今古文平议》，商务印书馆 2001 年。

钱穆：《论语新解》，九州出版社 2011 年版。

钱穆：《中国思想通俗讲话》，生活·读书·新知三联书店 2002 年版。

盛晓明：《话语规则与知识基础》，学林出版社 2000 年版。

施丁编：《汉书新注》四，三秦出版社 1994 年版。

施丁编：《汉书新注》一，三秦出版社 1994 年版。

汪民安主编：《文化研究关键词》，江苏人民出版社 2007 年版。

汪民安主编：《生产》第一辑，广西师范大学出版社 2004 年版。

王玖兴等编：《国外黑格尔哲学新论》，中国社会科学出版社 1982 年版。

王晓升：《哈贝马斯的现代性社会理论》，社会科学文献出版社 2006 年版。

肖萐父、李锦全主编：《中国哲学史》下卷，人民出版社 1983 年版。

徐复观：《徐复观文集》第一卷，湖北人民出版社 2002 年版。

许涤新主编：《政治经济学辞典》，人民出版社 1980 年版。

余英时:《儒家伦理与商人精神》,广西师范大学出版社 2004 年。
余英时:《中国知识人之史的考察》,广西师范大学出版社 2004 年版。
余英时:《朱熹的历史世界》,生活·读书·新知三联书店 2011 年版。
袁祖社:《权力与自由:市民社会的人学考察》,中国社会科学出版社 2003 年版。
张分田:《中国帝王观念——社会普遍意识中的"尊君—罪君"文化范式》,中国人民大学出版社 2004 年版。
张世英主编:《黑格尔辞典》,吉林人民出版社 1991 年版。
张再林:《中西哲学比较论》,西北大学出版社 1997 年版。
张志伟主编:《西方哲学史》,中国人民大学出版社 2002 年版。
章国锋:《关于一个公正世界的"乌托邦"构想》,山东人民出版社 2001 年版。
郑召利:《哈贝马斯的交往行为理论》,复旦大学出版社 2002 年版。

三　中译著作

［苏］阿尔森·古留加:《黑格尔小传》,卞伊始、桑植译,商务印书馆 1978 年版。
［英］阿兰·谢里登:《求真意志——米歇尔·福柯的心路历程》,尚志英、许林译,上海人民出版社 1997 年版。
［英］安德鲁·埃德加:《哈贝马斯:关键概念》,杨礼银、朱松峰译,江苏人民出版社 2008 年版。
［美］彼得·赖尔、艾伦·威尔逊:《启蒙运动百科全书》,刘北成、王皖强编译,上海人民出版社 2004 年版。
［加］查尔斯·泰勒:《黑格尔》,张国清、朱进东译,译林出版社 2002 年版。
［英］戴维·赫尔德:《民主的模式》,燕继荣等译,中央编译出版社 1998 年版。
［英］戴维·米勒、韦农·波格丹诺编:《布莱克威尔政治学百科全书》,中国政法大学出版社 1992 年版。
［澳］丹纳赫、斯奇拉托、韦伯:《理解福柯》,刘瑾译,百花文艺出版社 2002 年版。
［美］弗洛姆:《逃避自由》,陈学明译,周洪林校,工人出版社 1987 年版。
［法］福柯:《安全、领土与人口》,钱翰、陈晓径译,上海人民出版社 2010 年版。
［法］福柯:《必须保卫社会》,钱翰译,上海人民出版社 2010 年版。

［法］福柯：《福柯读本》，汪民安主编，北京大学出版社2010年版。

［法］福柯：《福柯集》，杜小真编选，上海远东出版社1998年版。

［法］福柯：《规训与惩罚》，刘北成、杨远婴译，生活·读书·新知三联书店1999年版。

［法］福柯：《权力的眼睛——福柯访谈录》，严锋译，上海人民出版社1997年版。

［法］福柯：《生命政治的诞生》，莫伟民、赵伟译，上海人民出版社2011年版。

［法］福柯：《性经验史》，佘碧平译，上海人民出版社2009年版。

［德］贡尼、林古特：《霍克海默传》，任立译商务印书馆1999年版。

［德］哈贝马斯：《公共领域的结构转型》，曹卫东、刘北成等译，学林出版社1999年版。

［德］哈贝马斯：《合法化危机》，刘北成、曹卫东译，上海人民出版社2009年版。

［德］哈贝马斯：《后民族结构》，曹卫东译，上海人民出版社2002年版。

［德］哈贝马斯：《交往行动理论》第二卷，洪佩郁、蔺青译，重庆出版社1994年版。

［德］哈贝马斯：《交往行为理论》第一卷，曹卫东译，上海人民出版社2004年版。

［德］哈贝马斯：《理论与实践》，郭官义、李黎译，社会科学文献出版社2010年版。

［德］哈贝马斯：《现代性的哲学话语》，曹卫东译，译林出版社2011年版。

［德］哈贝马斯：《在事实与规范之间》，童世骏译，生活·读书·新知三联书店2011年版。

［德］哈贝马斯：《作为"意识形态"的技术与科学》，李黎、郭官义译，学林出版社1999年版。

［德］黑格尔：《黑格尔通信百封》，苗力田译编，上海人民出版社1985年版。

［德］黑格尔：《黑格尔早期神学著作》，贺麟译商务印书馆1988年版。

［德］黑格尔：《精神现象学》上卷，贺麟、王玖兴译，商务印书馆1981年版。

［德］黑格尔：《精神现象学》下卷，贺麟、王玖兴译，商务印书馆1981年版。

［德］黑格尔：《历史哲学》，王造时译，上海书店出版社2006年版。

［德］黑格尔：《小逻辑》，贺麟译，商务印书馆 1982 年版。

［德］黑格尔：《美学》卷一，朱光潜译，商务印书馆 1996 年版。

［德］黑格尔：《哲学史讲演录》第二卷，贺麟、王太庆译，商务印书馆 1978 年版。

［德］黑格尔：《哲学史讲演录》第三卷，贺麟、王太庆译，商务印书馆 1978 年版。

［德］黑格尔：《哲学史讲演录》第四卷，贺麟、王太庆译，商务印书馆 1983 年版。

［德］黑格尔：《哲学史讲演录》第一卷，贺麟、王太庆译，商务印书馆 1983 年版。

［德］黑格尔：《法哲学原理》，范扬、张企泰译，商务印书馆 1979 年版。

［法］霍尔巴赫：《袖珍神学》，单志澄、周以宁译，商务印书馆 1983 年版。

［德］霍尔斯特：《哈贝马斯传》，章国锋译，东方出版中心 2000 年版。

［德］霍克海默、阿多诺：《启蒙辩证法》，渠敬东、曹卫东译，上海人民出版社 2006 年版。

［德］康德：《历史理性批判文集》，何兆武译，商务印书馆 1996 年版。

［法］科耶夫：《黑格尔导读》，姜志辉译，译林出版社 2005 年版。

［美］德赖弗斯、保罗·拉比诺：《超越结构主义与解释学》，张建超、张静译，光明日报出版社 1992 年版。

［匈］卢卡奇：《历史与阶级意识》，杜章智、任立、燕宏远译，商务印书馆 1996 年版。

［匈］卢卡奇：《青年黑格尔》，王玖兴译，商务印书馆 1963 年版。

［法］卢梭：《论人类不平等的起源》，李常山译，东林校，商务印书馆 1997 年版。

［法］卢梭：《社会契约论》，何兆武译，商务印书馆 1982 年版。

［美］马尔库塞：《爱欲与文明》，黄勇、薛民译，上海译文出版社 1987 年版。

［英］马克·尼奥克里尔斯：《管理市民社会》，陈小文译，商务印书馆 2008 年版。

《马克思恩格斯全集》第三卷，人民出版社 2002 年版。

《马克思恩格斯全集》第三十一卷，人民出版社 1998 年版。

《马克思恩格斯文集》第二卷,人民出版社 2009 年版。

《马克思恩格斯文集》第一卷,人民出版社 2009 年版。

[德] 马克斯·韦伯:《儒教与道教》,洪天富译,江苏人民出版社 2010 年版。

[英] 梅因:《古代法》,沈景一译,商务印书馆 1984 年版。

[英] 佩里·安德森:《思想的谱系:西方思潮左与右》,袁银传、曹荣湘译,社会科学文献出版社 2010 年版。

[比] 皮朗:《中世纪欧洲经济社会史》,乐文译,上海人民出版社 2001 年版。

[美] 斯蒂文·贝斯特、道格拉斯·凯尔纳:《后现代理论——批判性的质疑》,张志斌译,中央编译出版社 1999 年版。

[古希腊] 亚里士多德:《政治学》,吴寿彭译,商务印书馆 1983 年版。

[美] 约瑟夫·劳斯:《知识与权力——走向科学的政治哲学》,盛晓明等译,北京大学出版社 2004 年版。

[美] 朱迪斯·巴特勒:《权力的精神生活》,张生译,江苏人民出版社 2009 年版。

四 期刊论文

陈炳辉:《福柯的权力观》,《厦门大学学报》2002 年第 4 期。

陈殿青:《福柯〈必须保卫社会〉中的权力问题》,《二十一世纪》2005 年总第 41 期。

方朝晖:《市民社会的两个传统及其在现代的汇合》,《中国社会科学》1994 年第 5 期。

高朝虎:《市民社会与国家关系的两种相异理解——论马克思对黑格尔的批判》,《马克思主义哲学研究》2011 年第 00 期。

龚群:《市民社会与孔孟精神》,《中国思想史研究通讯》2005 年第 7 期。

何中华:《市民社会结构的现代性特点刍议》,《苏州大学学报》2011 年第 2 期。

李佃来:《古典市民社会理念的历史流变及其影响》,《武汉大学学报》(人文科学版) 2007 年第 5 期。

李佃来:《哈贝马斯市民社会理论探讨》,《哲学研究》2004 年第 6 期。

李同乐:《北宋士大夫政治理想和实践——以北宋前中期为中心的研究》,博士学位论文,华东师范大学,2010 年。

陆炜:《知识分子和权力:法国哲学家 M. 福柯和 G. 德勒泽的一次对话》,《哲学译丛》1991 年第 6 期。

[美]马克·彼特拉克:《当代西方对民主的探索:希望、危险与前景》,《国外政治学》1989 年第 1 期。

聂济冬:《游学与汉末政治》,《山东大学学报》(哲学社会科学版)2007 年第 6 期。

漆侠:《范仲淹集团与庆历新政——读欧阳修〈朋党论〉书后》,《历史研究》1992 年第 3 期。

汪民安:《西方文化关键词:福柯》,《外国文学》2010 年第 3 期。

王中江:《"身心合一"之"仁"与儒家德性伦理——郭店竹简"悥"字及儒家仁爱的构成》,《中国哲学史》2006 年第 1 期。

萧瑟:《布尔特曼和哈贝马斯》,《读书》1996 年第 10 期。

许廷桂:《"国是"正解》,《重庆师范大学学报》(哲学社会科学版)1991 年第 2 期。

[法]雅克尼·若琳:《米歇尔·福柯对权力的分析》,《同济大学学报》2007 年第 3 期。

阎孟伟、李福岩:《黑格尔论贫富分化》,《南开大学学报》(哲学社会科学版)2012 年第 3 期。

杨明佳、陈波:《市场化与政治参与的变迁》,《武汉理工大学学报》(社会科学版)2001 年第 1 期。

曾德雄:《谶纬中的孔子》,《人文杂志》2006 年第 1 期。

张汝伦:《黑格尔与启蒙》,《哲学研究》2007 年第 8 期。

张亦工、徐思彦:《20 世纪初期资本家阶级的政治文化与政治行为方式初探》,《近代史研究》1992 年第 2 期。

张再林:《爱智之学与成人之教——中西哲学观的歧异与会通》,《西安交通大学学报》(哲学社会科学版)2003 年第 2 期。

周志豪:《权力结构及其运作:庄子与傅柯之比较》,硕士学位论文,台湾政治大学,2003 年。

五　英文著作

Adam Smith, *The Wealth of Nations*, University Of Chicago Press, 1977.

Alec McHoul and Wendy Grace, *Foucault Primer: Discourse, Power and Subject*, Routledge, 1993.

Andrew Edgar, *Habermas: The Key Concepts*, Routledge, 2006.

Deborah Cook, *Adorno, Habermas, and the Search for a Rational Society*, Taylor & Francis, 2004.

Dudley Knowles, *Hegel and the Philosophy of Right*, Routledge, 2002.

Ellen Meiksins Wood, *The use sand abuses of "Civil Society"*, Merlin Press, 1990.

Herbert Marcuse, *Reason and Revolution: Hegel and The Rise of Social Theory*, Routledge & Kegan Paul Ltd., 1955.

Herry Brod, *Hegel's Philosophy of Politic*, Westview Press, 1992.

John Ehrenberg, *Civil Society: The Critical of an Idea*, New York University Press, 1999.

Joseph Heath, *Communicative Action and Rational Choice*, The MIT, 2001.

Jürgen Habermas, *Autonomy and Solidarity: Interviews of Jürgen Habermas*, Verso, 1992.

Jürgen Habermas, *The Theory of Communicative Action*, Vol. 1, Beacon, 1981.

Jürgen Habermas, *Truth and Justification*, The MIT, 2003.

Michael D. Daniels, *Theory Versus Analytics of Power*, Takata and Individaul Authors, 2002.

Michel Foucault, *Power/Knowledge*, Pantheon Books, 1980.

Paul Rabinow, *The Foucault Reader*, Pantheon Books, 1984.

Shlomo Avineri, *Hegel's Theory of The Modern State*, Cambridge University Press, 1972.

Smith, Steven, *Hegel's Critique of Liberalism*, The University of Chicago Press. 1989.

Steven Best, *The Politics of Historical Vision: Marx, Foucault, Habermas*, Guilford Publications, 1995.

Tod Sloan, *Damaged Life*, Routledge, 1996.

Uwe Steinhoff, *The Philosophy of Jürgen Habermas: A Critical Introduction*, Oxford University Press, 2009.

六 英文期刊

Bent Flyvbjery, "Habermas and Foucault: Thinkers for Civil Society", *Brit. jnl. of Sociology*, Volume 49, Issue 2, 1998.

Daniel Bell, "'American Exceptionalism' Revisited: the Role of Civil Society", *The Public Interest*, No. 95, 1989.

Dario Castiglione, "History and Theories of Civil Society: Outline of a Contested Paradigm", *Australian Journal of Politics & History*, 1994, Vol. 40.

Daya Negri Wijaya, "John Locke on Civil Society and Religious Tolerance", *Research on Humanities and Social Sciences*, Vol. 6, No. 2.

Douglas Torgerson, "Policy Discourse and Public Spheres: the Habermas Paradox", *Critical Policy Studies*, Volume 4, Issue 1, 2010.

Mark E. Warren, "Civil Society and Good Governance", Washington: *To be published as part of the U. S. Civil Society Project*, 1999.

Maurizio Lazzarato, "From Biopower to Biopolitics", *The Warwick Journal of Philosophy*, Vol. 13, 2002.

Oliva Blanchette, "Praxis and Labor in Hegel", *Studies in East European Thought*, Vol. 20, No. 3, 1979.

Roger Deacon, "An Analytics of Power Relations: Foucault on the History of Discipline", London: *Thousand Oaks, CA and New Delhi*, Vol. 15, No. 1, 2002.

Sean Sayers, "Individual and Society in Marx and Hegel: Beyond the Communitarian Critique of Liberalism", *Science & Society*, Vol. 71, No. 1, 2007.

Yu Yingshi, "Roundtable Discussion of the Trouble with Confucianism", *China Rewiew International*, 1994.